Virginia Haggard

# Sieben Jahre der Fülle
Leben mit
Chagall

# Virginia Haggard

# Sieben Jahre der Fülle

# Leben mit Chagall

DIANA VERLAG ZÜRICH

Aus dem Amerikanischen übersetzt
von Marion Balkenhol

Titel der Originalausgabe
SEVEN YEARS OF PLENTY – MY LIFE WITH CHAGALL

Printed in Germany

ISBN 3-905414-51-1
Umschlaggestaltung: Graupner & Partner, München
Umschlagphoto: Privatbesitz Virginia Haggard
Satz: Jung SatzCentrum, Lahnau
Druck und Bindung: May + Co., Darmstadt

*Für Jean und David,*
*die unendlich nachsichtig,*
*verständnisvoll und*
*sanft sind.*

*Ich möchte den folgenden Personen für ihre unschätzbare Hilfe meinen Dank aussprechen: Sidney Alexander, Jonathan Sternberg, Julian Bach, Jean Queval und Arkady Leokum.*

# INHALT

VORWORT
Seite 11

KAPITEL I
*New York*
Seite 15

KAPITEL II
*High Falls*
Seite 75

KAPITEL III
*Orgeval*
Seite 123

KAPITEL IV
*St. Jean Cap Ferrat*
Seite 133

KAPITEL V
*Les Collines – Arbeit und Freunde*
Seite 149

KAPITEL VI
*Ratschläge für junge Maler*
*Bibelthemen*

*Keramiken und Skulpturen*
*Israel*
Seite 177

KAPITEL VII
*Dénouement*
Seite 233

EPILOG
Seite 289

MARC CHAGALL:
Biographische Daten
Seite 291

BILDVERZEICHNIS
Seite 299

LITERATURHINWEISE
Seite 305

REGISTER
Seite 307

# VORWORT

Am siebten Tag des siebten Monats im Jahre 1887 wurde Marc Chagall als Sohn einer tiefreligiösen jüdischen Familie in einem kleinen Vorort der Stadt Witebsk in Weißrußland, in der Nähe der litauischen Grenze, geboren. Die Kunst war den Menschen, unter denen er aufwuchs, fremd; ein so außerordentlich begabter Mensch in ihrer Mitte war für sie so etwas wie ein Wunder. Sein Vater arbeitete in einem Heringsdepot, seine Mutter führte einen kleinen Krämerladen, um ihre sechs Mädchen und zwei Jungen durchzubringen. Von Marc als dem Ältesten erwartete man, daß er zum Lebensunterhalt der Familie beitragen würde; er war aber äußerst sensibel und neigte zu Schwächeanfällen, wenn ihn etwas aufregte. Offensichtlich eignete er sich für die Beschäftigung nicht, die man für ihn ausgesucht hatte. Statt dessen zeigte er eine besondere Begabung für die Malerei. Dem gutaussehenden, intelligenten Kind konnte die Mutter nichts abschlagen: Da die Juden, die mehr als die Hälfte der Stadtbevölkerung ausmachten, nicht dieselben Rechte wie Nichtjuden hatten, zahlte sie dem Leiter der städtischen Grundschule ein hübsches Sümmchen, damit Marc dort aufgenommen wurde. An dieser Schule lernte er Russisch. Zu Hause wurde Jiddisch gesprochen, und an einer jüdischen Schule lehrte man ihn, die Bibel auf Hebräisch zu lesen.

Später dann gab die Mutter seinem Drängen nach und schickte ihn auf eine Kunstschule, die von einem wissenschaftlichen Porträtmaler in Witebsk geleitet wurde. Damit war Marcs Weg festgelegt, den er unaufhaltsam verfolgte. Er ging nach St. Petersburg, wo er in sehr unsicheren Verhältnissen lebte, da Juden eine Sondergenehmigung für den Aufenthalt in der damaligen Hauptstadt benötigten. Dort erhielt er ein Stipendium für die staatliche Kunstakademie. Er besuchte die Malschule von Léon Bakst, dem berühmten Bühnenbildner der Ballets Russes.

Maxim Vinaver, ein demokratischer Abgeordneter der ersten Duma, einer vom Zaren nach dem Scheitern der Revolution von 1905 einberufenen Ständevertretung, hatte sich beherzt für die Gleichstellung der Juden ausgesprochen. Er kaufte einige Bilder von Marc und ließ ihn in den Räumen der politischen Redaktion der Zeitschrift »Morgenrot« wohnen und arbeiten; schließlich schickte Vinaver ihn mit einem Taschengeld für vier Jahre nach Paris. Hier lernte Marc Blaise Cendrars und Guillaume Apollinaire kennen und fertigte eine Reihe ganz erstaunlicher Bilder an, die er in Berlin ausstellte und die innerhalb der Avantgarde einiges Aufsehen erregten. Kurz vor Ausbruch des Krieges eilte er zurück nach Witebsk: seine Verlobte war des Wartens müde geworden. 1915 heiratete er Bella; ihre gemeinsame Tochter Ida kam ein Jahr später zur Welt.

Während der Revolution wurde der Kommunist Anatol Lunatscharski als Volkskommissar für das Bildungswesen eingesetzt. Chagall hatte ihn, der auch Kunstliebhaber war, in Paris kennengelernt. Er ernannte Marc zum Volkskommissar für Kunst in seiner Heimatstadt Witebsk, wo Chagall daraufhin eine Kunstschule gründete, die von Kasimir Malewitsch geleitet wurde. Man wandte sich jedoch gegen Chagall bei dem Versuch, die Schule in eigener Regie zu übernehmen. Zuletzt verurteilten die Behörden jede Art avantgardistischer Kunst. Nur Lunatscharski unterstützte Chagall noch und ermöglichte ihm schließlich die Ausreise nach Berlin, obwohl er wußte, daß Marc nicht die Absicht hatte, nach Rußland zurückzukehren. Bella und Ida folgten. Man sah sich 1922 in Paris wieder, wo sie viele glückliche und fruchtbare Jahre miteinander verbrachten. Chagalls Werke gewannen internationalen Ruf. Bei Ausbruch des Zweiten Weltkrieges bot ihm das Emergency Rescue Committee der USA in Amerika Zuflucht an. 1941 gingen die Chagalls zusammen mit Ida und deren Mann nach New York. Im September 1944, sechs Wochen nach der Befreiung von Paris, starb Bella plötzlich. Chagall wurde von Kummer zernagt.

*

Im Frühling des Jahres 1945 begannen für mich sieben ereignisreiche Jahre an der Seite Chagalls.

Seit 1950, nachdem wir uns in Vence/Südfrankreich niedergelassen hatten, habe ich Material für diese Aufzeichnungen gesammelt.

Dies ist mein bescheidener Beitrag zu seinem Leben und Werk, wie ich es in den sieben Jahren an seiner Seite miterlebt habe, mit dem ich heute, nach all den Jahren, den großen Künstler und liebenswerten Mann würdigen möchte.

*Virginia Haggard, Brüssel, Belgien*

## KAPITEL I

# NEW YORK

Seit dem Tod seiner geliebten Bella im September 1944 – ein Jahr, bevor ich ihn kennenlernte – hatte sich Marc sehr einsam gefühlt. Seine Tochter Ida und ihr Mann Gordey waren nach dem verhängnisvollen Tag zu ihm gezogen und kümmerten sich liebevoll um ihn. Als in New York der Sommer einsetzte, machte sich bei ihnen die Anspannung bemerkbar. Die Monate nach dem Tode ihrer Mutter waren für Ida zermürbend gewesen. Sie wollte gern Urlaub machen, doch es gab niemanden, der sie hätte vertreten können. Die herbe, aber gutmütige Haushälterin hatte sie nach einer Meinungsverschiedenheit verlassen. Da Marc kein Wort Englisch gelernt hatte, war die Verständigung mit ihr ohnehin schwierig gewesen, auch wenn er Bilder malte, um ihr so zu zeigen, was er wollte. Die Zeichnungen erschienen ihr so seltsam wie seine Sprache. Zwar konnte sie darüber lachen, aber sie verstand sie nur selten.

Idas größtes Problem bestand in der Frage, wer die Socken ihres Vater stopfen könnte. Sie hatten sich über Monate angesammelt, da Nähen zu den wenigen Dingen gehörte, die Bella ihrer Tochter nicht beigebracht hatte. Sie war in den wilden

Zwanzigern als wohlbehütetes Einzelkind aufgewachsen, als ihr Vater berühmt wurde und über ein recht ordentliches Einkommen verfügte. Sie war jetzt 28, ein Jahr jünger als ich.

Ich wohnte damals mit meinem Mann John McNeil, einem Maler und Bühnenbildner aus Schottland, und unserer fünfjährigen Tochter Jean in einem schäbigen, möblierten Zimmer. Vier Jahre litt John nun schon unter heftigen Depressionen. Er hatte die Malerei schon lange aufgegeben und war nicht in der Lage, den Unterhalt zu verdienen. Unser einziges Einkommen bestand in dem bißchen Geld, das ich mit Putzen und Nähen verdiente.

Jean begleitete mich überallhin, denn ich konnte sie unmöglich mit John allein lassen. Nach der Arbeit ging ich mit ihr in den Central Park, wo sie spielen konnte. Dort trafen wir auch eine Freundin von Ida, die mich zum Riverside Drive 42 schickte, damit ich mir da ein Bündel Socken abholen könnte.

Während des Stopfens dachte ich an die Zeit in Paris, als ich Marc Chagall 1933 zum ersten Mal auf einem Empfang in der Britischen Botschaft begegnet war. Dort hätte man ihn eigentlich am wenigsten erwartet, und er spielte auch eine ungewohnte Rolle – nämlich die eines Fauns in schwarzem Anzug und steifem Kragen; nur sein strahlendes Lächeln war echt. Es ließ seine schrägstehenden blauen Augen noch schmaler erscheinen, so daß ich den steifen Kragen und die steife Umgebung vergaß. Sogar meine Schüchternheit überwand ich.

Damals war ich 18 Jahre alt und studierte Kunst. In den gesellschaftlichen Konventionen, in denen mein Vater als britischer Generalkonsul zu Hause war, fühlte ich mich nicht wohl. Mich zog es mehr zu meinen Freunden aus dem Künstlermilieu des Montparnasse als zu den feinen Kreisen meiner Eltern, die mich unbeholfen und verlegen machten. Mein Vater versuchte mich in seine unfehlbare Cocktail-Taktik einzuweihen: »Bereite ein paar aufregende Themen von aktuellem Interesse vor, vielleicht ein oder zwei gute Stories; wenn du dann jemanden siehst, den du kennst, entschuldige dich und geh weiter. Du mußt ständig in Bewegung bleiben, das ist alles.« Es war eine Taktik, die ich nie beherrschen würde.

In seinen Memoiren, die er im Ruhestand schrieb, steht über mich folgendes:

> Als Kind war Virginia viel verantwortungsloser als ihre engagierte Schwester; sie hatte eine unnachgiebige Art und spielte lieber allein, da sie sich nicht gern jemandem unterordnete. Spiele, die Zusammenarbeit erforderten, waren nichts für sie. Sie mußte sich viel Neckereien gefallen lassen, die sie nur schwer akzeptierte. In einem Brief an ihre Patentante, die in dieses sonderbare Kind vernarrt war und an sie glaubte, machte ich einmal eine recht unfreundliche Bemerkung darüber, daß etwas »Unheiliges« in ihrem Wesen liege. Es war schwierig, auf normalen Bahnen mit ihr auszukommen; sie war, glaube ich, niemandem unverständlicher als sich selbst.
>
> Ihr beachtlicher Mangel an Verständnis, der sie später so sehr vom Wege ablenkte, hatte vielleicht seinen Ursprung in der beständigen Suche nach eigenen Überzeugungen. Leider gelang es ihrem Mann John, im Verlauf der zehnjährigen Ehe ihr Selbstvertrauen zu zerstören. Und doch hielt sie diese Ehe mit Ergebenheit und Entschlossenheit aufrecht. Vielleicht besaß sie aber immer noch genügend Spannkraft, dieser unsäglichen Zerreißprobe zu entkommen und ihre Hoffnungen zu erfüllen. Sie sagte mir, sie sei froh, daß alles so gekommen sei, da sie auf andere Weise nichts gelernt hätte.

Wenn ich diese Zeilen nach dem Tode meines Vaters lese, denke ich, daß ich den schwierigen Weg zu meinen Überzeugungen gewählt habe, weil ich mit einem Leben in Privilegien und Sicherheit brechen wollte, mit Menschen, die sich ihrer Überlegenheit allzu sicher waren. Zweifellos waren die »unverantwortlichen« und »unheiligen« Züge in meinem Wesen meine wahren Charaktereigenschaften, doch sie machten mir das Leben schwer, und ich fand mich nur ungern mit ihnen ab.

Auch mein Vater hatte diese Charakterzüge; allerdings verleugnete er sie, denn er hatte seine zutiefst moralische Erziehung verinnerlicht – die Anstandsformen der feinen Leute, die er mir vermitteln wollte.

*

Ich nahm Jean mit, als ich das Bündel Socken ablieferte. Als Ida uns so Hand in Hand vor der Tür stehen sah, bat sie uns, ob wir nicht für eine Zeichnung Modell stehen wollten. Dabei fand ich Zeit, sie zu beobachten. Sie war eine hübsche Frau, mit vollem, lockigem Haar – rotglänzend wie Tizians »Flora«; sie hatte türkisblaue Augen und das breite Chagall-Lächeln mit denselben tadellosen Zähnen. Sie sprach sehr gewählt und ging mit kleinen, zierlichen Schritten umher. Einige ihrer Bilder standen rings an den Wänden; es waren zarte, duftige Gemälde, die ein bescheidener Versuch waren, ernsthafte Überzeugung auszustrahlen.

Über ihr hing ein Gemälde von ihrem Vater. Es zeigte sie nackt in einer Wolke von weißem Stoff, die über der Stadt Witebsk schwebte. Ich fand es mutig von ihr, unter einem Bild von Chagall zu arbeiten.

Während sie uns skizzierte, erzählte ich ihr von meiner Begegnung mit ihrem Vater in Paris.

»Dann sprechen Sie sicher Französisch?« Sie war in ihr Bild und in ihre Gedanken völlig vertieft. Nach einer Weile fragte sie: »Sie suchen nicht zufällig eine Stelle?«

»Doch, ich brauche eine.«

»Könnten Sie sich in meiner Abwesenheit um meinen Vater kümmern?«

»Natürlich, vorausgesetzt, ich kann meine Tochter mitbringen.«

Freudig stimmte Ida zu. Ein Stein schien ihr vom Herzen zu fallen. Sie beendete ihre Zeichnung mit erhöhtem Eifer, um uns dann ins Atelier zu führen.

Chagall legte seinen Pinsel nieder und kam uns entgegen. Das Lächeln, an das ich mich erinnern konnte, war immer noch da, ein Lächeln, das man einfach nicht vergessen konnte – strahlend, spontan, rührend. Doch die Augen hatten etwas von ihrem Glanz verloren. In seinem trüben Blick flakkerte das Licht wie Kerzenschein. Sein weiches, leicht ergrautes Haar stand in drei Büscheln ab wie die Perücke eines Clowns. Als Ida uns vorstellte, reichte er Jean und mir die Hand. Er war mit Idas Vorschlag einverstanden, daß ich nach dem Rechten sehen würde, nickte und wandte sich dann wieder seiner Staffelei zu. Er hatte eine kräftige, geschmeidige Figur, und in seinen weichen Schuhen machte er kleine, leichte Schritte. Er trug eine ausgebeulte Hose und eine buntgestreifte Tunika, die am Hals geöffnet war.

Am nächsten Tag nahm ich meine Arbeit als Haushälterin bei Chagall auf.

Alles war denkbar einfach und von Anfang an klar. Ich glaubte, diesen Mann bereits zu kennen, und fühlte mich sofort wohl bei ihm; zwischen uns existierte keine Fremdheit. Durch die Einsamkeit und Schüchternheit eines jeden von uns, aber auch durch die fundamentale Lebensfreude, die eben manchmal von unseren Sorgen erstickt wurde, fühlten wir uns instinktiv zueinander hingezogen.

*

Am Tag nach der Abreise von Ida und Michel bat Marc mich, einen kleinen Tisch in sein Atelier zu stellen, da er sich an der großen Familientafel »wie ein Waisenkind« fühle. Als ich ihm das Essen brachte, sagte er: »Warum leisten Sie mir nicht einfach Gesellschaft? Ich kann nicht so allein wie ein armer Hund essen.« Also setzten Jean und ich uns zu ihm an den Tisch. Wir begannen bald, französisch miteinander zu reden. Auffallend war sein warmer russischer Akzent. Angesichts seiner Fehler machten mir meine eigenen auch nicht mehr so viel aus.

Ich fand heraus, daß Picasso eines seiner Lieblingsthemen war. Ich erzählte ihm, wie versteinert ich einmal war, als ich mir während meiner Studienzeit in Paris seine Bilder in der Galerie Pierre in der Rue de Seine ansehen wollte und dabei seinem durchdringenden Blick begegnete. Picasso hatte dort gesessen, während ich in seine Bilder vertieft war. Er ließ seine Hände zwischen den Knien baumeln und konzentrierte seine großen schwarzen Augen mit solcher Intensität auf mich, daß ich die Flucht ergriff.

Ich sagte zu Marc: »Wenn ich nicht so schüchtern gewesen wäre, hätte ich ihn vielleicht kennengelernt.«
Marc brummte vor sich hin, es sei wohl kein großer Verlust. »Mögen Sie denn seine Malerei?« wollte er wissen.

»Ja.«

Marc lächelte und bemerkte achselzuckend:

»Feine Leute bewundern ihn ebenso wie Amateurphilosophen und intellektuelle Snobs. Er liebt es, die widerwärtigsten Seiten des Menschen hervorzuheben – das ist Mode. Menschen mit tiefgehenden Gefühlen werden durch seine Werke nicht angesprochen; er interessiert sich nicht für menschliche Gefühle, er benutzt nur die sichtbaren, äußerlichen Aspekte der menschlichen Natur.«

Wir stellten fest, daß wir einen gemeinsamen Bekannten in dem Maler und Graveur Bill Hayter hatten, dessen »Atelier 17« im Jahre 1927 gegründet worden und während der Kriegsjahre nach New York umgezogen war. Erst vor kurzem hatte Marc dort ein paar Stiche angefertigt. Bill bevorzugte eine freundliche Werkstatt-Atmosphäre, in der Künstler sich zu einem Gedankenaustausch treffen konnten. Dieser Aspekt beeindruckte Marc offenbar weniger, denn er legte keinen Wert darauf, seine Ideen anderen Künstlern mitzuteilen.

Ungefähr zu der Zeit, als ich Marc zum ersten Mal begegnete, war ich Schülerin in Bills Atelier in der Rue Campagne Première. Max Ernst, Joan Miró und Alberto Giacometti kamen manchmal dorthin, um zu arbeiten. In einer Atmosphäre äußerster Konzentration vermochte Bill seinen Feuereifer auf die Schüler zu übertragen. Seine Wangen waren von lauter wie eingraviert wirkenden Furchen durchzogen, was ihm einen ruppigen Charme verlieh.

»Bill ist ein erstklassiger Kunsthandwerker«, sagte Marc. »Und ein bescheidener Künstler, so wie Giacometti und Miró. Was Ernst betrifft...« Marc verzog sein Gesicht.

»Ernst war immer sehr nett zu mir«, sagte ich. »Er bat mich, eine Rolle in einem Film zu übernehmen, den er drehen wollte – aber seine Augen, diese Stahlkugeln, durchdrangen mich bis ins Mark!«

»Das überrascht mich nicht. Ich habe Max gerade vor ein paar Tagen noch in Bills Atelier getroffen. Wir verstehen uns nicht sonderlich gut. Er ist zu klug. Ich bin nur ein einfacher Mensch.«

Giacometti war nur einmal zur gleichen Zeit wie ich in der Rue Campagne Première. Fasziniert habe ich ihn den ganzen Nachmittag beobachtet. Tiefer Ernst lag auf seinem Gesicht, das sich plötzlich mit einem Lächeln überzog, wobei seine Augen übergroß wurden. Er sprach langsam und suchte nach dem einfachsten und am besten geeigneten Wort, mit dem er ausdrücken konnte, was er meinte.

»Giacometti ist von einer rührenden Zerbrechlichkeit«, teilte Marc mir seine Beobachtungen mit. »Ich schätze einen Bildhauer, der zu Zartheit neigt, mehr als einen, der sich seinen Weg mit Gewalt ebnet, wie zum Beispiel Lipchitz.«

Ich erinnere mich daran, daß Miró für jeden ein Lächeln übrig hatte. Er schlurfte in seinen Leinenschuhen umher, tupfte und wischte über seine Platten, feuchtete sein Papier an und zog in schneller Folge Proben. Bei Miró mußte alles schnell gehen. War der Druck gelungen, strahlte er zufrieden.

»Miró kommt mit allen gut aus, sogar mit mir!« sagte Marc.

Der Nachmittagstee war immer eine willkommene Unterbrechung. Bill hat diesen schönen englischen Brauch nie aufgegeben. Er verriet mir einen Trick, wie man den Topf anwärmt: man hält ihn umgekehrt über den offenen Wasserkessel. Jeder holte sich seine Tasse; Zigaretten wurden angezündet, und man unterhielt sich. Ich weiß noch, wie Giacometti von seinem ersten Eintreffen in Paris erzählte, als er an der Grande Chaumière arbeiten wollte. Kollegen und Lehrer waren ihm dort gleichermaßen mit überraschender Gleichgültigkeit begegnet, nur weil er Ausländer war.

»Was hat er erwartet?« fragte Marc. »Akademien sind kein Ort für Gefühle. Man zeigte mir in Grande Chaumière auch die kalte Schulter – nicht nur weil ich ein ›métèque‹* war, sondern außerdem ein Jude.«

»Dann können Sie sich vorstellen, wie furchtbar unbedeutend *ich* mir dort vorkam!« sagte ich. »Einmal in der Woche kam Gromaire und kritisierte unsere Arbeiten. Er hatte das Gesicht einer verbitterten Dogge; immer war er verdrießlich und ernst.«

»Auch seine Bilder sind verdrießlich und ernst«, brummte Marc. »Das macht das Preußischblau, eine sehr gefährliche Farbe. Sie dringt in alles ein. Vielleicht sind auch seine Träume nur preußischblau.«

Dann versuchte ich es an der Akademie Ranson und Colarossi, bis ich mich schließlich für die Skandinave entschied. Dufresne kam nur alle Jubeljahre einmal vorbei, um sich unsere Arbeiten anzusehen. Ich mochte ihn; er war ein guter Lehrer. An der Skandinave herrschte eine viel intimere Atmosphäre als in den anderen Akademien. Außer einer Kunstakademie war es noch ein Wohnheim für Mädchen aus Skandinavien, deren Eltern wohl glaubten, ihre Töchter in einer angesehenen Kunstakademie untergebracht zu haben. Aber die Rue Jules Chaplin war eine Sackgasse voller Stundenhotels. Die Studenten standen mit den Prostituierten und deren Kindern auf gutem Fuß. Wenn wir mit der Arbeit fertig waren, wurden die Staffeleien für eine Ballettklasse beiseite gestellt, die ein klapp-

---

* ein übles Schimpfwort für einen Ausländer

riger alter Mann mit Violine leitete. Während er spielte und mit dem Fuß den Takt klopfte, schrie er die Mädchen an. Manchmal ließ er seinen Geigenbogen auf ein Bein niedersausen, das ihn ärgerte. Jedes Jahr veranstalteten Monsieur und Madame, die die Akademie unterhielten, einen Maskenball, der immer ein rauschendes Fest war. Studenten, Künstler, Modelle und Prostituierte tanzten übermütig miteinander. Daß meine Eltern von diesen Vorgängen keine Ahnung hatten, versteht sich von selbst.

Meine Geschichten vom Montparnasse amüsierten Marc. Er sah fröhlicher aus. Sobald er mit dem Essen fertig war, ging er wieder an die Arbeit. Der erbarmungslose New Yorker Sommer hatte begonnen. Schweißperlen bildeten sich auf seiner Stirn. Ich fragte ihn, warum er nicht sein durchschwitztes Hemd ausziehe. »Weil ich eine behaarte Brust habe«, antwortete er und lächelte schüchtern. »Ich mag eine behaarte Brust«, sagte ich ihm. Als ich auch weiter darauf bestand, gab er nach.

Ich war ein äußerst zurückhaltender Mensch. Doch hier sprach ich auf einmal frei mit Marc Chagall, als würde ich ihn schon jahrelang kennen. Er unterhielt sich mit mir auch ohne Hemmungen. Erst später bemerkte ich, daß er bei bestimmten Menschen in Verlegenheit geriet. Seine berühmte Schauspielerei war nur Tarnung, ging ihm aber mit der Zeit in Fleisch und Blut über. Die Schüchternheit wurde unter einer Schicht höflichen öffentlichen Verhaltens verdeckt. Mir gegenüber hielt er es jedoch nie für nötig, diese offizielle Persönlichkeit zu spielen.

*

Das riesige Atelier hatte mehrere Fenster, aus denen man über den Hudson River auf die grünen Hügel von New Jersey hinüberblicken konnte. Schiffe und Barkassen fuhren den Fluß auf und ab. Jean beobachtete sie vom Balkon aus, wo sie ihre Sammlung ausgebreitet hatte: sonderbare Figuren aus Modelliermasse, Perlen, Knöpfe und lauter Kinkerlitzchen, die ich für sie aufgehoben hatte. Sie schaffte sich immer kleine Welten, in denen die Menschen nach ihren Vorstellungen lebten – Welten mit Humor und Launen, Welten, die der, in der sie leben mußte, absolut nicht ähnlich waren.

Wenn es Zeit für mich war, nach Hause zu gehen, sah Marc resigniert dem einsamen Abend entgegen, der vor ihm lag. John wiederum, der einen Tag für sich gehabt hatte, konnte uns wieder ertragen. Manchmal war er sogar fröhlich und guter Dinge. Dann spielte er mit Jean, die sich über seine drolligen Einfälle und seinen Humor freute. Oft bedrückte uns aber auch seine negative Haltung und sein finsterer, entschiedener Pessimismus.

Wenn wir morgens wieder zum Riverside Drive kamen, war Marc schon bei der Arbeit. Er arbeitete an mehreren Bildern gleichzeitig. Wenn er genug von dem einen hatte, holte er ein anderes hervor. Nur selten sah ich ihn ohne Pinsel oder Bleistift. Wenn er nicht malte oder zeichnete, kritzelte er Notizen in Russisch auf kleine Papierschnipselchen oder skizzierte vage Vorstellungen für künftige Bilder. Das Atelier war übersät mit solchen Papierstückchen, und ein kleiner Lederkasten war voll davon. Von Zeit zu Zeit entnahm er seine Ideen für Bilder oder Gedichte dieser Schatztruhe. Ich hob diese Papiere ehrfürchtig auf, wenn ein Luftzug sie umhergewirbelt hatte. Geputzt habe ich nur wenig, da es ihn störte.

Es waren damals vor allem zwei Bilder, die sich auf der Staffelei ablösten: *Nocturno* und *Um sie herum,* Bilder voller Tragik. Das erste stellt eine panikartige Szene dar, über die der Wind hinwegstreicht. Das Pferd – ein »Alptraum« – will das Trugbild der Braut über einen stürmischen Himmel forttragen. Betonte Schlichtheit, die keine Spielerei duldet, zeichnet dieses Bild aus. Marc betrachtete es manchmal ausgiebig und wagte es nicht anzurühren. Auf dem zweiten Bild stellte er sich selbst dar: sein gepeinigter Kopf hängt falsch herum, und Bella sitzt traurig neben einem Bild von Witebsk, das sich in einer Glaskugel spiegelt.

Während der Arbeit war sein Gesicht voll schmerzlicher Spannung. Er war wie in einem Rausch, so als wolle er versuchen, etwas wieder ins Leben zu rufen, das mit Bella verschwunden war.

Mittags entspannte er sich, so daß wir während des Essens unsere Gespräche wieder aufnahmen. Wir diskutierten über andere zeitgenössische Künstler, und er kam immer wieder auf das Thema Picasso zu sprechen, wobei er manchmal beißende Witze machte.

»Picasso wechselt seinen Stil öfter als seine Socken«, kommentierte er ein Buch mit Reproduktionen, das wir uns anschauten. »Da! Es ist immer wieder dasselbe Puzzle. Er schiebt es endlos hin und her, und es paßt immer. Er versucht häßlich und grotesk zu sein, aber vergebens: es kommt immer etwas Hübsches dabei heraus.«

Ich befand mich damals in einem unklaren, zwiespältigen Zustand. Das Leben war zu einem zermürbenden Geschäft geworden, und ich konnte nur dann zurechtkommen, wenn ich mich gleiten ließ. Jetzt aber begann ich die Faktoren, die Chagalls Leben ausmachten, in mich aufzunehmen wie

Essen und Trinken. Der köstliche, alles durchdringende Geruch von Leinöl und Terpentin rief lebendige Erinnerungen wach. Ich weidete mich am Anblick dieses Mannes, der von morgens bis abends mit einer erstaunlichen Zielstrebigkeit arbeitete. Langsam öffnete ich mich wieder dem Leben.

Es gab da Gemälde aus der Zeit vor dem Ersten Weltkrieg, die mich mit Staunen und Freude erfüllten: *Die Hochzeit,* mit den farbig schillernden Bändern, die wie Fahnen über den Himmel wehen; *Das Atelier,* mit kühnen Pinselstrichen gemalt, ähnlich einem van Gogh; *Der Viehhändler,* dessen Karren von einer Stute gezogen wird, die ein Fohlen in ihrem durchsichtigen Bauch trägt.

Eines Tages fiel dieses letzte Bild von der Wand. Die Familie saß im Atelier mit Freunden zusammen, als ein lautes Krachen aus dem Eßzimmer drang. Marc erhob sich langsam. »Alles in Ordnung, es ist nur der *Viehhändler.* Ich habe ihn gestern aufgehängt.« Das Bild war ziemlich eingerissen. Ida bemerkte unter Lachen, daß es wohl Ärger gegeben hätte, wenn ein anderer das Bild aufgehängt hätte.

Marc nahm seine Mahlzeiten immer hastig und ohne übertriebene Feinheit ein. Essen war eine zeitraubende Beschäftigung, wenn die Arbeit auf ihn wartete. Aber er aß mit einem solchen Appetit, daß es Spaß machte, für ihn zu kochen. Ida brachte mir später die Zubereitung von Kohlrouladen, Plinsen und Borschtsch bei – Gerichte, die ihn an seine Jugend erinnerten und bei denen er in lyrische Träumerei verfiel.

Wenn Marc etwas bewegte oder aufregte, mußte er stottern, was ich ganz reizend fand. Es zeugte von einer gewissen Verletzlichkeit. Marc erzählte mir, sein Stottern habe er, seitdem er als kleiner Junge von einem tollwütigen Hund gebissen wurde. Eine lange Narbe an seinem Arm war zurückgeblieben. Als er für die samstägliche Bibelstunde das Haus des Rabbiners aufsuchte, sah er einen großen, häßlichen Hund die Treppe herunterkommen. Das war das letzte, woran er sich erinnerte, bis man ihn – an Arm und Bein blutend – aufhob. Sein Onkel brachte ihn an diesem Abend auf schnellstem Wege zum Pasteur-Institut in St. Petersburg. Dort legte man ihn in ein sauberes weißes Bett und behandelte ihn. Er fühlte sich wie ein Held, denn ihm war noch nie so viel Aufmerksamkeit zuteil geworden.

Marc kam oft ins Stottern, wenn er Picasso erwähnte. »Ich summe um Picasso herum wie ein Moskito«, sagte er. »Ich steche ihn einmal, zweimal – und, zack, zerquetscht er mich.«

Und: »Picasso erfindet immer neue Moden. Die großen Modeschöpfer kombinieren ein grünes Kleid mit roten Handschuhen; Picasso befördert ein Augenpaar auf die Kehrseite, und alle Welt macht es nach. Was er auch unternimmt, es kommt immer ein Museumsstück mit diesem unbestreitbaren Nimbus dabei heraus.«

Marc erzählte mir, wie es vor dem Ersten Weltkrieg auf dem Montparnasse zuging: »Es gab viele Züge, die in die verschiedensten Richtungen fuhren. Man mußte nur auf einen aufspringen, und schon war man unterwegs. Ich bin nie auf einen Zug aufgesprungen. Inzwischen sind sie alle langsamer oder auf Abstellgleise geschoben worden. Nur ein Zug macht noch eine Menge Lärm – der von Picasso. Viele Menschen springen auf, aber er hat kein Ziel! Wenn Sie mich fragen, Montparnasse haftet der Geruch von Künstlerleichen an.«

»Van Gogh«, sagte er, »ist wie ein Bauer, der einen Salon mit schmutzigen Stiefeln betritt, weil er es nicht anders gelernt hat. Auch Picasso kommt mit schmutzigen Stiefeln herein, jedoch nur um zu zeigen, daß es ihm egal ist.«

Alexander Calder hatte Marc ein hübsches Mobile geschenkt, mit dem er ihn nach dem Tod von Bella aufheitern wollte. Marc hat diese großzügige Geste Calders nicht besonders gewürdigt. Er mißtraute Calders Neckereien und nahm seine Possen zu ernst. Er gab Ida das Mobile, die es im Atelier aufhängte. Dort bewegte es sich vor dem glänzenden Hudson im Hintergrund anmutig zwischen riesigen Pflanzen. Ich habe es manchmal im Vorbeigehen angestoßen. Es hat Marc zwar nicht erfreut, erfüllte seinen Zweck aber manchmal bei mir.

*

Einige Bilder näherten sich der Vollendung, und Marc begann, ein neues Bild zu skizzieren – ein Bild voll heftiger Bewegung, das sich von den melancholischen Gemälden, die er in den letzten Monaten gemalt hatte, unterscheiden sollte. Es wurde später *Der fliegende Schlitten* genannt – eine gewagte Komposition und kräftig in der Farbgebung, ein lebenssprühendes Gemälde, das eine Kraft ausstrahlte, die einigen seiner Werke fehlte, die er damals überarbeitete. So zum Beispiel *Um sie herum* und *Lichter der Hochzeit,* die zu einer größeren Arbeit, genannt *Die Harlekine,* gehörten, die er 1933 gemalt hatte.

Marc hat seine Bilder nie aufgegeben oder zerstört; er hat sie eher überarbeitet. Und das ist, glaube ich, ziemlich selten bei Malern. Er konnte es nicht akzeptieren, wenn eines seiner Kinder mißlang; sie mußten alle vorzeigbar sein. Er wollte kein Bild aufgeben; statt dessen legte er sie für geraume Zeit beiseite. Manchmal reiften sie, und manchmal, wenn er ihre ursprüngliche Bedeutung vergessen hatte, bildeten sie die Grundlage für neue Gemälde. Gelegentlich stellte er sie auf den Kopf, so daß völlig neue Bilder entstanden. Er signierte sie dann sorgfältig, bevor er sie wegstellte, damit er nicht vergaß, welche Seite nach oben mußte.

Seine Abneigung, Bilder zu zerstören, rührte vielleicht daher, daß er einen ausgesprochenen Sinn für die Erhaltung von Werten hatte, den man auch als Sparsamkeit auslegen könnte. »Das ist ein gutes Stück Leinwand«, pflegte er zu sagen. Dadurch zeigte sich aber auch seine Vorliebe für halbfertige Materialien, die schon leicht angestaubt waren.

Bei der Überarbeitung eines alten Bildes verwandte Marc die alte Farbe zu neuen Zwecken, anstatt sie zunächst mit einer Schicht weißer Farbe auszulöschen. Die technischen Schwierigkeiten, die das Überarbeiten alter Leinwand mit sich brachte, waren für ihn nie ein Problem gewesen. Die übereinanderliegenden Farbschichten verbanden sich leicht miteinander, da er sie mit intuitiver Geschicklichkeit ineinanderarbeitete, wenn er das neue Thema in ein altes einfügte. Seine fehlerfreie Technik beruhte auf einer unglaublichen Einsicht in chemische Reaktionen. Mit einigen Ausnahmen (die aus den Anfangsjahren stammen) hat keines seiner Bilder jemals Alterserscheinungen gezeigt. Die Farbe verlor nie ihr Timbre, sie bekam keine Risse und blätterte nicht ab; all dies trotz der zum Teil schwierigen Arbeitsbedingungen. In seinen Anfängen malte er auf allem, was auch nur im entferntesten einer Leinwand ähnelte: auf Bettüchern, Hemden und Tischdecken. Die Farbe muß oft von schlechter Qualität gewesen sein, wenn er nicht gerade ein paar Farbtuben von seinem Lehrer Penn in Witebsk abstauben konnte. Trotzdem sind die meisten seiner Bilder geschmeidig geblieben und können gefahrlos zusammengerollt werden. Mit dieser Intuition begabt, konnte er jede nur denkbare Technik anwenden.

Eines Tages bat er mich, Platz zu nehmen und ihm bei der Arbeit Gesellschaft zu leisten. »Virginia«, sagte er, »ich möchte unterhalten werden.« Er wollte wissen, wie ich in meinen jetzigen Zustand geraten sei. Offensichtlich hatten meine schäbigen Kleider, meine Resignation, meine dünne Figur und meine strähnigen Haare seine Neugier geweckt.

»Das ist eine lange Geschichte«, begann ich ausweichend. Es schmerzte mich, über die vergangenen Jahre zu sprechen. »Vielleicht sollte ich ganz vorn anfangen, noch vor meiner Geburt.« Ich hoffte, dies würde mir den Mut geben, auch die Ereignisse der letzten Jahre zu erhellen, die ich mir selbst kaum erklären konnte, geschweige denn Marc.

»Wie Sie wollen.«

»Damals hielt sich mein Vater Hausschweine in Venezuela«, begann ich.

Marc war verwirrt. »Schweine in Venezuela? Wozu denn das?«

»Er kratzte ihre Rücken gerne mit dem Spazierstock.«

»Ich denke, er war britischer Konsul?«

»Es war während seiner Probezeit, da konnte er sich durchaus ein paar Überspanntheiten leisten. Er war Vegetarier, schrieb Gedichte und reiste auf einem Maultier durchs Land. Er hatte flammendrote Haare und fiel überall auf. Seit seiner Jugend hatte er so verbissen versucht, nach den Maßstäben zu leben, die ihm als offiziellem Vertreter seines Landes auferlegt wurden, daß er sich im Laufe der Zeit keine Extravaganzen mehr leistete.«

»Und Ihre Mutter?«

»Sie war das dreizehnte und jüngste Kind eines Farmers aus Quebec. Als sie meinen Vater heiratete, war sie ihm von Anfang an unterlegen.«

Marc lächelte und wandte sich mit neuer Energie seinem Bild zu. Er war nun nicht mehr so einsam. »Warum? Wie lernten sie sich kennen?«

»Ihre ältere Schwester heiratete einen kanadischen Diplomaten. Als sie nach Guatemala gesandt wurden, nahmen sie meine Mutter mit. Dort lernte sie dann meinen Vater kennen. Mit ihren beiden Kindern fuhren sie später auf einem deutschen Schiff nach England in Urlaub. Am selben Tag, als sie in Le Havre anlegten, brach der Krieg aus. Es gelang ihnen jedoch, unversehrt nach England zu kommen. Von dort wurde mein Vater nach Paris beordert, wo ich dann geboren wurde.«

Marc lehnte sich zurück, um sein Bild mit halb geschlossenen Lidern und zusammengepreßten Lippen zu betrachten. Er begann vor sich hin zu summen und drückte ein wenig frische Farbe auf seine Palette.

»Dann sind Sie französischer als ich. Sie haben nicht nur französisch-kanadisches Blut in den Adern, sondern wurden sogar in Paris geboren. Ich bin ein eingebürgerter ›métèque‹. Als ich 1910 zum ersten Mal nach Paris kam, wurde ich von einigen französischen Künstlern herablassend behandelt – auch nach dem Krieg noch. Als ich mit Bella zurückkehrte, saßen wir einmal im Rotonde (einem beliebten Café am Montparnasse). Die Bemerkung von Georges Braque, daß diese ›métèques‹ ihnen noch den letzten Happen vor dem Mund wegschnappen würden, überhörten wir. Mein Einbürgerungsverfahren dauerte Jahre, da ich aus dem kommunistischen Rußland kam.

Schließlich und endlich setzte Jean Paulhan

(der Dichter) 1937 Himmel und Hölle in Bewegung, so daß ich französischer Staatsbürger wurde. Die Franzosen waren immer schon Chauvinisten. Heute bin ich nicht mehr Franzose, als ich es immer schon war, eher weniger, seitdem Frankreich von Hitler und Vichy regiert wurde und alle Juden ausgewandert oder vernichtet worden sind. Bella wollte jedoch sofort nach der Befreiung wieder zurückkehren. Sie hing sehr an Frankreich. Vielleicht hatte sie ein bißchen Angst vor Amerika; und als ob sie ihren bevorstehenden Tod ahnte, bat sie mich, ihren Leichnam heimzuführen, falls sie hier sterben würde. Als wir Frankreich verließen, hatte sie das schreckliche Gefühl, daß sie nie wieder zurückkommen werde. Nun, Paris wurde am 25. August befreit, und am 2. September war sie tot. Wozu soll ich jetzt noch zurückkehren? Ich habe es nicht eilig. Frankreich wird für mich nie wieder dasselbe sein, überhaupt nichts, ohne Bella. Und um ehrlich zu sein, fürchte ich mich davor, mit Leuten zu verkehren, die Juden in Gaskammern geschickt haben.« Marc nahm seinen Lappen und wischte damit an einer Stelle, die ihm nicht gefiel. Kopfschüttelnd, die Stirn in Falten, stieß er einen tiefen Seufzer aus.

»Dann sind Sie also 1915 geboren, in dem Jahr, als wir in Witebsk geheiratet haben. Das Gemälde *Der Geburtstag* entstand damals. Kennen Sie es? Bella hatte mir Blumensträuße und bunte Tücher mitgebracht, mit denen sie mein Atelier ausschmückte. Ich habe uns gemalt, wie wir gemeinsam an die Decke fliegen. Als ich zum ersten Mal nach Paris ging, ließ ich sie vier Jahre allein in Rußland. Ich war so unschuldig und vertrauensselig, daß ich sicher war, mich auf ihre Treue verlassen zu können. Sie können sich vorstellen, welchen Versuchungen eine junge Frau ausgesetzt war, die an Stanislawskis Schauspielschule in Moskau studierte! Als sie schrieb, daß ein junger Mann ihr sehr viel Aufmerksamkeit zollte, kochte ich vor Wut, denn ich verdächtigte meinen besten Freund. Ich beschloß, auf der Stelle heimzufahren. In Berlin legte ich einen Zwischenaufenthalt ein, um meine Bilder auszustellen. Es wurde ein Triumph. Kurz vor Kriegsbeginn kehrte ich heim nach Witebsk. Mein ganzes Leben bin ich überall nur mit Ach und Krach durchgekommen. Ich schnappte mir meine Verlobte, und da ich mich nach meinem neuerlichen Erfolg recht stark fühlte, bat ich Bellas Eltern (die Rosenfelds, sehr reiche Juweliere) um die Hand ihrer Tochter. Sie waren von dieser Neuigkeit nicht sehr angetan. Ich wurde geduldet, und die Hochzeitsfeier war eine Qual. Ich habe sie seitdem oft gemalt, doch immer wurde eine poetische, romantische Feier daraus. Das ist, was mich betraf, nicht die reine Wahrheit. Doch ich war unwahrscheinlich glücklich mit Bella. Wir gingen sofort aufs Land.«

Ich versuchte mir diese längst vergangene Zeit vorzustellen, die in einen legendären Dunst gehüllt und in den Bildern so beredt dargestellt ist. Marc konzentrierte sich mit doppelter Energie auf einen schwierigen Teil der Leinwand; er wollte gern bei der Arbeit unterhalten werden. Er sagte, es lenke ihn von seinen Sorgen ab und setze schöpferische Kraft frei. Im nächsten Augenblick seufzte er jedoch ärgerlich.

»Wenn Sie nur wüßten, wie schwer es ist, allein hier zu sitzen und mit der Leinwand zu kämpfen. Fortwährend denke ich an Bella. Ich hätte darauf bestehen sollen, daß sie in diesem Krankenhaus bleibt.« Er wandte sich mir zu: »Natürlich wissen Sie nicht, was geschehen ist. Wir machten gerade Urlaub in den Adirondack Mountains, als sie eine schlimme Halsentzündung bekam. Sie verlangte ständig nach heißem Tee. Am nächsten Tag hatte sie so hohes Fieber, daß ich sie ins Krankenhaus brachte. Als sie die vielen Nonnen in den Korridoren sah, wurde sie unruhig. Dazu muß ich sagen, daß sie einmal an einem anderen Urlaubsort, in Beaver Lake, ein Schild gesehen hatte, nach dem nur weißen Christen der Zutritt gewährt wurde. Das hatte sie nie vergessen. So seltsam es auch ist: kurz bevor sie erkrankte, hat sie ihre Memoiren beendet und mir gesagt: ›Sieh mal, hier sind alle meine Notizbücher. Ich habe alles in Ordnung gebracht, so daß du weißt, wo was zu finden ist.‹ Als sie dann ins Krankenhaus kam, fragte man sie natürlich nach Einzelheiten – Name, Alter usw. Auf die Frage nach der Religionszugehörigkeit verweigerte sie die Antwort. Sie sagte: ›Hier gefällt es mir nicht, bring mich bitte wieder ins Hotel.‹ Also brachte ich sie zurück, und am nächsten Tag war es zu spät.« Marc seufzte tief. »Aber es gab kein Penicillin. Kein Penicillin«, wiederholte er für sich, als wolle er damit sein gequältes Gewissen beruhigen. 1944 war Penicillin nur fürs Militär freigegeben. Als Ida schließlich aus Washington eine Ausnahmegenehmigung erhalten hatte, konnte Bella schon nicht mehr geholfen werden.

*

Einige Tage darauf setzte sich Marc vor ein neues Bild: ein Liebespaar in Gelb auf einem fliegenden Bett, das erdenfern auf einer blauen Wolke dahinsegelt. Das Gemälde erhielt später den Titel *The naked cloud.*

*»Nu«*, fragte er, »wie geht Ihre Geschichte weiter?«

Ich fuhr fort und erzählte ihm, daß wir Paris verließen, als ich vier Monate alt war, um nach La Paz zu gehen. Die Seereise dauerte vier Monate. Nach dieser Strapaze mußten wir uns an ein Leben in 4000 Meter Höhe gewöhnen. Nachdem ich gerade auf dem Schiff die Ruhr überlebt hatte, starb ich nun fast an Höhenkrankheit. »Ich glaube, das hat mich ziemlich widerstandsfähig gemacht«, sagte ich.

Zweifelnd sah Marc mich an. Er dachte wohl, daß ich nicht gerade besonders kräftig aussah.

»Mit fünf Jahren befand ich mich auf einmal in einem Dorf in Dorsetshire, wo meine Patentante versuchte, eine gute Katholikin aus mir zu machen. Mein Vater ist Atheist, aber er ging davon aus, daß Religion uns nicht schaden konnte. Von Zeit zu Zeit unterzog er sich sogar dem Kirchgang, da dies zu den typischen Gewohnheiten eines englischen Gentlemans gehört. Uns alle schickte er auf protestantische Internate in England.«

»Seltsam, wie jemand die Religion zu einer Umgangsform werden läßt!« sagte Marc. »Für meine Eltern war die Religion der Angelpunkt, um den sich ihr gemeinsames Dasein drehte.« Ein wesentlicher Unterschied, aber keiner, der zwischen uns zu einem Problem wurde – zumindest vorläufig nicht.

*

Ab und zu ließ ich Marc über seiner Arbeit sitzen. Jean brauchte mich auch, und meine Arbeit mußte getan werden.

Den Teil des Hauses, den Ida bewohnte, säuberte ich so gut ich konnte, ich scheuerte Küche und Bad, tränkte die Haarbürsten in Ammoniak und desinfizierte die Mülleimer, wie sie es mir gezeigt hatte. Ich wollte, daß sie mit mir zufrieden war. Manchmal kam sie vorbei, um nach dem Rechten zu sehen. Die friedliche Atmosphäre und die relative Sauberkeit beruhigten sie, und sie fuhr wieder ab.

Hausarbeit ist weniger verdrießlich, wenn die Hausfrau abwesend ist. Aufgrund dieser Erfahrung pflegte ich meine eigene Haushaltshilfe mit meiner Anwesenheit zu verschonen und ihr so viel Freiheit wie möglich zu gewähren. Ich gehe sogar so weit, daß ich den gröbsten Schmutz entferne, bevor sie kommt, weil ich mich noch gut daran erinnere, wie entmutigt ich einmal war.

Für Marc jedoch wollte ich unbedingt weiterarbeiten. Seine Gegenwart und die Gespräche mit ihm faszinierten mich. »Welche Tiefen haben Sie denn noch mit Ach und Krach überwinden müssen?« fragte ich ihn.

»In St. Petersburg erlebte ich alle möglichen Abenteuer. Ich kam sogar ins Gefängnis.«

»Tatsächlich? Ich glaube, es wissen nicht viele Leute, daß ein Marc Chagall im Gefängnis gesessen hat!«

»Damals war es den Juden nicht erlaubt, ohne Sondererlaubnis in der Hauptstadt zu leben. Einmal hatte ich meine Bescheinigung nicht bei mir, so daß sie mich zu Dieben und Prostituierten, die sehr nett zu mir waren, in eine Art Käfig steckten. Dann kam ich zu einem alten Mann in die Zelle und erhielt Gefangenenkleidung. Ich verbrachte meine Zeit mit Zeichnen, Träumen und Schlafen. Nicht zu glauben! Es steht alles in meinem Buch. Ich werde Ihnen ein Exemplar leihen.«

Er sprang auf, flink und energiegeladen, um ein Exemplar seiner Autobiographie »Ma Vie« zu holen. Sie enthielt viele Federzeichnungen, humorvolle, schrullige und manchmal sonderbare. Die Zeichnung zu dem Kapitel »Idotschka ist geboren« zog mich besonders an. Sie zeigt einen nackten, bärtigen Mann, der mit einem Kind im Bett liegt. Hinter dem Bett steht eine Frau mit einem Wasserkrug, die sich um ihn kümmert. Ich lachte. »Das erinnert mich an die Geschichte ›Der schwangere Mann‹ von Boccaccio. Haben Sie sich bei Idas Geburt so aktiv einbezogen gefühlt?«

»Um ehrlich zu sein, eigentlich muß ich mich schämen. Ich war enttäuscht, da ich mir so sehr einen Jungen gewünscht hatte, und nun war es ein Mädchen. Aber inzwischen habe ich mich damit abgefunden. Sie ist mehr als eine Tochter für mich – sie ist ein echter Chagall!«

Marc arbeitete an den kühnen, ursprünglichen Umrissen der *Liebenden in Gelb*. Das Bild hatte eine Direktheit, die den zuletzt gemalten fehlte. Er wollte es in einem fließenden Zustand halten, der seinem freien und ausdrucksstarken Stil entsprach. Mit zusammengekniffenen Augen versuchte er einen verschwommenen Eindruck vom allgemeinen Aufbau des Bildes zu bekommen. Grübchen bildeten sich auf seinen runzligen Wangen. Er war nicht mehr angespannt, wenn er malte, eher konzentriert. Sein Gesicht war von einer faszinierenden Beweglichkeit. Es war einem ständigen Wechsel zwischen Heiterkeit und Nachdenklichkeit, zwischen Fröhlichkeit und Feierlichkeit unterworfen.

Ich hatte begonnen, »Ma Vie« zu lesen und war von diesem außergewöhnlichen Mann nur noch mehr fasziniert. Die halbe Nacht blieb ich wach, was John befremdete. Er war stolz darauf, daß ich für Marc Chagall arbeitete. Es war, als ob irgendwo ein Fenster geöffnet worden war, durch das frische Luft hereinströmte. Das Buch ist ein Meisterwerk spontaner Poesie, eine Mischung aus Malen und Schreiben. Es hat visionären Charakter und gleicht seinen besten Bildern. Ein Strom lebhafter Farben fließt hindurch, entzückend sorglos und überschwenglich, aber auch nostalgisch und melancholisch. Seinen Vater beschreibt er folgendermaßen:

> Habt ihr auf Florentiner Gemälden schon mal einen von diesen Leuten gesehen – mit wild wuchernden Bärten, braunen, zugleich aschfahlen Augen, mit einer Haut von gebranntem Ocker und mit Runzeln und Falten überzogen? Das ist mein Vater. [...] Was gilt ein Mann, wenn er nichts gilt, wenn er unschätzbar ist? Darum fällt es mir schwer, die richtigen Worte für ihn zu finden. [...] Welch ein Lächeln! Woher kam es? [...] Alles an meinem Vater schien mir voll Rätsel und Traurigkeit. Ein unzugängliches Bild. [...] Wenn er, groß und mager, heimkam in seiner von der Arbeit verschmutzten und verschmierten Kleidung mit den weiten Taschen, aus denen er ein Taschentuch von trübem Rot herauszog, dann kehrte mit ihm der Abend ein.

Über seine Verwandten schrieb er:

> Wenn auch meine Kunst im Leben meiner Verwandten keine Rolle spielte, so haben sie durch ihr Leben und ihr Schaffen doch meine Kunst stark beeinflußt. [...] So hatte einer von ihnen nichts Besseres zu tun, als nur mit einem Hemd bekleidet in den Straßen von Liosno herumzulaufen [...], und das am hellichten Tag – so als sei er einem Gemälde von Masaccio oder Piero della Francesca entsprungen. [...] Die Erinnerung an diesen Unbehosten, diesen »sans-culotte«, wird mich immer mit [sonniger] Freude erfüllen. [...] Ich fühle mich ihm nah.

Eine Szene aus Witebsk:

> Ich bade allein im Fluß, fast ohne die Wasseroberfläche zu kräuseln. Die Stadt liegt ringsum friedlich da, der

milchige Himmel ist auf der Seite etwas blauer. Über mir ruht himmlischer Glanz. Plötzlich steigt unter dem Dach der Synagoge am anderen Ufer eine Rauchwolke empor. Mir ist, als hörte man die Schreie der brennenden Thora-Rollen und des Altars. Die Fensterscheiben bersten. Schnell aus dem Wasser! Völlig nackt renne ich [über die Balken] und suche meine Kleider zusammen. Ach, wie ich die Feuersbrünste liebe!

Blaise Cendrars schrieb in seinem Gedicht über Chagall:

*Er greift nach einer Kirche und malt mit ihr,*
*Er greift nach einer Kuh und malt mit ihr…*

In seinem erstaunlichen Buch greift Chagall nach Worten und malt mit ihnen, Träume heraufbeschwörend, Visionen und brennende Erinnerungen. Sein schriftstellerisches Selbstporträt ist ebenso humorvoll und poetisch wie seine gemalten Selbstbildnisse. Die Charaktere dieses farbenfrohen Freskos sind ebenso phantastisch wie die seiner Bilder. Das Buch eröffnete mir viele faszinierende Aspekte aus seinem außergewöhnlichen Leben, die er während unserer Gespräche nicht erwähnt hatte. In der Zeit vor dem Krieg in Paris arbeitete er wie ein Besessener; alles andere war ihm gleichgültig. Witebsk war zu einer Traumstadt geworden, seine Freunde und seine Familie waren ihre geträumten Einwohner. Bella war ein fernes Ziel, eine Märchenprinzessin, für die er arbeitete und die es zu gewinnen galt. Er schrieb ihr viele Briefe und dachte ständig an sie. Seine Bilder waren voll Sinnlichkeit, wie die Menschen, die sich um ihn herum tummelten, seine Künstlerfreunde und ihre Modelle. Einer seiner Freunde bot ihm an, ihm sein Modell auszuleihen (er war zu schüchtern, um selbst zu fragen). Nach einer Sitzung mit ihr nahm sie ihn einfach mit ins Bett. Er war furchtbar unschuldig und hatte noch nie eine Frau berührt. Bella hatte auch nackt für ihn Modell gestanden, aber er hatte sie nicht angerührt. Natürlich glaubte in der Stadt niemand daran. Als seine Mutter die Skizze sah, veranlaßte sie ihn, sie zu zerreißen.

Bevor er sich in Bella verliebte, hatte er mit vielen Mädchen geflirtet, aber keine geliebt. Sie waren romantische Figuren seiner eigenen Vorstellungswelt. Wenn die Mädchen einen Schritt weiter gehen wollten, zog er sich zurück. Bellas Freundin Thea war intelligenter und kultivierter als die anderen Mädchen. Sie und Bella studierten in Moskau und verbrachten ihre Ferien gemeinsam im Ausland. An dem Tag, als er Bella zum ersten Mal bei Thea begegnete, wußte er, daß es mit Thea aus war. Es war etwas an Bella – eine geheimnisvolle Ähnlichkeit mit ihm. Kurz vor ihrem Tod schrieb sie in Jiddisch über diese erste Begegnung.

»Ihr Text ist reine Poesie«, schwärmte Marc, »wie meine Bilder. Sie *fühlte* mich regelrecht, sie war Bestandteil meiner verrückten Einfälle, die ihr niemals fremd waren. Sie war eine ausgezeichnete Studentin, im Abgangsjahr eine der drei Besten in Russisch. Natürlich war sie schön; so sehr, daß sie mit ihren tiefschwarzen Augen fast ein wenig traurig wirkte. Sehen Sie!«

Marc ging zu dem wuchtigen Kamin hinüber und holte sein Lieblingsfoto vom hohen steinernen Sims: Bella als junges Mädchen war darauf abgebildet. Sie hatte ein blasses, ovales Gesicht mit riesigen Augen. Ihr dunkles Haar hatte sie hinten zusammengefaßt – sie war die Verkörperung von Seelengröße. Dann holte er ein Album und zeigte mir Familienfotos. Auf einem Bild sitzen sein Vater Zachar und seine Mutter Feiga Ita kerzengerade vor einem kleinen runden Tisch, auf dem ihre Hände ruhen. Seine kleine Großmutter, die eine Perücke trägt und ein Umhängetuch über die Schultern geworfen hat, sitzt auf der anderen Seite neben Zachar. Seine beiden verheirateten Schwestern stehen neben ihren Gatten mit steifem Kragen. Marc sieht in weißer Weste und Binder prächtig aus.

»Waren Ihre Eltern sehr zurückhaltend und anständig? Waren Sie deshalb mit zwanzig noch so unschuldig?«

»Ja, ganz bestimmt. Ich erinnere mich daran, daß die anderen Jungen mich wegen meiner Unwissenheit auslachten, und das regte mich auf. Ich war schüchtern, stotterte, ich hatte Angst vor dem Großwerden. Sogar mit zwanzig noch war es mir lieber, von der Liebe zu träumen oder sie in meinen Bildern zu malen. Aber die Mädchen fühlten sich zu mir hingezogen. Ich sah gut aus und fing an zu flirten. Ich liebte diese kleinen Flirts. Aber ich weinte auch oft, da ich melancholisch war.«

»Ja, mir ist aufgefallen, wie oft das Wort ›weinen‹ in Ihrem Buch auftaucht. In einem Abschnitt weinen sogar die Häuser!«

Marc lachte. »Vielleicht verstehen Sie das nicht. Für Engländer bedeutet Weinen soviel wie das Gesicht verlieren. Sie wollen ihre Gefühle nicht zeigen.«

»In dieser Hinsicht fühle ich mich nicht sehr englisch. Als mein Vater sich einmal von mir verabschiedete, weil er für ein Jahr nach Rio ging, sah ich Tränen in seinen Augen. Das rührte mich. Ich hatte nicht geahnt, daß er weinen konnte.«

»Zum Glück lachten und weinten meine Eltern ohne Hemmungen«, sagte Marc.

Marc gestand, daß er sich nie sonderlich zu den Engländern hingezogen fühlte. Bella war besser mit ihnen ausgekommen. Sie war in Paris mit der Frau des Botschafters befreundet gewesen. Das erklärt auch, wieso ich Marc in der Botschaft hatte begegnen können.

*

Etwa zur gleichen Zeit, als Marc ab und zu in diesen Kreisen verkehrte, hatte ich sie für immer verlassen. Ich hatte mich in meinen schottischen Maler mit seinen kommunistischen Ideen verliebt. Sein Traum war es, nach Rußland zu gehen. Wir sahen uns russische Filme an – Eisenstein, Dowschenko und Pudowkin. Wir begeisterten uns für die neue Welt, die die Russen aufbauten.

Marc sagte, ihm sei es auch so gegangen, als er gleich nach der Revolution ein paar Jahre im kommunistischen Rußland verbracht hatte. Es war eine phantastische Zeit. Auf einmal war alles möglich. Juden besaßen volle Bürgerrechte – keine Paßgesetze mehr, keine Pogrome. Anatol Lunatscharski kehrte mit Lenin aus dem Exil zurück und wurde Volkskommissar für das Bildungswesen. Er ernannte Marc zum Volkskommissar für Kunst in Witebsk, wo Marc eine Schule gründete. Er wollte Künstler des neuen Typs schaffen und die alten befreien. Er holte Lehrer der Avantgarde an seine Schule, wie zum Beispiel Kasimir Malewitsch und seine Jünger des Suprematismus. Allerdings neideten sie Marc die Stellung und drängten ihn hinaus. Die Tscheka brach in das Haus der Rosenfelds ein und nahm mit, was mitzunehmen war: Gold, Schmuck und Geld. Marc, ihr Schwiegersohn, konnte auch als Volkskommissar nichts für sie tun, denn er steckte selbst in Schwierigkeiten. Der Proletkult setzte ein, und man begann seine Bilder zu verurteilen. Bald fiel man auch über die Suprematisten und den Rest der Avantgarde her. Lunatscharski war der einzige, der Marc hartnäckig verteidigte; er war Freigeist und Romantiker. Er erteilte Marc die Erlaubnis, nach Berlin auszureisen, um dort nach seinen Bildern zu sehen, die er zurückgelassen hatte.

»Er wußte, daß ich nicht zurückkehren würde. Er wußte, daß meine Kunstrichtung den Kommunismus nicht überleben würde. Allerdings war ich nie ein Antikommunist; das hätte bedeutet, Partei für meine Feinde zu ergreifen. Und jetzt, nachdem wir die Faschisten zerschlagen haben, fühle ich mich mit den Kommunisten solidarisch. Meine erste große Enttäuschung war der Pakt zwischen Nazi-Deutschland und der Sowjetunion. Bella und Idotschka behaupteten, das könne ich nicht verstehen, das sei reine Strategie, aber es erschreckte mich zutiefst.«

Ich erzählte Marc, John habe dasselbe gesagt, woraufhin ich nicht mehr an den Kommunismus geglaubt hatte.

Die Gespräche mit Marc ließen mich auftauen. Aber ich war mir noch ganz und gar nicht der langsamen, unaufhörlichen Zerstörung meiner Persönlichkeit bewußt, die John in den zehn Jahren unseres Zusammenlebens bewirkt hatte. Ich lebte für den Augenblick, ohne einen Gedanken an Vergangenheit oder Zukunft zu verschwenden, war taub gegenüber der Realität unseres schwierigen Miteinanders. John hatte mich in seiner Gewalt. Ich fürchtete und bemitleidete ihn, aber ich liebte ihn nicht. Jean und er waren einander sehr zugetan. Zum Glück für Jean kamen wir auf platonischer Basis miteinander aus, denn mit ihrer Geburt hatte unsere physische Verbindung ein Ende gefunden.

Jean und ich gingen miteinander durch dick

und dünn. Sie war der einzige Mensch, der mich liebte, und ich stellte das einzige stabile Element in ihrem Leben dar. Wir lasen Bücher und malten, gingen zusammen spazieren und unterhielten uns. Wir besuchten die Elefanten im Zoo und die ausgestopften Mäuse im Naturkundemuseum. Sie liebte es, die geschäftige Welt ringsumher vom sicheren Platz auf meinen Schultern zu überblicken.

*

Als ich eines Morgens bei Marc ankam, arbeitete er wie gewöhnlich, sah mir aber erwartungsvoll entgegen. Als ich eintrat, strahlte er mich an. »Die Nächte in dieser großen, leeren Wohnung sind so einsam«, war sein Kommentar.

Die *Liebenden in Gelb* näherten sich der Fertigstellung. Er stellte das Bild beiseite, um es für eine Weile zu vergessen. In ein oder zwei Wochen würde er es mit neuen Augen sehen, aber zuerst wollte er meine Meinung hören. Ich sagte, es sei spannend gewesen, es wie ein Lebewesen mit eigenem Herzschlag wachsen zu sehen.

»Gefällt es Ihnen?«

»Es ist schön.«

Ich entdeckte einen Charakterzug an ihm, der in seinem Leben eine wichtige Rolle gespielt hat: er brauchte häufig Bestätigung; nicht, weil er nicht selbst zu genau wußte, welches seine besten Bilder waren, sondern weil er wollte, daß andere Menschen sie mochten. Er holte oft die Meinung unerfahrener Menschen ein, die ihr Urteil spontaner fällten als Spezialisten. Er fürchtete sich vor Widerspruch und Unverständnis.

Bella war sein privater Sachverständiger gewesen, seine höchstrichterliche Instanz für jedes einzelne Bild, sein Orakel. »Ich versuche jetzt, meine Bilder mit ihren Augen zu sehen. Ida wäre nur zu froh, wenn sie in die Rolle schlüpfen könnte, die ihre Mutter gespielt hatte. Sie hat Geschmack, ist intelligent, und sie kennt mich gut. Mal sehen, vielleicht…«

Marc erzählte: »Mein ganzes Leben besteht aus Arbeit. Alles andere ist zweitrangig. Natürlich sind Liebe, Tod und Geburt tiefe Einschnitte, aber die Arbeit geht genauso weiter. Nach Bellas Tod habe ich monatelang nichts geschafft; zum ersten Mal in meinem Leben habe ich die Arbeit eingestellt. Ohne Arbeit müßte ich sterben; es würde mich von innen heraus zerfressen. Ferien sind zum Arbeiten da. Ein Tag ohne Arbeit ist kein richtiger Tag für mich. Ich muß das Gefühl haben, einen Schritt weitergekommen zu sein, ein Problem gelöst oder eine Entdeckung gemacht zu haben. Woher dieser beständige Schaffensdrang? Es ist die ewige Suche nach einer Antwort, die ich vielleicht niemals finden werde. Welch ein Glück, daß ein Künstler nie zufrieden ist – was würde ihn sonst dazu veranlassen weiterzumachen?«

Im Verlauf unserer vielen Gespräche hatte Jean einige Brocken Französisch aufgeschnappt, Marc jedoch blieb dem Englischen gegenüber taub. »Diese Sprache werde ich nie lernen. Außerdem spricht in New York offensichtlich jeder Jiddisch, Französisch oder sogar Russisch«, meinte er.

Wenn er sich einmal etwas kaufen mußte, was selten vorkam, suchte er immer einen jüdischen Laden auf. Er ging gern einkaufen, sprach mit den Ladenbesitzern über die Ware und handelte einen guten Preis aus.

Er besaß eine ganze Reihe bunter Hemden und Jacken, von denen Bella und er die meisten in einem Geschäft auf der Lexington Avenue gekauft hatten, das er den »Päderastenladen« nannte. Dort sprach man französisch. Bella habe einen ausgezeichneten Geschmack gehabt, sagte er, und sei mutig gewesen. Er war nicht so waghalsig; er trug rosa-malvenfarbig oder grün-gelb karierte Sommerhemden und dunkelviolette oder ultramarinfarbene Samtjacken. Einen Mantel mit bunten Streifen hatten sie in Mexiko gekauft, als Marc dort das Ballett »Aleko« mit seinen Entwürfen ausstattete. »Wenn Bella mir all diese Sachen nicht gekauft hätte, würde ich alles mögliche tragen. Kleidung ist unwichtig für mich. Wie Sie sehen, arbeite ich gern mit bloßem Oberkörper; dadurch werden meine Hemden geschont, und Sie haben weniger zu tun.« Entgegen seinen Behauptungen hatte er sehr wohl Interesse an seiner Kleidung. Wenn er mit Freunden verabredet war, kombinierte er Hemd, Krawatte und Jacke mit großer Sorgfalt, denn er wußte, er würde damit Aufmerksamkeit erregen und vielleicht ein Kompliment ernten.

*

Eines Tages zog Marc mich auf sein Knie. Eine zarte Vertrautheit herrschte zwischen uns, so als ob wir schon lange zueinander gehörten. Fast unmerklich hatten wir uns ineinander verliebt.

Diese Liebe war nicht plötzlich über uns gekommen; sie war gewachsen wie zwei Pflanzen, die auf demselben Boden ausgesät worden waren. Ich fühlte mich sicher in seiner Liebe, und allmählich gab ich mich ihr hin. Jahrelange Apathie hatte mich ausgehungert und ausgedörrt. Jetzt fühlte ich mich wieder jung, als entdeckte ich die Liebe zum ersten Mal. Auch Marc verhielt sich wie ein schüchterner, verliebter junger Mann.

Wir begannen, uns heimlich im Schlafzimmer zu küssen, während Jean in der Wohnung umherlief. Dann fand ich eine Kinderspielgruppe einige Häuserblocks entfernt, wo ich sie jeden Tag lassen konnte. Ich kann mich nicht daran erinnern, wie sie auf dieses unvorhergesehene Ereignis reagierte. Es war das erste Mal in ihrem Leben, daß sie von mir getrennt wurde. Ich war zu sehr in Hochstimmung, um darauf zu achten. Ich hatte mich verliebt.

Einen glückseligen Nachmittag verbrachten wir an der Lower East Side, wo wir in den kleinen Läden und Buden herumstöberten. Marc kaufte mir einen Ring mit einem Mondstein als Zeichen seiner Liebe.

Marc gestand, daß er erst vor ein paar Wochen eine Freundin von Ida gebeten hatte, mit ihm zu leben, nur um ihm Gesellschaft zu leisten. Er hatte ihr gesagt: »Ich kann Ihnen keine Liebe anbieten, nur Kameradschaft.« Sie hatte das Angebot abgelehnt, da sie einen Geliebten hatte. »Wie gut, daß sie ablehnte! Wir hätten uns sowieso nicht gut verstanden, aber du siehst, wie weit ich bereit war zu gehen, nur um nicht allein zu sein. Es ist schwierig, nur mit der eigenen Tochter und dem Schwiegersohn zusammenzuleben.«

Ich überlegte mir, daß ich bei seinem starken Verlangen nach Gesellschaft beinahe meine Chance verpaßt hätte, wenn die junge Frau sich anders entschieden hätte.

*

Marc hatte mit einem neuen Bild begonnen, das später den Titel *Die Seele der Stadt* erhielt. Auf ihm stellte er sich als Künstler mit zwei Gesichtern dar, der die Kreuzigung malt. Bella ist eine körperlose, himmlische Braut, eine fliegende Seele mit wehendem Schleier. Am unteren Bildrand befindet sich eine irdische Frau mit hellen Haaren, die einen Hahn liebevoll in den Armen hält.

Marc wählte seine Themen meist aus dem Unterbewußtsein. Sie entsprangen einem unstillbaren Verlangen, das Rätselhafte in ihm zum Ausdruck zu bringen. Er griff spontan in eine Fülle von Themen und kombinierte sie zu immer neuen, verschiedenartigsten Werken. Manchmal jedoch wählte er ein Thema aufgrund aktueller Ereignisse und Gemütszustände eher bewußt, so wie es bei den tragischen Bildern der Fall war, die durch Krieg und Holocaust beeinflußt wurden, und bei den melancholischen Bilderreihen, die er nach Bellas Tod gemalt hat.

In diesem Bild *Die Seele der Stadt* spielte er, glaube ich, unbewußt darauf an, daß er sich gespalten fühlte in seiner Hingabe an Bella einerseits und seiner Zuneigung zu mir andererseits. Die Titel der fertiggestellten Gemälde, die ausgestellt werden sollten, stammten häufig von Ida oder Pierre Matisse (dem Sohn von Henri Matisse). Marc war mit den Titeln immer einverstanden, so wie er Bellas Vorschlägen und vor ihrer Zeit denen Blaise Cendrars zugestimmt hatte: *Der heilige Droschkenkutscher; Rußland, den Eseln und den Anderen; Vom Monde; Der Dichter.* Titel waren ihm nicht so wichtig; sie dienten lediglich der Identifizierung. Aber er liebte poetische Titel. »Meine Arbeit ist beendet«, pflegte er zu sagen. »Den Rest können andere besorgen. Ich kenne meine Bilder nur zu gut. Sie sind ein Teil von mir, aber ich weiß nicht, *wovon* sie handeln.«

Eines Morgens kündigte Marc Idas Rückkehr für denselben Abend an. Marc wurde am Tag darauf achtundfünfzig, am 7. Juli. Ich beeilte mich, Ordnung zu schaffen, und war bei dem Gedanken an ihre Rückkehr ziemlich nervös. Würde sie etwas von der Intimität unserer Beziehung ahnen?

Ida war jedoch locker und charmant wie immer. Am nächsten Tag fand eine kleine Feier statt. Ida rief mich aus der Küche, weil ich ein Glas Wodka auf das Wohl ihres Vaters trinken sollte. Einer der Gäste war Lionello Venturi, ein älterer Herr mit Bart – eine vornehme Erscheinung. Er hatte die ersten Exemplare seines neuen Buches über Chagall mitgebracht. Die Luxusausgabe enthielt die Radierung im Original, an der Marc in Bill Hayters Atelier gearbeitet hatte. Am nächsten Tag schenkte Marc mir heimlich ein Exemplar. Einige Monate später fügte er ein Aquarell mit folgender Widmung hinzu: »En souvenir de notre première rencontre, 7/7/45« – Zur Erinnerung an unsere erste Begegnung.

Marc hatte eine abergläubische Vorliebe für die Zahl 7, da er am siebten Tag des siebten Monats im Jahre 1887 geboren wurde. Obwohl er vermutete, »es könnte sein, daß mein Vater hinsichtlich meines Alters gelogen hat und mir zwei Jahre schenkte, so daß mein jüngerer Bruder David und ich nicht zum Militärdienst einberufen wurden«, hielt er wegen der Zahl 7 gern an dem offiziellen Geburtsjahr 1887 fest – das Rätsel blieb bestehen. Ich habe die Sache nie aufklären können; seine Antworten wurden immer undeutlicher, sobald ich ihn danach fragte. Er wußte es einfach nicht. Was er jedoch wußte, war, daß er sich vor dem Größerwerden gefürchtet hatte; er wollte ein unschuldiges Kind bleiben. Vielleicht wurde er wegen dieser beiden geschenkten Jahre zu früh in die Welt der Erwachsenen entlassen. Später erfreute ihn der Gedanke an zwei vergebene Jahre, mit denen er jonglieren konnte.

Marc freute sich, als er hörte, daß auch ich im siebten Monat geboren worden war. An meinem Geburtstag überraschte er mich dann mit einem Exemplar des Buches »Ma Vie«, das eine Widmung enthielt und ein Aquarell von einem Maler an der Staffelei, halb Mann, halb Faun – eine aufschlußreiche Version eines Selbstporträts.

Das Venturi-Buch nahm ich mit nach Hause, bevor es die Widmung erhielt, und zeigte es John. »Ma Vie« mit Marcs verräterischem Bild versteckte ich jedoch in Marcs Bücherregal. John war von der Schönheit einiger Bilder Marcs beeindruckt, am nächsten Tag sagte er dann wieder einige unfreundliche Dinge über Juden. Wurde er eifersüchtig?

Ida hatte sicherlich die Veränderung bei ihrem Vater und den lockeren Umgangston zwischen uns bemerkt, obwohl wir uns bemühten, so wenig Vertrautheit wie möglich zu zeigen. Ich sprach Marc weiterhin mit Monsieur Chagall an. Doch seine Augen konnten vor Ida nichts verheimlichen, ebensowenig meine. Sie hatte eine Art, mich anzusehen, freundlich zwar, aber mit einer gewissen Beharrlichkeit, daß ich mich unwohl fühlte.

Ihren Mann, Michel Gordey, sah ich nur selten. Er war Journalist bei »Voice of America« und ständig in Eile.

Manchmal überfiel uns eine fröhliche Gruppe junger Freunde, einige in GI-Uniform. Der Mittagstisch war oft eine Runde, in der lebhaft französisch, englisch und russisch diskutiert wurde. In den Monaten nach dem Krieg herrschte in New York eine enorme Vitalität. Der GI Bill weckte eine gewaltige Lernbegier, einen Kulturhunger, wobei die Auswanderer aus Europa einen mächtigen Anreiz gaben und empfingen.

Fernand Léger und Piet Mondrian hatten sich dem Leben in New York schnell angepaßt; sie waren in ihrem Element, und ihre Kunst blühte auf. Die Bildhauer Ossip Zadkine, Amédé Ozenfant und Jacques Lipchitz entwickelten sich unter dem starken Einfluß von New York in positive Richtungen.

1942 organisierte Pierre Matisse in seiner Galerie in New York eine Ausstellung berühmter Exilkünstler. Auf einem Foto sind alle zu sehen: Max Ernst, Kurt Seligman, Ozenfant, André Masson, Piet Mondrian, André Breton, Léger, Zadkine, Yves Tanguy, Lipchitz, Pierre Tschelitschew, Eugene Berman, Roberto Matta – und Chagall.

Auf dem Foto blickt Marc sehr ernst und fühlt sich offenbar nicht wohl. Er ging seinen berühmten Kollegen in New York ebenso aus dem Weg, wie er es in Paris gemacht hatte. Seine Kontakte zu anderen Malern gestalteten sich immer schwierig. Seiner Angst, mißverstanden zu werden, stand die unverrückbare Überzeugung seiner eigenen Überlegenheit entgegen. Kurzum, er hatte eine Art Minderwertigkeits-Überlegenheits-Komplex.

*

Jüdischen Malern gegenüber zeigte er sogar besondere Hemmungen. Wenn die weniger erfolgreichen unter ihnen seine Freundschaft suchten und ihn bewunderten, stellte er sich vor, daß sie mit ihm in Verbindung gebracht werden wollten, um aus seinem Ruf eigenen Vorteil zu ziehen. Seine Bestrebungen gingen vor allem dahin, nicht als jüdischer, sondern als universeller Künstler zu gelten.

Bei den gemeinsamen Mittagessen am Riverside Drive war Marc für gewöhnlich fröhlich und unterhaltsam. Manchmal schnappte ich Bruchstücke der Unterhaltung auf, wenn ich den Tisch abräumte. Von Zeit zu Zeit zog man ihn wegen seiner diversen Abneigungen auf. Als einmal jemand Moise Kisling und Mané Katz erwähnte, zwei jüdische Künstler im Exil, schnitt er eine komische, verächtliche Grimasse, und alle lachten.

Ein freundlicheres Verhältnis hatte Marc zu Dichtern und Schriftstellern. Unter den Auswanderern befanden sich auch Jacques und Raissa Maritain, langjährige, enge Freunde der Chagalls. Jacques war ein katholischer Philosoph und hatte Raissa als russische Jüdin zum Katholizismus bekehrt. Nach und nach bewegten sie Pierre Reverdy, Jean Cocteau, Max Jacob und Georges Rouault zum Übertritt. Chagalls waren jedoch nie das Ziel ihrer leidenschaftlichen Bekehrungsversuche, da sie zu offen ihr Desinteresse bekundeten.

Ein anderes Paar, die Dichter Claire und Ivan Goll waren seit den 20er Jahren Freunde von Bella und Marc. Er hatte ihre »Poèmes d'amour« illustriert. Seitdem sie in New York wohnten, lebten sie immer noch ihr chaotisches, romantisches Leben und glaubten immer noch an ihre kommunistischen Prinzipien; vor allem Ivan, der sich oft in politischen Glaubensbekenntnissen Luft machte. Marc dachte, Kommunisten seien noch schlimmer als fromme Christen in ihrem Wunsch, alle Welt zu bekehren.

Marc freundete sich auch mit André Breton an, nachdem dieser in New York einen Text veröffentlicht hatte, in dem er feststellte, daß die Kunstrichtungen sowohl des Dadaismus als auch des Surrealismus die Bedeutung Chagalls unterschätzt hatten.

Marc war stolz auf diese Huldigung, da Breton

sehr angesehen war. Aber es amüsierte ihn, als Vorläufer des Surrealismus bezeichnet zu werden, mit dem er nach seiner Meinung wenig Gemeinsames hatte.

Eines Tages erzählte Marc mir, daß er vom New York City Ballet mit dem Entwurf der Bühnenausstattung und der Kostüme für Strawinskis »Feuervogel« nach der Choreographie von Balanchine beauftragt worden sei. Ida beschloß, ein großes Haus in Sag Harbor auf Long Island zu mieten, in dem er die Arbeit mit dem Vergnügen verbinden konnte. Richtiger Urlaub war ihm fremd; seine kurzen Aufenthalte auf dem Lande benutzte er als Gelegenheit zu arbeiten.

Ida bat mich, sie zusammen mit Jean zu begleiten. Diese Aussicht erfüllte mich mit Freude. Ida packte große Koffer mit Wäsche und Lebensmitteln. Marc, in einem kurzärmeligen, grün-malvenfarben karierten Hemd, einen Strohhut auf seinen struppigen Haaren, nahm sie mühelos auf und trug sie zum Zug. Ich bewunderte seine gebräunten Arme und seine jugendliche Energie.

In den geräumigen Zimmern des Hauses lagen abgenutzte Teppiche. Am Ende einer Treppe aus Eichenholz hingen verstaubte, ausgestopfte Möwen und Kormorane. Ein breiter Balkon verband alle Schlafräume miteinander. Oft schlüpfte ich, wenn alle zu Bett gegangen waren, aus meinem Zimmer hinüber zu Marc. Eines Nachts wachte Jean auf. Als sie bemerkte, daß ich nicht bei ihr war, schrie sie ängstlich. Ich rannte zurück zu meinem Zimmer, gerade als Ida aus ihrer Tür trat, so daß wir verwirrt zusammenstießen. Hätten wir doch nur lachen können!

Ida war nett zu mir, doch unsere Beziehung mußte zwangsläufig heikel werden. Ich bewunderte ihre starke Persönlichkeit, ihre überragende Intelligenz und ihren Sinn für Humor, aber ich fühlte mich in ihrer Gegenwart nicht wohl. Manchmal sah sie mich prüfend an, bis ich völlig die Fassung verlor und errötete. Sie war charmant und verführerisch, aber ich wußte nicht, was sie wirklich dachte. Ich war unbeholfen, naiv und steckte voller Hemmungen. Sie war gefühlsbetont. Marc vermied es, über mich zu reden, und Ida hielt sich diskret zurück.

Marc und Ida sprachen russisch miteinander. Dem einschmeichelnden Ton ihrer Stimme entnahm ich, wenn sie ihren Vater erfreuen wollte – allein die liebevolle Art, wie sie ihn »Papotschka« nannte! Auch ihren Unwillen hörte ich heraus, wenn er hart und unnachgiebig war. Manchmal fanden erbitterte Streitgespräche statt, die in Versöhnungsküssen endeten. Marc schimpfte, Ida protestierte unter Tränen, aber es gab kein Nachtragen, der Sturm zog schnell wieder ab. Da sie sehr an ihrem Vater hing, brauchte Ida ständig Zeichen der Zuneigung, die vor allem dann nicht immer kamen, wenn sie am meisten gebraucht wurden. Es war nicht leicht, die Tochter eines berühmten Mannes zu sein. Als Kind war sie gelobt worden, vielleicht verwöhnt, aber nicht immer so geliebt, wie sie es brauchte.

*

In einem riesigen Schlafzimmer mit drei Fenstern, von denen man die Meerenge von Long Island überblicken konnte, lauschte Marc tagelang der »Feuervogel«-Musik. Er ließ sich sofort von Strawinskis Musik treiben und stimmte sich sorgfältig auf seine kräftigen, archaischen Rhythmen ein. Fieberhaft begann er, Skizzen anzufertigen, notierte Ideen, manchmal in Farbe, manchmal mit Bleistift. Sie waren kaum mehr als abstrakte Umrisse oder Farben, aber sie enthielten den lebensspendenden Samen, aus dem Vögel, Bäume und Ungeheuer entstehen würden. Er tränkte sie in Farbseen, bis sich etwas bewegte. Zuerst erschien eine Vogelfrau mit ausgebreiteten Flügeln von furchteinflößender Schönheit, die in einen ultramarinblauen Himmel hineinglitt. Dann entstand ein geheimnisvoller Wald, dessen Bäume von oben nach unten wuchsen. Der Vogel war als ein goldener Wirbel in ihren Zweigen gefangen. In der dritten Szene wurde aus dem Vogel ein Luftschloß, zu dem eine Leiter hinaufführte. Zum Schluß folgte eine himmlische Hochzeitsszene in roten und gelben Farbtönen, in der der Baldachin, die Kuchen und die Kerzen zu den letzten aufbrausenden Akkorden von Strawinskis Musik freudig explodierten. Alles in Marcs »Feuervogel« flog – die Tänzer würden göttlich sein müssen.

Alle Ereignisse in Sag Harbor waren von nervenzerreibenden Widersprüchen gekennzeichnet: das erhoffte Glück mit Marc; die wachsenden Verdächtigungen, die ich mir von John anhören mußte, wenn Jean und ich ihn alle zwei Wochen in Manhattan besuchten; Marcs erstaunliche Augen, die wieder in ihrem früheren Glanz erstrahlten, sein sonnengebräuntes, strahlendes Gesicht; Idas wachsamer Blick, ihr uneingeschränktes Vergnügen an Picknick-Partys am Strand mit unterhaltsamen Freunden, ihre voll aufgeblühte Schönheit; Jean, wie sie fasziniert das Meer entdeckte, ihre verwirrende Furcht, sobald ich außer Sicht war; und, alles überragend, die »Feuervogel«-Entwürfe, die wie unsere Liebe an Intensität zunahmen. Michel kam gelegentlich vorbei und war sehr nett zu mir. Einmal streute ich zuviel Salz in die Suppe, so daß er nekkend in die Küche rief: »Man sagt, wer die Suppe versalzt, ist verliebt!«

An einem heißen Sommerabend, als ich mit Jean im Zug von New York zurückkam, flog plötzlich eine Blechdose durch das Fenster. Sie traf mich und überschüttete uns beide mit einem dunkelroten Staub – einer Art Chemikalie, wie Farmer sie benutzen, wie sich später herausstellte. Niemand kam uns zu Hilfe. Ich habe diese Gleichgültigkeit in Amerika oft erlebt – diese Furcht vor dem Unglück anderer.

Ida war aufgeregt, als sie uns sah. Sie ließ ein Bad einlaufen und murmelte beruhigende Worte, während sie uns abwusch. Ihre Güte rührte mich. »Comme vous êtes belle – wie schön Sie sind«, sagte sie spontan. »Vous aussi – Sie auch«, war meine Antwort. Ida trug ihre tizianroten Haare in Zöpfen, wodurch sie mädchenhafter aussah.

Nyla, eine Freundin aus Sowjetrußland, besuchte Ida in Sag Harbor. Die jungen Frauen, die beide hübsch anzusehen waren, reizten die Lastwagenfahrer auf den Landstraßen. Nyla flirtete mit Marc und lockte ihn an einem heißen Abend in den unteren Teil des Gartens. Aber wie immer war er zurückhaltend und schüchtern, vor allem, wenn es sich um unternehmungslustige junge Frauen handelte.

*

John wurde wegen meiner schweigsamen Zurückhaltung immer mißtrauischer, wenn ich ihn in New York besuchte, und begann mich wütend auszufragen. Schließlich brach ich zusammen und gestand, daß ich Marc liebte. Rasend vor Wut lief er die halbe Nacht im Zimmer auf und ab, um schließlich unter

Selbstmorddrohungen das Haus zu verlassen. Ich war entsetzt und zitterte stundenlang vor Angst. In den frühen Morgenstunden kehrte er zurück. Er hatte sich etwas beruhigt und verlangte von mir, ich solle nach Sag Harbor gehen, meine Sachen holen und mit Marc brechen. Ich war so erschüttert und vor Furcht wie gelähmt, daß ich keinen Widerstand leistete.

Wie eine Schlafwandlerin stieg ich in den Zug. Nur in diesem Zustand war es mir möglich, Marc zu verlassen. Mein Kopf war leer. Ich hatte mich durch meine Liebe davontragen lassen. Jetzt wurde ich mit dem Problem des Glücks für Jean und John konfrontiert, mit Johns angedrohtem Selbstmord. Ich muß zu ihm zurück, dachte ich. Es gab keinen anderen Weg – zumindest vorerst nicht. Oft hatte ich mich blind einer ausweglosen Lage gefügt und den Augenblick abgewartet, da der Sturm vorüber war. Diese geduldige Haltung angesichts einer mißlichen Lage hatte mich schon oft eine Krise unbeschadet überstehen lassen. Ich wußte, daß Leid zum Leben gehörte und daß nach Abflauen des Sturms manchmal neue und schöne Dinge am Strand verstreut liegen.

Marc reagierte taub und ausdruckslos, als ich ihm sagte, ich müsse ihn verlassen. Er sagte nichts, senkte nur den Kopf, als er vor seiner Staffelei saß, den Pinsel noch in der Hand, und nahm den Schlag hin. Reglos ließ er sich von mir küssen, bevor ich flüchtete, um sich dann entschlossen seiner Arbeit zuzuwenden. Marc besaß einen jüdischen Fatalismus – Ergebnis einer jahrtausendelangen Verfolgung –, der auch ein Glaube an das Schicksal ist, daran, daß die Ereignisse in unserem Leben vorbestimmt sind. Seine Bestimmung war es, ein großer Maler zu sein, und alles andere, das ihm zustieß, war nebensächlich. Er kannte nur die eine Richtung, und sein bemerkenswerter Selbsterhaltungstrieb hat ihm so durch manches Mißgeschick geholfen.

Renoir sprach von seiner Fähigkeit, sich wie ein Korken auf dem Fluß dahintreiben zu lassen, die ihn vor den größten Schocks bewahrte. Dies erinnert an die Philosophie des taoistischen »wu-wei« (die Lehre vom Geschehenlassen) und setzt eine Gelassenheit voraus, die Marc nicht besaß. Marc fürchtete sich ständig, und doch vertraute er instinktiv seinem Schicksal. Es war, als ob er an einen eifersüchtigen Gott glaubte, der uns beobachtet und uns straft, wenn wir uns zu wohl fühlen.

Später bemerkte ich manchmal, daß Marc um so mehr klagte, je besser die Dinge standen. Er wagte nie zuzugeben, daß er glücklich war, um das Unglück nicht herauszufordern. Er ging sogar so weit, sich die Freude durch lautstarkes Klagen zu verderben. Vielleicht bereitete ihm die Furcht davor, daß es ihm zu gut gehen könnte, Gewissensbisse. Paradoxerweise war er nur dann wirklich glücklich, wenn er sich um irgend etwas Sorgen machte. Oft sah ich ihn in Angst um etwas augenscheinlich Unwichtiges prosaisch die Hände ringen. Es war das äußere Zeichen einer tiefersitzenden Furcht. Er war bereit, zugunsten seiner Arbeit zu leiden, aber er fürchtete sich vor allem, was sie unterbrechen könnte – lärmende Kinder, ausstehende Rechnungen, die Probleme anderer –, alltägliche Störungen, sogar ein Regenschauer. Alles Unerwartete erschütterte ihn und lenkte ihn von seiner Arbeit ab. Einmal erzählte er mir: »Manchmal zieht Traurigkeit in Wellen durch mich hindurch, wie der Wind durch ein Weizenfeld – du weißt, wie er an vielen Stellen gleichzeitig durch den Weizen streicht. Es ist schön anzusehen, aber immer traurig.« Wenn es regnete, war er schlecht gelaunt, als falle Tinte vom Himmel. Als ich einmal eine Schallplatte von Mozart auflegte, um ihn aufzuheitern, hörte er eine Zeitlang zu und sagte dann: »Ach, Mozart! Ein glücklicher Mann für dich.«

»Mozart hatte auch seine Probleme«, erinnerte ich ihn.

»Ja, aber nichts hat je seine Freude getötet.«

*

Als ich wieder in dem düster eingerichteten Zimmer in New York saß, brach ich zusammen und weinte stundenlang. Ich fühlte mich zerschlagen, als ob ein Felsblock über mich hinweggerollt wäre. John versuchte mich aufzuheitern. Er ging mit Jean und mir im Central Park spazieren und kaufte uns Eis. Jean spürte, daß etwas Ernstes vor sich ging, und versuchte tapfer, mich zu trösten. John war durch meine Rückkehr nicht völlig überzeugt, begann jedoch das Ausmaß meiner Verzweiflung zu erkennen und wurde damit nicht fertig. Seine eigene Verzweiflung war schwer genug zu ertragen. Er wußte, daß unser Elend genauso weitergehen würde wie zuvor, diese Taubheit, die uns tagtäglich zerstörte. Nach dem dritten Tag erlitt auch er einen Zusammenbruch.

Zuletzt schickte er mich zu Marc zurück. Ich mußte ihm versprechen, ihn niemals ganz zu verlassen. Wieder ließ ich mich dahintreiben. Mit meinem mir eigenen Vertrauen beschloß ich, jedes Problem erst dann anzupacken, wenn es auftauchte.

Marc freute sich über meine Rückkehr, obwohl er etwas verwirrt war. Ida war aufs äußerste gereizt. Sie ließ uns in Sag Harbor allein, bis unsere Ferien zu Ende gingen.

Unsere Rückkehr nach New York schaffte eine schwierige Situation. Marc bemühte sich, unsere Verbindung absolut geheimzuhalten. Nur die engsten Freunde wußten davon, die anderen betrachteten mich lediglich als Haushälterin. Ida zeigte mir gegenüber gemischte Gefühle. Sie war Zeugin einer dramatischen Trennung in Sag Harbor gewesen, die sich durchaus wiederholen konnte. In der Wohnung am Riverside Drive war die Atmosphäre gespannt. Für mich kam es nicht in Frage, dort zu wohnen, so daß Jean und ich jeden Abend in unser möbliertes Zimmer zurückkehrten, wo noch mehr Spannung herrschte.

Von Tag zu Tag wurde mir John fremder. Er war so weit weg von allem, was ich vom Leben erwartete, daß ich keine Gemeinsamkeiten mit ihm mehr feststellen konnte. Meine Furcht vor ihm schwand und wich feindseligen Gefühlen.

Zum Glück begannen Marc und Ida sofort mit den Arbeiten an den Bühnenausstattungen und Kostümen für den »Feuervogel«. Sie baten mich, die Kostüme zu nähen. Dabei traf ich eine Theaterfreundin meines Bruders, Elizabeth Montgomery. Sie gehörte zu der Motley-Gruppe der Bühnenbildner. Vor dem Krieg war mein Bruder, Stephen Haggard, ein bekannter Schauspieler in London gewesen. Er hatte sich dann dem Verfassen von Stücken zugewandt, von denen eines mit Peggy Ashcroft und ihm in den Hauptrollen gerade gespielt wurde, als der Krieg ausbrach. Er kam in den Nahen Osten zum Geheimdienst und wurde 1943 dort getötet. Elizabeth und ich dachten wehmütig an jene Vorkriegsjahre, in denen Stephen und die Motleys in Londons Theaterwelt die Funken sprühen ließen.

Balanchine, der Choreograph, fegte wie ein Wirbelwind im Atelier ein und aus, ebenso die Solotänzer des New York City Ballet, Maria Tallchief und Francisco Moncion, die mit dem Corps de Ballet zur Kostümprobe kamen. Es tat gut, wieder in der Theaterwelt zu sein. Ich hatte einmal in einem Atelier für Bühnenbildner in London gearbeitet, als ich zum ersten Mal das elterliche Haus verließ. Dort war ich dann John McNeil begegnet.

Marc verbrachte zwei anstrengende Wochen in der Metropolitan Opera damit, die Anfertigung der Bühnenbilder zu beaufsichtigen. Mit schwungvollen, gekonnten Pinselstrichen gab er den Bildern den letzten Schliff und erweckte sie so zum Leben.

Ida trat nun die Nachfolge der Mutter an, die 1942 die Kostümanfertigung für das Ballett »Aleko« überwacht hatte. Nachdem Ida die Tänzer eingekleidet hatte, unterwarf Marc sie einer letzten Prüfung. Manchmal nahm er einen Pinsel voll Farbe und tupfte sie direkt auf die Kostüme, durchbrach hier und da eine Linie, fügte ein paar Farbkleckse hinzu oder verstärkte einen Farbton.

Als ich ein paar Tage nach der triumphalen Premiere die Vorstellung besuchte, war seltsamerweise das Präludium vor dem Auftritt der Tänzer der am meisten beeindruckende Moment für mich – die ersten atemberaubenden Takte im dunklen Theaterrund, das langsame Zurückgleiten des Vorhangs und der verblüffende Anblick von Marcs göttlichem Vogel. Noch nie hatte ich Musik und Malerei als eine solch wundersame Einheit empfunden. Sobald die Tänzer auftraten, war der Bann gebrochen. Das Wunderbare kehrte dann wieder, als die Ungeheuer auf die Bühne taumelten und die Musik in einem Wirbel von Rot und Grün aufbrauste.

Der jiddische Erzähler Joseph Opatoschu, der das Ballett gesehen hatte, rief aus: »Marc, du mußt verliebt sein!« Marc lachte in sich hinein und behielt das Geheimnis für sich. Ein oder zwei Monate später zogen wir Oppen, wie er sich nannte, und seine Frau Adele ins Vertrauen.

Opatoschu schrieb poetische, spritzige Erzählungen über die alte Heimat, die wöchentlich in einer jiddischen Zeitung erschienen. Seine Häßlichkeit faszinierte mich – vorgewölbte Unterlippe, flache Nase und abstehende Ohren. Er liebte Scherze und flirtete gern. Adele war romantisch und sentimental. Wir wurden enge Freunde. Diese Freundschaft war damals für mich eine der positivsten Erfahrungen.

Marc hatte den Eindruck, daß Ida und Michel kurz vor der Trennung standen. Ein junger französischer Journalist, ein Freund von Michel, war oft mit ihr zusammen. Michel war selten zu Hause. Marc zog es vor, diese Tatsache zu ignorieren, bevor nicht offiziell darüber gesprochen wurde. Sowohl Ida als auch Michel wollten in der nächsten Zukunft nach Frankreich zurückkehren.

Mit Michel hatte ich nur wenig Kontakt. Später, in Frankreich, lernte ich diesen intelligenten Mann allerdings schätzen. Er hatte neben seiner Tätigkeit für Voice of America während des Krieges im Kriegsinformationsdienst unter Pierre Lazareff gearbeitet. In Frankreich schloß er sich der neugegründeten Zeitung Lazareffs an, dem France Soir. Er stammte aus einer jüdisch-russischen Familie und hieß eigentlich Rappaport. Gordey war ein angenommener Schriftstellername, abgeleitet von Gordes, einem Ort in Südfrankreich, in dem die Familie während des Krieges ihre letzten Monate vor der Auswanderung verbracht hatte.

Damals wollten Marc und Bella Frankreich absolut nicht verlassen. Sie gingen davon aus, daß ihnen in diesem südlichen, nicht besetzten Gebiet nichts geschehen konnte. In dem eindrucksvollen, halb verfallenen Dorf, das ihr Freund, André Lhote, entdeckt hatte, besaßen sie ein hübsches Schulhaus aus dem siebzehnten Jahrhundert. Alle Gemälde Marcs wurden dorthin gebracht. Der Kauf des Hauses wurde an dem Tag besiegelt, an dem die Deutschen in Holland und Belgien einmarschierten. Marc und Bella waren sich der Gefahr, in der sie schwebten, nicht bewußt. Als das amerikanische Emergency Rescue Committee in Gordes ankam und den Chagalls die Ausreise anbot, zögerten sie noch. Schließlich konnten Ida und Michel sie überreden. Sie verließen Marseille am 7. Mai 1940 (das Datum hatte Marc wegen der glückbringenden 7 gewählt) und fuhren im letzten Augenblick von Lissabon mit dem Schiff nach New York. Michel und Ida blieben zurück, um die Bilder zu retten, die die spanischen Behörden auf Befehl der Gestapo beschlagnahmt hatten. Dank ihres Geschicks und ihrer Opferbereitschaft und nachdem sie viele Gefahren überstanden hatten (Michel war inhaftiert worden, aber durch den Vichy-Botschafter in Madrid wieder freigelassen), retteten sie die komplette Sammlung von Marcs Bildern, ungefähr 500 Stück, sowie Hunderte von Zeichnungen und Gouachen. Mit einigen Lattenkisten machten sie sich auf die endlose Reise von 43 Tagen nach New York.

Als Ida und Michel 1943 heirateten, waren sie beide noch keine zwanzig Jahre alt. Marc erzählte mir, daß Bella und er sie überredet hatten, zu heiraten, nachdem sie entdeckt hatten, daß sie sich liebten, obwohl sie nicht unbedingt dazu bereit waren. Marc zuckte die Achseln, als ob er sagen wollte: »Was hätten sie denn sonst tun sollen?« Er bereute nichts – sogar jetzt, da die Ehe auseinanderging. Ida und Michel blieben gute Freunde, häufig standen sie sich in der Not bei, aber sie gründeten nie eine Familie. Melancholie liegt über dem Bild *Der Sessel der Braut*, das Marc am Tag nach ihrer Hochzeit gemalt hatte: ein Blumenstrauß liegt verlassen da; die Braut ist fortgegangen.

*

Als Ida ihre Sachen packte und zu Freunden zog, die irgendwo in New York lebten, blieb Michel in ihrer Wohnungshälfte am Riverside Drive wohnen. Marc schlug vor, daß ich nun mit Jean zu ihm ziehen könnte, zumindest vorübergehend.

Der Gedanke, nicht jeden Abend ins Fegefeuer zurückkehren zu müssen, erleichterte mich sehr. Marc war nun endlich zufrieden. Nachts hatte ihn die Vorstellung verfolgt, John könne wieder mit Selbstmord drohen und mich als Gefangene halten.

Die Arbeit am Ballett war getan, so daß Marc endlich wieder an seine Staffelei gehen konnte. Einige Bilder warteten auf ihre Fertigstellung. Er war froh, sie wieder in Angriff nehmen zu können. Alle Aufregung und Spannung um Ida war für den Augenblick vergessen, und in der Stille der Abende, wenn Jean zu Bett gegangen war, konnten wir frei miteinander reden.

»*Nu?*« fragte er eines Abends. »Du hast mir nie erzählt, wie du nach Amerika gekommen bist.«

»Darüber spreche ich nicht gern, es ist eine schmerzliche Geschichte.«

Aber er bestand darauf, sie zu hören. Ich erzählte, wie mein Vater kurz vor Ausbruch des Krieges zum Generalkonsul in New York ernannt worden war. Zu Beginn des Krieges bat ich ihn dann, uns beglaubigte Unterlagen zu schicken, die es John und mir erlauben würden, ebenfalls nach

Amerika zu gehen. Er kam meiner Bitte nach. Meine Eltern nahmen uns großzügig in ihrer Wohnung in Sutton Place South auf. Sie sahen John zum ersten Mal, obwohl wir schon vier Jahre verheiratet waren. Mein Vater und er konnten sich von Anfang an nicht leiden – es wurde bitterer Haß daraus.

Kurz nach unserer Ankunft stellte ich fest, daß ich schwanger war. John hatte beschlossen, keine Kinder zu haben, und ich hatte es stillschweigend akzeptiert. Es war ein Unfall. Er weigerte sich, es zu glauben. Während meiner Schwangerschaft bedeckte er mich unaufhörlich und gnadenlos mit Schmähungen. Vielleicht hatte ich mir unbewußt ein Kind gewünscht, hatte aber noch nicht bewußt darüber nachgedacht. John hatte all meine Wünsche abgetötet. Schon in den ersten Monaten unseres Zusammenlebens hatte er es fertiggebracht, meine Hoffnung, Malerin zu werden, im Keim zu ersticken.

Das Zusammenleben mit meinen Eltern wurde ein Alptraum für alle Beteiligten. John verfiel immer tieferen Depressionen und lehnte alle Chancen, so vielversprechend sie auch waren, ab, die es ihm ermöglicht hätten, von seiner Malerei zu leben. Also zogen wir mit unserer kleinen Tochter in ein kleines, schmutzig möbliertes Zimmer unter der Hochbahn an der 53. Straße.

John ließ jetzt all seine Erbitterung an mir aus. Er machte mich für seinen Kummer verantwortlich. Ich hatte ihn nach Amerika gebracht, ich hatte Jean in die Welt gesetzt. Sie war der einzige Mensch, den er liebte, aber er war nicht dankbar dafür. Er gab mir das Gefühl, sie nicht verdient zu haben und die Schuld für all ihre Wehwehchen zu tragen. Der Kontakt zu meinen Eltern und Freunden war abgebrochen. Ich fühlte mich Jean und ihm gegenüber schuldig.

Ich blieb bei ihm, weil er sonst niemanden gehabt hätte. Ich glaubte an ihn, weil es sonst niemand tat. Ich wußte, daß er hochintelligent und talentiert war.

Meinen Vater sah ich lange Jahre nicht wieder. Er ging nach England zurück, als Amerika in den Krieg eintrat, und wurde Leiter der Abteilung für anglo-amerikanische Beziehungen im Außenministerium. Als der Krieg zu Ende war, folgte meine Mutter ihm nach England. Sogar die entsetzliche Tragödie des Todes meines Bruders konnte meinen Vater und mich nicht versöhnen.

Marc schwieg lange und schüttelte ernst seinen Kopf. »Ich hatte nie Streit mit meinen Eltern. Eltern sind für mich wie Heilige. Keine Macht der Welt hätte mich gegen sie aufwiegeln können. Wie konntest du zulassen, daß John dies tat?«

Ich erklärte ihm, wie ich zwischen zwei Fronten hin- und hergerissen war. John hatte eine verheerende Kindheit hinter sich, Verbitterung gegen die herrschende Klasse erfüllte ihn. Ich hatte das Gefühl, ihn verteidigen zu müssen. Mit meinem Vater konnte ich nicht darüber reden, denn er hörte mir nicht zu. Er sagte, was er zu sagen hatte, ging hinaus und schlug die Tür hinter sich zu. Mein Bruder Stephen war genauso; doch die Frauen in unserer Familie – meine Schwester Joan, meine Schwägerin Morna und meine Mutter – waren erstaunlich tolerant und großzügig. Mit meiner Mutter konnte ich reden, auch wenn sie zu meinem Vater hielt. Wenn ich sie mit Jean besuchte, ging ich durch den Dienstboteneingang, um die beiden livrierten Türsteher zu umgehen, die sich immer unterwürfig verbeugten. Auf diese Weise ging ich auch meinem Vater aus dem Weg.

Stirnrunzelnd lächelte Marc mich an, halb belustigt, halb mißbilligend. Seine erste Reaktion war, meinen Vater zu verteidigen. »Du mußt ihm sofort schreiben und mit ihm Frieden schließen.«

Sein Mißtrauen gegenüber John wandelte sich in Feindschaft und Verachtung. Wenn Jean sich ärgerte und ihren Dickkopf bekam, schob er es auf das schlechte Beispiel, das John abgab, und sah in ihr das Abbild des Vaters.

Michel gegenüber verhielt sich Marc zurückhaltend und leicht argwöhnisch. Michel, den diese Haltung beleidigte, beklagte sich, daß Jean ihn störe. Die letzten Wochen waren eine Strapaze für sie gewesen; sie wußte nicht, wo sie stand, so daß sie besonders fordernd und weinerlich war. Marc reagierte äußerst nervös und erbittert. Ich war am Boden zerstört – immer noch Opfer meiner Gefühle von Schuld und Minderwertigkeit, die John in mir hervorgerufen hatte. Meine Liebe zu Marc zog mich ganz allmählich weg von diesen Gefühlen, doch in meinem Unterbewußtsein war Jean ein Symbol für meine Unfähigkeit, sie erinnerte mich ständig daran. Hilflosigkeit machte sich in mir breit; ich war unfähig, mich ihr weiterhin unvermindert liebevoll zuzuwenden und sie darüber hinaus noch für die Trennung von ihrem Vater zu entschädigen.

Da Marc immer angespannter wurde, schritt seine Arbeit nicht voran. Ich machte mir ernsthafte Sorgen darüber.

Die Opatoschus gaben bereitwillig einen Rat: Freunde von ihnen betrieben ein kleines Internat in Plainfield in New Jersey. Sie schlugen vor, ich solle Jean für ein paar Monate dorthin geben. Marc drängte mich zuzustimmen, und so fuhren alle hin, um die Schule zu besichtigen. Die Atmosphäre war offensichtlich freundlich. Vor allem eine Lehrerin wandte sich Jean zu und brachte ihr Wärme und Zuneigung entgegen. Ich versuchte mein Gewissen zu beruhigen und beschloß, daß ich Jean für den Frieden mit Marc opfern mußte, bis die Dinge geregelt waren. Ich überredete mich selbst, daß alles schließlich doch noch ein gutes Ende nehmen würde. Vor Jeans Leid verschloß ich meine Augen, vor der Verwandlung, die sich in ihr vollzog. Vielleicht hielt mich mein eigener Schwächezustand davon ab. Sie klagte nicht, sie fügte sich in ihr Leid, aber die starke Bindung, die uns fünf Jahre zusammengehalten hatte, war abgerissen.

Wenn ich sie in der Schule besuchte oder mit nach Hause nahm, war sie höflich und reserviert; freundlich zwar, aber irgendwie abwesend. Sie wurde ein ruhiges, verschlossenes kleines Mädchen, über alle Maßen bemüht, zu gefallen und akzeptiert zu werden. Wenn die Anstrengungen zu groß waren, brach sie zusammen. Ich hoffte, John würde sie besuchen, aber er fürchtete den emotionalen Schock eines Wiedersehens mit ihr.

*

Genau zu dieser Zeit beschloß eine andere kleine Person, die David heißen sollte, ein Leben auf dieser Erde zu beginnen. Ohne Zweifel hatte er bereits die Form einer Bohne, die anfing zu keimen, hatte er sich schon eingenistet, bevor ich ihn bemerkte; mit einer Nonchalance setzte er sich über unser verpfuschtes Leben hinweg und kam ungewollt – trotz Verhütungsmaßnahmen –, wie Jean dies sechs Jahre zuvor getan hatte. Beide blieben auch weiterhin auf eine wundersame Weise unkalkulierbar. Sie stehen jetzt in der Blüte ihres Lebens. Sie haben es stets vermieden, sich etablierten Meinungen und

Verhaltensnormen anzupassen; meist mit Erfolg gingen sie Dingen aus dem Weg, die sie hätten einengen können. Sie sind mir gegenüber überraschend tolerant, trotz meiner Fehltritte als Mutter und ihrer schwierigen ersten Lebensjahre. Beide haben mir sehr viel Freude bereitet und Vertrauen entgegengebracht.

Marc war über dieses unabwendbare Ereignis unserer jungen Liebe völlig außer sich. Das traditionelle Trauerjahr nach dem Tode der Ehefrau (das der jüdische Brauch vorschreibt) war noch nicht verstrichen. Dies war für Marc eine schwerwiegende Sache, obwohl er kein praktizierender Jude war. Er fühlte sich Bella gegenüber schuldig und hatte Angst vor Idas Reaktion. Er fürchtete die Meinung von Freunden, die Bellas Andenken verehrten, obwohl er behauptete, er sei mit seinem Gewissen im reinen.

Ich ging aufs Land, um allein zu sein. Das Dörfchen Walkill im Staate New York hatte damals noch ungepflasterte, modrige Straßen. Zwei Wochen lang regnete es unaufhörlich. Freudlose Häuser begrenzten eine breite, gerade Straße, wie dies in den meisten amerikanischen Dörfern der Fall ist, sicher weil sie dazu verdammt waren, einmal zu Städten heranzuwachsen. Zwei elende Wochen verbrachte ich mit Nachdenken, völlig verstört darüber, daß Marc das Kind ablehnte.

Meinen Eltern hatte ich einen fröhlichen Brief über mein neues Glück mit Marc geschrieben. Die Antwort meines Vaters fiel hinsichtlich Marc kühl und skeptisch aus und überaus triumphierend, was John anging. Er schrieb: »Du mußt nicht denken, daß du verpflichtet bist, mit diesem Mann zusammenzuleben, der dreißig Jahre älter ist als du, nur weil du glaubst, ein Zuhause haben zu müssen.«

Es verletzte mich, daß er meine Liebe zu Marc so geringschätzte. Ich antwortete ihm, es sei Marcs Verdienst gewesen, daß ich den Mut aufbrachte, John letztendlich zu verlassen. Meine gereizten Nerven konnten diese Predigerei nicht aushalten, so daß ich einen schroffen Brief schrieb, den ich später bereute. Ich benutzte Worte, die ich ihm niemals ins Gesicht gesagt hätte. Dies vorschnelle Handeln ist charakteristisch für die Familie Haggard. Mit der uns eigenen Impulsivität schicken wir unsere Briefe sofort ab, weil wir fürchten, unsere Meinung könnte sich ändern.

Ich hatte vergessen, daß meine Eltern selbst – wegen der schwierigen Lebensbedingungen im ausgebombten England, wegen des schmerzlichen Verlustes ihres Sohnes Stephen während des Krieges und des Todes seines dreijährigen Sohnes kurz danach, der mit seiner Mutter und dem älteren Bruder nach New York gekommen war, um bei meinen Eltern zu wohnen – sehr aufgebracht waren.

Ich schrieb sofort zurück und bat meinen Vater um Vergebung. Nach diesem stürmischen Briefwechsel wurden wir dicke Freunde. Bis zu seinem Tode sollte sich diese Freundschaft noch weiter festigen.

Endlich überwand ich meine Verzweiflung und kehrte zu Marc zurück.

Ich liebte unser gemeinsames Kind bereits, und meine gestärkte Haltung übte einen gewissen Einfluß auf Marc aus. Ich sagte ihm, daß *ich* das Baby wolle, was immer auch geschehen würde.

Aber ich brauchte Rat von jemandem, der unsere Probleme nicht kannte, wußte jedoch nicht, an wen ich mich wenden sollte. Ich hörte von einer Engländerin, Quest Brown, die die Fähigkeit besaß, Dinge vorauszusehen. Sie war eine erfahrene, einfühlsame Psychologin, die die Handlesekunst benutzte, um ihre natürliche Begabung damit zu stützen.

Ich bat Marc, mich zu begleiten. Weit davon entfernt, solche irrationalen Praktiken zu verachten, war er mit meiner Idee einverstanden, Beratung auf diese ungewöhnliche Art und Weise zu suchen.

Schweigend studierte sie unsere Handflächen, ab und zu einen schnellen Blick auf unsere Gesichter werfend. Sie hatte ein Vogelgesicht mit einer gebogenen Nase und struppige rote Haare. Mit überraschend zutreffenden Bemerkungen über unser Leben fing sie an; dann plötzlich eröffnete sie uns, daß wir einen Sohn haben und sehr glücklich miteinander werden würden.

Ich erzählte ihr von meinem Zusammenleben mit John. In mir saß immer noch eine quälende Furcht davor, daß ihm etwas zustoßen könnte, wofür ich dann verantwortlich wäre. Sie versicherte mir jedoch, daß er niemals Selbstmord begehen werde. Sie gab mir den Rat, mich endgültig von ihm zu trennen. Marc nickte lebhaft zur Bestätigung.

Sie erklärte mir, ich würde John mehr schaden, wenn ich mich ihm als Opferlamm darböte. Mein Mitleid würde ihn nur schwächen. Ich sei der Selbstaufgabe sehr nahe gewesen, und auch Jean sei gefährdet, wenn sie in seiner Nähe bleibe.

Als wir die Vogelfrau verließen, waren wir entschieden glücklicher. Auf der Stelle beschlossen wir, unseren Sohn nach Marcs jüngerem Bruder David zu nennen, der in einem Sanatorium auf der Krim gestorben war. Der Gedanke an einen Sohn hatte Marc plötzlich mit Freude erfüllt; Ida sagte er allerdings vorläufig noch nichts.

Marc bat mich, Jean in dem Internat zu lassen. Seiner Meinung nach hing unser Friede und unser

Glück im Augenblick davon ab. Ihre Gegenwart hatte ihn schwer belastet. Jetzt gab er offen zu, daß ihre Anwesenheit unsere Beziehung bedrohen könnte. Ida beobachtete seinen nervösen Zustand und pflichtete ihm bei, so daß ich nachgab.

*

Der endgültige Bruch mit John war schmerzlich, aber nicht stürmisch. Er beschuldigte mich, mein Versprechen, ihn niemals ganz zu verlassen, gebrochen zu haben, war aber damit einverstanden, mir eine Bescheinigung darüber zu geben, daß das Kind, das ich erwartete, nicht von ihm war. Er nahm es viel gefaßter auf, als ich erwartet hatte. Am nächsten Tag schrieb er mir:

> Reg Dich nicht mehr auf, Du bist nun mit einem sehr feinen Maler verheiratet. Das hast Du Dir doch immer erträumt. Sei bitte beruhigt und beruhige Marc. Ich habe Deinem Vater und meinem geschrieben. Ich erzähle allen, wie gut es für Dich ist, Marcs Frau zu sein. Ich habe bittere und grobe Worte Dir gegenüber gebraucht, aber ich bin nicht immer so.

Auch an Marc schrieb er:

> Lieber Marc Chagall, ich bin froh, daß Virginia zu Ihnen gegangen ist. Ich weiß, daß Sie beide glücklich sind und daß Sie ein freundlicher Mann sind. Ich weiß, daß es nicht recht von mir ist, eine Frau zu bitten, Teil meines Zuhauses zu sein. Ich war Ihnen gegenüber manchmal verbittert. Sie werden mir verzeihen, da ich sehr krank war. Mit den besten Wünschen. Ich liebe Sie beide.

Diese Briefe rührten mich zutiefst. Zugleich war ich von Herzen froh, daß meine Entscheidung, meine Verbindung mit John zu lösen – Dank an die Vogelfrau –, solch positive Folgen zeigte. John wollte sobald wie möglich nach England zurückkehren. Marc fand den vertrauten Ton seiner Briefe verwirrend und mißtraute ihrer Ernsthaftigkeit, aber ich kannte Johns heftige Widersprüche und seine Launenhaftigkeit.

Marc berichtete Ida, daß John abreisen würde, und da sie seine ungeheure Erleichterung darüber sah, war auch sie beruhigt.

*

Am Abend vor Johns Abreise nahm ich Jean mit zu unserer alten Wohnung, damit sie sich von ihm verabschieden konnte. Diesen Augenblick fürchtete ich am meisten. An der Tür hing jedoch ein Zettel: »Verzeih, aber das ertrage ich nicht.« Auf den Stühlen saßen Jeans Stoffpinguin und zwei Teddybären. John hatte sich gewünscht, einen der Bären mitnehmen zu können.

Plötzlich erkannte Jean das volle Ausmaß ihres Leids. Sie wußte, daß sie ihren Vater in diesem Zuhause nie wiedersehen würde, und sie stieß einen herzzerreißenden Klageton aus. Auf dem Weg zum Riverside Drive weinte sie unaufhörlich und ließ sich nicht trösten. Viele Jahre später sprach ich mit ihr über diesen Vorfall, aber sie konnte sich nicht daran erinnern – so tief war er in ihrem Unterbewußtsein vergraben.

## KAPITEL II

# HIGH FALLS

In seiner Autobiographie schreibt Marc, er verstehe nicht, warum sich viele Menschen auf engem Raum zusammendrängten, obwohl es doch Tausende wunderschöner Quadratkilometer auf dem Lande gebe. »Meine Frau liebt die Kultur«, heißt es da. »Ich aber wäre zufrieden, wenn ich an einem ruhigen Ort leben könnte. Ich würde nichts anderes tun, als Bilder zu malen, die die Welt in Erstaunen versetzen.«

Das war sein Wunschtraum, den er nur selten in die Tat umsetzte. Seit der Zeit in Rußland, als Bella und er sich der »Kultur« verschrieben hatten, sehnte er sich zweifellos nach ruhigen Orten, die er allerdings nur in seinen Ferien fand. Durch den Krieg war er in das stille Dorf Gordes verschlagen worden, wo er sich trotz der gefährlichen Lage mit Inbrunst seiner Arbeit widmete, so daß ihm eine letzte Illusion von Ruhe vor dem Sturm der Entwurzelung blieb.

Nun sah Marc endlich eine Möglichkeit, sich auf dem Lande niederzulassen. Michel war abgereist, und Ida würde auch in Kürze nach Frankreich zurückkehren, so daß Marc nicht die Absicht hatte, am Riverside Drive zu bleiben. Außerdem würde meine Schwangerschaft bald sichtbar sein, und er wollte mich im Moment noch verstecken. Ida, die natürlich von diesem besonderen Grund nichts ahnte, billigte den Plan, ging aber davon aus, daß es nur vorübergehend war, denn sie erwartete, daß Marc im Laufe des folgenden Jahres nach Frankreich zurückkehren würde.

Die Atmosphäre am Riverside Drive war inzwischen friedlicher geworden. Ida kam ab und zu einmal vorbei, um einige geschäftliche Dinge zu besprechen und um zu sehen, wie Marc mit seiner Arbeit weiterkam. Unsere Beziehung war lockerer geworden; hier und da lachten wir auch miteinander. Ida hatte bei ihren Freunden, die unser Verhältnis inzwischen kannten, aufmunternden Zuspruch gefunden.

Eines Tages sagte Marc: »Virginitschka (er hatte meinen Namen russifiziert), geh und such uns ein Haus in einem ruhigen Ort auf dem Lande.« Ohne Zögern fuhr ich nach Walkill, wo ich einige Wochen zuvor durch Zufall gelandet war. Auf dem Weg dorthin hatte ich eine Landschaft gesehen, die mich an Dorset erinnerte. Der Gedanke an eine Rückkehr aufs Land nach all den Jahren des Stadtlebens erfüllte mich mit Freude. Es gab nur einen Häusermakler in Walkill, der auch nur ein Haus zum Kauf oder zur Miete anzubieten hatte. Es stand in High Falls in den Catskill Mountains. Marc und ich fuhren gleich am nächsten Tag hin, um es uns anzusehen.

Es war ein einfaches Holzhaus mit überdachten Veranden neben einem riesigen Trompetenbaum. Ein zufriedener Zimmermann hatte es mit viel Liebe gebaut und sich bis zu seinem Tode dort wohl gefühlt. Vor dem Haus erstreckte sich ein grasbewachsenes Tal, dahinter stieg das Gelände an und führte durch eine bewaldete Schlucht hinauf zu zerklüfteten Felsketten. Neben dem Haus stand eine kleine Holzhütte, von der Marc sofort begeistert war – sie erinnerte ihn an eine russische Bauernkate.

»Das ist mein Atelier!« rief er und beschloß, das Haus auf der Stelle zu kaufen. Es war nicht teuer, außerdem liebte er es, ein Haus zu kaufen. Er würde zwar früher oder später nach Frankreich zurückkehren, aber inzwischen wollte er das Gefühl genießen, sich niedergelassen zu haben. Er war es gewohnt, aus seiner Umgebung herausgerissen zu werden.

Auf dem Heimweg erklärte er mir, daß er die Innenwände des kleinen Hauses herausreißen wolle, um große Atelierfenster einzusetzen. Wir waren aufgeregt wie kleine Kinder und umarmten uns glücklich. Marc ging sofort zu Ida, um ihr die gute Nachricht zu überbringen.

Sie war etwas verblüfft, als er ihr sagte, er wolle ein Haus kaufen. Vorsichtshalber sah sie es sich an. Sie fand es ziemlich primitiv, war aber nicht dagegen. Sie gab mir eine Menge guter Ratschläge, wie ich es verschönern könnte, wobei zwischen uns keinerlei Spannung herrschte. Sie spürte, daß ihr Vater in ausgezeichneter Verfassung war, und das machte sie glücklich.

Unser verpfuschtes Leben begab sich ganz allmählich in geordnete Bahnen. Der nächste und vielleicht schwierigste Schritt für Marc bestand darin, Ida meine Schwangerschaft beizubringen. Die Zeit dafür war aber noch nicht reif.

*

In dem Haus befanden sich noch die wichtigsten Möbelstücke sowie Töpfe und Pfannen, so daß wir gleich mit dem Einzug beginnen konnten. Marc wollte sich sofort an die Arbeit machen. Kurt und Helen Wolff vom Verlag Pantheon Books hatten ihn mit der Illustration von »Tausendundeine Nacht« beauftragt.

Noch bevor ich auspacken konnte, stand er schon bei seiner Arbeit. Das muffige Haus erwachte zu neuem Leben. Ich las ihm die Geschichten vor, während er schnelle Skizzen entwarf, die er überall im Wohnzimmer zum Trocknen auslegte, so daß wir uns sorgfältig unseren Weg hindurch bahnen mußten. Von diesen Skizzen fertigte er eine ganze Reihe leuchtender Gouachen an.

Die unvermeidlichen Flecken und Kleckse kümmerten ihn erstaunlich wenig – er wandelte in völliger Konzentration umher und ließ sie alle für sich arbeiten. Manchmal schüttete er ein Glas Wasser über eine Gouache und trocknete sie wieder. Ein paar Minuten später verlangte er mehr Wasser. Bevor ich es ihm bringen konnte, sagte er: »Schon gut, ich habe draufgespuckt.«

Er erklärte mir, daß es für eine bestimmte Technik keine Regeln gab; solange die Motive aufrichtig waren, sei alles erlaubt.

Ich war beeindruckt, wie er sich ungeachtet der Fallen kopfüber in sein Werk stürzte, getragen von einer Idee, die in seinem Kopf flackerte und die alle Hindernisse verbrannte, die sie zu erlöschen drohten. »Kunst ist eine Sintflut«, sagte er, »aber eine kontrollierte.«

Alles in allem malte er dreizehn Gouachen für diesen Auftrag. Davon wurden in dem Atelier von Albert Carman auf City Island in New York Farblithographien angefertigt: eine Meerjungfrau, die an einem stürmischen Meer ruht, auf dem schiffbrüchige Seeleute um ihr Leben kämpfen; ein fliegendes Pferd trägt ein Liebespaar in einen tiefblauen Himmel hinein; ein nacktes Paar wird von einem glänzenden Sonnenvogel aus dem Schlaf geweckt. »Dann sagte der König zu sich: ›Bei Allah, ich will sie nicht töten, bevor ich nicht ihre nächste Geschichte angehört habe.‹ So schliefen sie die Nacht hindurch und hielten sich eng umschlungen.«

*

Marc und ich genossen unser Alleinsein – es war eine gnadenvolle, friedliche Zeit. Ich fand mein verlorenes Gleichgewicht wieder und fühlte mich so gesund wie schon lange Jahre nicht mehr.

Marc war ein wunderbarer Gefährte. Trotz unserer grundverschiedenen Abstammung und der dreißig Jahre Altersunterschied herrschte völlige Harmonie zwischen uns. Diesem Mann gegenüber verspürte ich nicht die leiseste Verlegenheit oder Unzulänglichkeit. Es bestand ein großer Unterschied zu Johns ewiger Krittelei und den hohen Ansprüchen meines Vaters. In mir hatte sich eine zwanghafte Furcht vor meiner Wertlosigkeit und Unterlegenheit entwickelt, von der Marc mich befreite. Das Gefühl der Ungleichheit machte mir bei uns beiden nie zu schaffen, obwohl sicher offensichtliche Unterschiede zwischen einer unreifen jungen Frau, die gerade ein traumatisches Erlebnis hinter sich hat, und einem großen Maler existieren mögen. Endlich konnte ich wieder frei reden und war nicht länger sprachlos.

Unser Altersunterschied fiel uns nie auf. Marc war erstaunlich jugendlich und energiegeladen. Wir fühlten uns wie das junge, ausgelassene Liebespaar, das er für »Tausendundeine Nacht« malte.

Gelegentlich fuhren wir nach New York und übernachteten in der Wohnung am Riverside Drive. Ida war zurückgekommen. Marc fürchtete immer noch die Reaktion seiner Freunde auf seine neue Gefährtin, aber sie taten ihr Bestes, um ihn zu bestärken; ich wurde bereitwillig von allen akzeptiert. Idas Sinn für Humor lockerte die Atmosphäre; jedermann fühlte sich wohl, und wir verbrachten fröhliche Stunden, wenn wir bei Freunden eingeladen waren.

Eines Abends waren wir bei Louis Stern, einem reichen Kunstsammler und Juristen. Er war ein fanatischer Perfektionist und verbrachte sein Leben damit, immer mehr wertvolle Gegenstände in seinem palastartigen Haus anzusammeln. Keine Frau hatte an diesem makellosen Reichtum teil; vielleicht fühlen sich Frauen von zuviel Perfektion eher eingeengt. Ich hatte das sichere Gefühl, daß Marc und Ida ihn vor Langeweile und Melancholie retteten.

Ein anderer Freund war Max Lerner, ein Journalist, der immer unterhaltsam, spontan und witzig war. Er sprach jiddisch mit Marc, wobei sie viel lachten. Wenn Marc in schwerwiegenden Problemen einen guten Rat brauchte, wandte er sich an Max, dem er vorbehaltlos vertraute.

Marcs französischer Arzt, Camille Dreyfus, war ihm sehr zugetan und betrachtete ihn als seinen Schützling. Er behandelte Marc wie einen jüngeren Bruder und zog ihn wegen seiner Erregbarkeit und seiner Empfindlichkeit auf. Wenn Camille Marc für eine Untersuchung Blut abnehmen mußte und Marc ein klägliches »Ai, ai, ai!« ausstieß, hörte man sein leises, vergnügliches Lachen. Er hatte das graue Gesicht einer Maus, einen kleinen, struppigen Schnurrbart und tiefe Ringe unter den Augen.

Camille hatte eine ausgezeichnete Wirkung auf Marcs Gesundheit und seinen Humor. Er vermochte Marc mit seinem reichhaltigen Schatz an scharfsinnigen jiddischen Geschichten immer abzulenken und seine Arbeitswut zu lindern. Mir gegenüber war er freundlich und hatte immer ein Lächeln oder eine nette Geste für mich übrig, als wolle er sagen: Sie sind in Ordnung.

Eines Tages brach am Riverside Drive ein heftiger Streit zwischen Ida und Marc aus. Russisch ist eine besonders ausdrucksstarke Sprache, wenn es ums Streiten geht, und die Szene war bühnenreif. Als ich aus der Küche trat, sah ich, wie Marc plötzlich nach einem Stuhl griff und ihn drohend über Ida schwang. Sanft entwand ich ihm den Stuhl von hinten, und der Sturzbach der Beschimpfungen versiegte.

Später erklärte mir Marc, daß Ida ihn wiederholt darum gebeten hatte, seiner Verpflichtung nachzukommen und ihr entweder eine bestimmte Summe zur Verfügung zu stellen oder den Gegenwert in Bildern. Das sei ihr gesetzlicher Anteil am Erbe ihrer Mutter. Er protestierte: »Ich bin noch nicht tot, aber meine Tochter will mich meiner Bilder berauben!« Er lehnte es ab, ihr gesetzliches und moralisches Recht am Erbe ihrer Mutter zu akzeptieren. Dies gab Anlaß zu manchen Streitereien.

Ich versuchte, ihn in dieser Angelegenheit zu besänftigen. Louis Stern und ein anderer befreundeter Anwalt, Bernard Reis, der wie Stern ein Sammler von Chagall-Bildern war, unterstützten Ida heimlich und konnten letztendlich auch Marc überreden. Allerdings wurde dieser lächerliche Rechtsstreit erst 1948 in Frankreich endgültig beigelegt. Ida erbte eine wichtige Bildersammlung.

Marcs Wutausbrüche waren legendär. In seiner

Autobiographie erinnert er sich an einen Zimmerkameraden in Petersburg, einen Bildhauer, der seinen Ton klopfte und wie wild bearbeitete. Bis Marc zuletzt, weil ihn die Arbeitswut des Bildhauers ärgerte, eine Lampe nach ihm warf. Einem anderen Gerücht zufolge soll er der Pariser Kunsthändlerin Katja Granoff eine Statue gegen den (zum Glück) gut gepolsterten Busen geschleudert haben, als sie eine Meinungsverschiedenheit über einen Vertrag austrugen.

*

Wieder in High Falls, beschlossen wir, uns ein gebrauchtes Oldsmobile zu kaufen. Ich bat Victor Purcell, unseren benachbarten Farmer, mir Fahrstunden zu geben.

Weder die Chagalls noch die Haggards hatten jemals ein Auto besessen. Auf unserer ersten Fahrt nach New York waren wir stolz und aufgeregt.

Marc liebte es, durch das Judenviertel im hinteren Teil von Manhattan zu stromern, in dem die Händler ihre Buden auf der Straße aufbauen. Niemand kannte ihn, aber er war mit allen befreundet, da alle jiddisch sprachen. Dort konnte er sich so benehmen, wie er wollte. Er war keine Berühmtheit mehr; er konnte einen guten Preis aushandeln und sich dabei mit den Besten unter ihnen messen. Er kaufte mir einen silbernen Davidsstern an einer Kette, die er mir freudig um den Hals legte.

»Fahr nicht zu nah heran mit dem Wagen«, sagte er, »das treibt die Preise in die Höhe.« Er kaufte jiddische Zeitungen und las sie im Gehen, wobei er Strudel mampfte und die Seiten fallen ließ, sobald er sie gelesen hatte, bis der Gehweg mit fliegenden Blättern übersät war. Wir kauften jüdisches Brot und »Gefilte Fisch«.

»Du mußt lernen, wie man ihn zubereitet«, sagte er. »Adele wird es dir zeigen. Ich weiß nur, daß der Fisch fertig ist, wenn die Soße gut ist. Meine Mutter ließ mich immer die Soße abschmecken, weil ich der einzige war, dessen Urteil sie vertraute.«

Die Opatoschus besuchten uns in High Falls. Sie waren gütig und humorvoll; sie nannten mich »Goi« und »Schicksele«, wenn sie mich ärgern wollten, beides liebevolle Bezeichnungen für eine Nichtjüdin. Sie verkündeten, sie seien die Paten unseres ungeborenen David. Sie luden uns ein, das Passahfest bei ihnen zu verbringen. Oppen setzte sich zu diesem Anlaß ein weißes, goldbesticktes Satinkäppchen auf und rezitierte die Haggada von Pessach (die Geschichte von der Knechtschaft Israels und dem Auszug aus Ägypten), wobei er mir gelegentlich zublinzelte. Wir aßen Gefilte Fisch, Suppe und Knödel. Für den Propheten Elias wurde ein Stuhl hingestellt und ein Glas Wein eingeschenkt.

Marc fühlte sich wohl in High Falls. Ich habe diesen ängstlichen Mann seitdem nie wieder so frei von Furcht erlebt. Das Leben war einfacher geworden, denn Marc mußte sich um Geld keine Sorgen machen. Sein Kunsthändler, Pierre Matisse, zahlte ihm einen monatlichen Festbetrag und kam alle paar Monate vorbei, um seinen Anteil an Bildern abzuholen. In seiner hübschen Galerie in der 57. Straße in Manhattan veranstaltete er einmal im Jahr eine Ausstellung von Marcs neuesten Werken. Marcs Unsicherheit, die mit steigendem Wohlstand und Ansehen meist größer wurde, schien zumindest vorläufig zur Ruhe gekommen zu sein.

Er erzählte mir, daß Bella zu der Zeit, als sie keine finanziellen Sorgen mehr hatten, ihn einmal gefragt hatte, wieviel Geld er eigentlich brauche, um sich völlig sicher zu fühlen. Worauf er geantwortet hatte: »Ich werde *nie* genug Geld haben und mich *nie* sicher fühlen.«

Interessant ist, daß er gerade in Zeiten materieller Unsicherheit – in den Jahren der Armut in Rußland, bei seinem ersten Aufenthalt in Paris und nach der Rückkehr nach Rußland während der Revolution – seine schönsten Werke gemalt hat. Dennoch suchte er Ansehen und Reichtum, vielleicht weil er sich für vergangene Demütigungen entschädigen wollte. Es war seine Antwort an einige der älteren und bekannteren Maler in Paris, die diesen bescheidenen Juden aus Witebsk einmal verachtet hatten. Sicherlich hatte die überhebliche Art der Rosenfelds, Bellas Familie, ihn gedemütigt; seitdem – auch als sie während der Revolution ihre Reichtümer verloren hatten – hatte er wohl immer versucht, ihnen gleichzukommen. Als sein Schwager, ein wenig erfolgreicher Arzt, das kommunistische Rußland verließ, um ein mittelmäßiges Leben in Paris zu führen, konnte Marc nicht anders, als ihn von oben herab zu behandeln. Er hatte sich während seiner eigenen Jahre des Überflusses Marc gegenüber genauso verhalten.

Marcs Familie gehörte zu den Chassidim. Seine Haltung gegenüber der Religion war unverkrampft, beinahe fröhlich. Das Bekenntnis der Chassidim war: »Diene Gott in Freude.« Für sie war das Gefühl wichtiger als geistige Verdienste. Ähnlich Spinoza betrachteten sie Freude als eine Tugend, Traurigkeit als Sünde. Auch zogen sie das Erzählen von Geschichten theoretischen Diskussionen vor. Nachdem Marc seine Familie verlassen hatte, nahm er nicht mehr an religiösen Handlungen teil. Er hatte sie aber nie vergessen, denn sie hatten im Grunde einen tiefen Eindruck in ihm hinterlassen. Da weder er noch Bella praktizierende Juden waren, wurde Ida nicht zur Einhaltung des Glaubens erzogen.

In High Falls freundete er sich mit einer Gruppe strenggläubiger Juden an, die ihn mit in die Synagoge nahmen, um Jom Kippur zu begehen. Ich glaube, es war für ihn das erste Mal seit vielen Jahren; und während der sieben Jahre, die wir miteinander verbrachten, hat er dies auch nicht wiederholt. Vielleicht fühlte Marc, so kurz nach den Jahren des Holocaust, das Bedürfnis, seine tiefgründige Identität und Solidarität mit dem jüdischen Volk kundzutun.

Strikte koschere Regeln waren für ihn etwas lächerlich Sektiererisches. Als seine Nichte Bella Rosenfeld – die sehr an ihnen hing – später in Frankreich mit uns zusammenlebte, mußte ich sie, soweit es mir möglich war, vor seinen intoleranten Neckereien schützen.

Da dies seine Haltung gegenüber religiösen Riten war, erstaunte es mich um so mehr, als er kurz nach unserem Umzug nach High Falls, zuerst vorsichtig, dann mit etwas mehr Nachdruck, mit dem Vorschlag herauskam, daß ich zum jüdischen Glauben übertreten sollte. Er sagte, er habe die Sache mit den Opatoschus besprochen, die dies für eine gute Idee hielten.

Ich erklärte ihm, daß ich konfessionslos sei und auch keinen Glauben annehmen wolle, war aber vorsichtig genug, nicht zu viel Widerspruch zu zeigen, da ich befürchtete, Marc könnte es als unfreundliche Geste den Juden gegenüber auffassen. An diesem Punkt war er überaus empfindlich, obwohl er selbst oft harte Kritik an Juden übte, sie sogar gelegentlich »dreckige Juden« nannte. Einmal sagte er ironisch: »Manchmal fühle ich mich als positiver Antisemit.« Er hielt sie jedoch für überlegene Menschen – von Gott auserwählt –, so daß seine Kritik um so ernster zu nehmen war. Seine Mißbilligung galt hauptsächlich »angepaßten« Juden, weil sie »den Bezug zur Bibel verloren« hätten. Er schrieb einmal: »Wäre ich kein Jude mit all der Bedeutung, die ich diesem Wort beimesse, wäre ich auch kein Künstler.«

Ganz offensichtlich war sein Gewissen durch seine nichtjüdische Gefährtin belastet, doch war ich der Meinung, daß sich seine Befürchtungen verlieren würden.

Marc wußte, daß ich mich zu Juden hingezogen fühlte. Im Spaß erinnerte ich daran, daß ich einen Tropfen jüdischen Blutes von meiner russischen Urgroßmutter abbekommen hatte. Unser Familienwappen trug seltsamerweise einen sechseckigen Stern, was uns belustigte. Ich erzählte ihm von meinem Großonkel, Rider Haggard, der eine sonderbare Abenteuergeschichte, betitelt »Die Minen des Königs Salomon«, geschrieben hatte, die ihn auch fesselte.

Aber vielleicht war gerade dieser unterschiedliche Hintergrund für Marc von größerer Wichtigkeit, als ich es mir vorstellen konnte. In späteren Jahren neigte er dazu, diese Tatsache für andere Differenzen zwischen uns verantwortlich zu machen, und verschärfte dadurch nur unnötig die Gegensätze.

Das Thema meiner Konvertierung ließ ich vorerst ruhen, wie ich dies immer mit heiklen Fragen gemacht hatte. Einmal bekam Ida Wind von unseren Diskussionen und kam mir zu Hilfe. Sie bezeichnete es als absurde Idee, und damit war das Thema endgültig vom Tisch. Ich war erleichtert, und Marc schien sich damit zufriedenzugeben.

Dennoch wollte er, daß David als Jude erzogen

würde, und bestand auf seiner Beschneidung. Da erkannte ich, daß er David zuliebe meine offizielle Konvertierung gewünscht hatte, da bei Juden die Religionszugehörigkeit der Mutter die des Kindes bestimmt.

*

Er sprach oft mit mir über Bella. Er glaubte, daß ihre Seele irgendwo fortlebte und uns beobachtete. Er sagte, ich müsse versuchen, mich ihrer würdig zu erweisen; es ist wohl müßig festzustellen, daß mir das unmöglich war – Bella war eine Art Heilige. Von ihrem Jugendfoto betrachtete sie uns mit großen, dunklen Augen wie eine Madonna von El Greco. Dennoch hatte Marc einmal gesagt: »Bella hat dich zu mir geschickt, damit du auf mich achten sollst. Rembrandt hatte seine Henrickje Stoffels, die ihn nach Saskias Tod tröstete; ich habe dich.«

Einige der vielen Eigenschaften, die Marc an Bella bewunderte – und die Ida geerbt hatte –, waren ein peinlich genauer, praktischer Verstand, ein erlesener Geschmack und Sinn für Angemessenheit – sie hatte die Gabe, das Richtige zur rechten Zeit zu tun. Marc hatte gehofft, dieselben Eigenschaften auch in mir zu finden, die seinen eigenen Mangel hätten aufwiegen können, aber er erkannte bald, daß ich sie auch nicht besaß.

Bevor er heiratete, war Marc in seinen Bildern exzessiv und mutig, unglaublich gleichgültig gegenüber seinen Meisterwerken und vertraute nur seinem eigenen Urteil. Seine Beziehungen zu anderen Menschen waren ungestüm und impulsiv. Bella hatte so etwas wie eine veredelnde Wirkung auf ihn, die vielleicht seinem wilderen Wesenszug, der solch unschätzbare Werke hervorbrachte, zum Nachteil gereichte.

Bellas Erinnerungen an ihre Kindheit und Jugend, die sie in Jiddisch niedergeschrieben und kurz vor ihrem Tode fertiggestellt hatte, waren von Norbert Gutermann ins Englische übertragen worden. Schocken Books veröffentlichte sie 1946 unter dem Titel »Burning Lights« mit Zeichnungen von Marc. Im Jahr darauf gab der Jewish People's Fraternal Order, eine kommunistische Organisation, einen zweiten Band heraus, »Die erste Bagegenisch«, in dem ihre erste Begegnung mit Marc beschrieben wird. Das Buch ist in Jiddisch verfaßt und enthält viele herrliche Zeichnungen von Marc.* Die Veröffentlichung dieser rührenden, poetischen Texte, in denen Bella nach so vielen Jahren der Hingabe an Marc ihr eigenes Selbst entdeckt und ihre Begabung, es auszudrücken, bedeutete für Marc sowohl Erlösung als auch Trost. Vielleicht hatte er ihr gegenüber ein seltsames Schuldgefühl wegen des harten Lebens, das sie hatte führen müssen. Er muß erkannt haben, daß diese Arbeit die wahre, die vollständige Bella zeigte, die ihre Persönlichkeit für ihn geopfert hatte. Bella, die Schriftstellerin, hatte sich, so schien es, dem Tode überlassen, nachdem ihre eigene, persönliche Arbeit einmal fertiggestellt war, als ob sie des Kampfes müde gewesen sei. Bellas eigene Kreativität war auf Marcs Arbeit gelenkt worden, an der sie als seine erste Kritikerin teilnahm. In »Ma Vie« schreibt er: »Mögen unsere verstorbenen Eltern *unsere* Malerei segnen.«

Bellas Rolle einer Muse, die Marc zu solch überragenden Werken inspirierte, wurde bestim-

---

* Ida übersetzte beide Bücher ins Französische. Sie sind bei Gallimard 1973 unter dem Titel »Lumières Allumées« erschienen.

mend. Sie war eine Frau von glänzendem Verstand und außerordentlich gebildet. Marc war sich ihrer Dominanz nicht bewußt, da ihre Persönlichkeiten so sehr miteinander verschmolzen. In vielen Bildern, in denen er sich und Bella darstellt, wird der Künstler eins mit der Geliebten, Brust und Körper sind ein Ganzes. Das interessanteste Beispiel dafür ist das Gemälde *Der schwarze Handschuh,* das er vor dem Krieg in Frankreich begann und 1948 in High Falls beendete. Es ist ein besonders schönes Doppelporträt von Marc und Bella, auf dem sie ihre Köpfe aneinanderschmiegen. Sein Arm umfaßt den gemeinsamen Körper, und seine Hand arbeitet an der Staffelei.

*

Ich war mit der Einrichtung des Hauses beschäftigt, das noch lange nicht gemütlich war. Keine Menschenseele aus dem Dorf wollte auch nur einen Handschlag für mich tun. Ich war eine Fremde, eine Ausländerin, lebte mit einem viel älteren Mann zusammen und war außerdem noch schwanger. Als die Zisternen gesäubert werden mußten, begab ich mich also mit Gummistiefeln und Bürste in das Wasser.

Einmal in der Woche fuhr ich zu Jean nach New Jersey und brachte ihr Geschenke mit, die sie nicht sehr interessierten. Sie waren ein armseliger Ersatz für das warme Zuhause, das sie verlassen hatte. Wie immer war Jean ruhig und klagte nicht. Die Lehrerin, die sie mochte, versuchte ihr die mütterliche Zuneigung zu geben, die sie so dringend brauchte, aber nichts konnte mich ersetzen. Wir gingen in den Feldern spazieren (Plainfield lag damals noch auf dem Lande), und ich erklärte ihr, daß sie sehr bald in ein schönes Haus einziehen und einen Bruder bekommen würde.

Da ich nicht mehr zum Riverside Drive ging, begann Ida unschuldige Fragen zu stellen. Vielleicht vermutete sie bereits, daß ich schwanger war, da sie meine veränderte Erscheinung bemerkt hatte, oder sie hatte eine leichte Verwirrung in Marcs Blick erhascht. Plötzlich war die Wahrheit heraus. Es war ein schwieriger Augenblick, aber Ida machte kein Drama aus dem Ganzen. Marc fühlte sich schuldig und unwohl. Als er nach Hause kam, beschloß ich, Ida einen Brief zu schreiben. Ihre Antwort klang freundlich und beruhigend:

> Sie müssen sich auf keinen Fall Sorgen machen über Mißverständnisse oder Mißtöne irgendwelcher Art zwischen uns, weil es keine gibt. Sie haben sich nichts vorzuwerfen. Papa fühlte sich schuldig und war verwirrt; das war normal und nicht zu vermeiden. Es hätte nur vermieden werden können, wenn zwischen uns Offenheit geherrscht hätte; aber das ist schwer mit einer Tochter. Ich hoffe, nun ist alles geklärt.

Ich war sehr gerührt von diesem Brief und natürlich nicht mehr ängstlich.

Riverside Drive war erfüllt von hastiger Betriebsamkeit, denn Ida wollte mit James Johnson Sweeney eine große, retrospektive Ausstellung über Chagall im Museum of Modern Art vorbereiten. Außerdem stand ihre Abreise nach Frankreich kurz bevor, so daß sie noch viele Dinge mit Marc klären mußte. Marc fuhr oft nach New York und kam von diesen Ausflügen erschöpft zurück.

Marcs Beziehung zu Ida gründete zum Teil darauf, daß einer den anderen beherrschen wollte. Marc wußte seine Empfindlichkeit und Verletzbarkeit hervorzukehren, wenn er ihren Schutz brauchte; Ida setzte ihre unwiderstehliche »moralische Erpressung« ein. Gelegentlich fühlte er wie ein Kind das Bedürfnis, nicht zu gehorchen, um seine Unabhängigkeit zu beweisen. Wunderbar entwaffnender Marc, so kindisch und doch so schlau!

Zu Beginn des Frühjahrs eröffnete Sweeney im Beisein von Marc und Ida seine großartige Ausstellung. Er gab auch einen wichtigen Katalog heraus mit dem Bild *Ich und das Dorf* aus der museumseigenen Kollektion auf der Titelseite.

Einige Tage später sah ich mir die Ausstellung allein an und kam gutgelaunt zu Marc zurück. Ich war überwältigt von den Werken *Schwangerschaft, Der Soldat trinkt, Hommage à Apollinaire* und *Das Haus brennt,* die zusammen mit anderen erstaunlichen Frühwerken aus Europa herübergekommen waren. Marc gab zu, daß er verwundert gewesen sei, als er diese Bilder wiedersah. »Ich wußte, daß es feine Bilder waren, aber sie sind sogar noch besser, als ich dachte.« Er freute sich wie ein Vater, der seine verlorenen Kinder wiederfindet. Auch das herausragende Werk *Jude in Schwarz-Weiß,* aus dem Chicago Art Institute, wurde dort ausgestellt. Er liebte dieses Bild ganz besonders. Er hatte mir erzählt, daß er den »Rabbi« jahrelang in Rußland unter seinem Bett versteckt gehalten hatte, um es vor den Wechselfällen seines unsicheren Lebens zu schützen. Er lobte es als sein Meisterwerk, da es der Erhabenheit eines Rembrandt am nächsten komme. Er liebte es so sehr, daß er in Frankreich eine Kopie davon anfertigte, als er aus Geldmangel dazu gezwungen war, es zu verkaufen. Schließlich veräußerte er auch die Kopie und malte ein drittes Bild, das er auch verkaufte. Die erste Version (1914) befindet sich in der Sammlung von J. Im Obersteg in Genf, die zweite (1923) in Chicago und die dritte

(1928) im Museo d'Arte Moderna in Venedig. Jeder Verkauf war ein großer Verlust für ihn, doch er benötigte dringend Geld. Er bezeichnete die Kopien als Varianten, obwohl sie fast exakte Repliken waren (außer ihren etwas unterschiedlichen Ausmaßen; die erste Fassung war auch auf Karton gemalt, die beiden anderen auf Leinwand). Die Kopien waren frei und wunderschön angefertigt und so gut wie das Original, versicherte er mir, aber er behielt es ansonsten für sich, weil es einigen Ärger mit den Sammlern gab, als sie entdeckten, daß ihre Bilder keine Einzelstücke waren. Marc erzählte mir, daß er von einem oder zwei weiteren Bildern, die er hatte verkaufen müssen, ebenfalls Kopien angefertigt habe. Im Fall des *Juden in Schwarz-Weiß,* seinem Lieblingsbild, war das genaue Kopieren sicherlich nicht unangenehm für ihn; vielleicht hat er es genossen, diesen Schöpfungsakt ein zweites und ein drittes Mal zu erleben, um dabei seinem Geheimnis auf die Spur zu kommen.

Noch im selben Jahr zog die retrospektive Ausstellung ins Chicago Art Institute um. Marc flog zur Eröffnung dorthin. Es war seine erste Flugreise überhaupt. Nach seiner Ankunft schickte er mir ein Telegramm, damit ich mir keine Sorgen machte. Er teilte mir mit, daß die Ausstellung phantastisch sei. Ich stellte mir die Räume vor, die ich so gut kannte, denn ich hatte 1930 am Art Institute studiert, als mein Vater zwischen seinen Einsätzen in Rio und Paris für drei Jahre in Chicago akkreditiert war.

Nach der Eröffnung in New York ging Ida nach Frankreich, um dort fruchtbare Saat auf den verwüsteten Boden zu streuen und eine retrospektive Ausstellung für ihren Vater im neueröffneten Musée d'Art Moderne in Paris zu erwirken. Es würde die erste sein, die Jean Cassou, der Direktor des Museums, seit Ausbruch des Krieges veranstaltete.

Ida ließ sich in Montmartre nieder und widmete sich für kurze Zeit wieder der eigenen Malerei. In der erregenden Atmosphäre, die in dieser Zeit nach dem Krieg in Paris herrschte, fiel es ihr jedoch schwer, sich zurückzuziehen und zu konzentrieren. Es war eine Periode intensiver künstlerischer Aktivitäten. Die Überlebenden leckten ihre Wunden und waren auf der Suche nach ihren alten Freunden. Jeder hatte eine haarsträubende Geschichte zu erzählen. Ida, die ungeduldig die Rückkehr des Helden aus dem Exil erwartete, erlebte einen ihrer interessantesten Lebensabschnitte. Die meisten ihrer Freunde waren in der Widerstandsbewegung gewesen; einige von ihnen hatten Posten in der neuen Regierung inne. Jeder fragte, wann denn Marc endlich zurückkehre.

Ida schrieb aufgeregte Briefe, in denen sie Marc drängte, zu kommen. Kunsthändler wetteiferten miteinander um die ausschließlichen Rechte. Marcs große Stiche, *»Die toten Seelen«* zu Gogol, die Illustrationen zu den *»Fabeln«* von La Fontaine und zu der Bibel, die allein 300 Platten umfaßten, mußten von den Erben Ambroise Vollards zurückgekauft werden, so daß der berühmte Herausgeber Tériade sie endlich von den verstaubten Regalen nehmen konnte, auf denen sie die Zeit seit ihrer Fertigstellung verbracht hatten.

Vollard war einer der ersten großen Spekulanten in der Welt der modernen Kunst. Er ließ sich viel Zeit, die Schätze, die er vor Jahren in Auftrag gegeben hatte, ans Tageslicht zu bringen. Marc war bestürzt über diese Gleichgültigkeit. Jedesmal, wenn er ihm eine neue Platte brachte, sagte Vollard einfach: »Legen Sie sie zu den anderen« und würdigte sie keines Blickes. Einige andere Maler, wie zum Beispiel Georges Rouault, André Derain und Maurice de Vlaminck, gerieten für viele Jahre in Vergessenheit, weil Vollard die Werke hortete, um mit ihnen zu spekulieren. Er hatte ihre Arbeiten vertraglich für beachtliche Summen gekauft, sie dann aber in Pakete verschnürt und in Stahlkammern eingeschlossen. Zynisch mißachtete er die Gefühle der Künstler. Ihre Werke waren für ihn Handelsware, die er vor den Augen der Öffentlichkeit verbarg. Seine Habgier ließ ihn zunächst nicht an einen Verkauf denken. Gauguin beklagte sich einmal bitterlich darüber, daß er, wenn er Vollard von Zeit zu Zeit ein Bild schickte, »gerade genug für einen Kanten Brot und ein wenig Medizin« dafür erhalten hätte. Die letzten Jahre seines Lebens verbrachte er in Elend und Armut. Er machte Vollard dafür verantwortlich, daß er keinen Namen in der Kunstwelt errungen hatte, weil seine Bilder nie gezeigt wurden.

Auch für Marc muß es enttäuschend gewesen sein, die drei großen Werke nach ihrer Fertigstellung in Vergessenheit geraten zu sehen. Trotzdem meinte er, Vollard für den Auftrag Dank zu schulden.

Als Marc 1910 zum ersten Mal nach Paris kam, besuchte er sogleich die großen Bildergalerien Durand Ruel und Bernheim, um sich Gauguin, van Gogh, Renoir und Matisse anzusehen. Er ging auch bei Vollards »Laden« vorbei (schlechte Beleuchtung, verstaubt und vollgestopft mit Zeitungsstapeln), um sich die Werke von Cézanne anzusehen. Als er aber Vollard erblickte, der mitten in seinem Laden in einem Überzieher saß, wagte er es nicht, hineinzugehen. Um Leute fernzuhalten, machte Vollard immer einen wenig einladenden Eindruck.

*

Nun war endlich die Zeit für Marc gekommen, Ida nach Paris zu folgen. Er fürchtete sich vor dem Wiedersehen mit alten Freunden – er kam ohne Bella nach Hause. Ihren Platz hatte eine andere eingenommen, die auch noch ein Kind von ihm erwartete. Wie würden sie ihn empfangen? Würden sie ihm ihr Beileid aussprechen oder ihm gratulieren? Die ganze Situation ließ Schuldgefühle in ihm keimen. Endlich entschloß er sich, im Mai zu fahren, so daß er zum Zeitpunkt von Davids Geburt abwesend sein würde.

Natürlich war ich enttäuscht, wußte aber, daß man von ihm nicht das Verhalten eines normalen Vaters erwarten konnte. Er hatte ganz offensichtlich Angst vor der Geburt, wie er vor jedem physischen Leiden Angst hatte. War ein Familienmitglied krank, ließ er seine Verärgerung unbewußt an dem Kranken aus.

Den Vorgang der Geburt verband er mit Angstgefühlen, wie es bereits auf einem dramatischen Bild deutlich wird, das er als junger Mann zu diesem Thema gemalt hat: *Die Geburt* (1911). Er stellte sich die Szene vor, wie seine Mutter sie ihm beschrieben hatte. Seine eigene Geburt war ein traumatisches Ereignis, das er in »Ma Vie« so festgehalten hat:

> Die Stadt stand in Flammen, das Viertel der armen Juden. Sie trugen das Bett mit der Mutter und ihrem neugeborenen Kind an einen sicheren Ort am anderen Ende der Stadt. Zunächst war ich eine Totgeburt; ich wollte nicht leben. Stellen Sie sich eine weiße Blase vor, die nicht leben will, als ob sie ausgestopft wäre mit Bildern von Chagall. Sie stachen sie mit Nadeln und tauchten das Kind in einen Wasserbottich, bis es endlich ein schwaches Wimmern hören ließ.

Sein Vater und seine Mutter waren ihm heilig. Was mein Verhältnis zu meinen Eltern anbelangt, beeinflußte mich Marc in positiver Weise, da er mich zu Verständnis und Dankbarkeit überredete, die ich oft nicht gezeigt hatte. Er selbst teilte die Vaterrolle zwischen seinen gemalten und seinen leiblichen Kindern auf. Wenn ein Opfer gebracht werden mußte, dann waren die leiblichen Kinder gefordert. In »Ma Vie« schreibt er, daß er das schrille Geschrei eines Babys nicht ertragen konnte. Wenn Ida schrie, weil sie Hunger hatte (Milch war in jenen Jahren Mangelware), nahm er sie ruppig auf und warf sie aufs Bett. Er war schockiert über seine eigene Brutalität. Beschämt gab er zu, daß er erst vier Tage nach Idas Geburt zu Mutter und Tochter gegangen sei, weil die Tatsache, daß sie kein Junge war, ihn so sehr enttäuscht hatte.

Aber als jetzt sein Sohn David geboren war, dauerte es zwei lange Monate, bis er nach Hause kam. Ich vermißte ihn sehr, war aber voll Freude und Vertrauen. Ich erkannte auch, daß Marcs Anwesenheit eher schlecht als gut gewesen wäre. Ich verstand Jung gut, wenn er das Leben des Künstlers so analysierte: »Es kann nur voller Konflikte sein, da zwei Kräfte in ihm im Widerstreit liegen: einerseits der allgemeine Wunsch nach Glück, Zufriedenheit und Sicherheit im Leben, andererseits ein ruheloser Schaffensdrang, der so weit geht, daß er jeden persönlichen Wunsch überragt.«

Sein Zwiespalt hielt Marc jedoch nicht davon ab, ein demonstrativ liebevoller Vater zu werden. Er betrachtete seinen Sohn als ein einmaliges Phänomen und beobachtete mit Staunen jede Entwicklungsphase des Kindes. Oft umarmte er David und überhäufte ihn mit gierigen Küssen. Kinder als solche interessierten ihn nicht sonderlich, aber seine eigenen Kinder waren für ihn eine Art von Übermenschen. Davids beständig gute Laune war wie ein Lebenselixier für Marc. Sobald jedoch seine Kinder ihre eigene ausgeprägte Persönlichkeit entwickelten, kam es zu den unausweichlichen Zusammenstößen mit dem überstolzen, strengen Vater. Ida hatte es durchgemacht, und David stand es noch bevor.

In meinem achten Schwangerschaftsmonat reiste Marc nach Paris. Louis Stern begleitete ihn. Sie nahmen viele Kisten voller Lebensmittel und Mangelware für Freunde mit. Die Verhältnisse in Frankreich waren immer noch schlimm, allerdings nicht ganz so wie in England. Mein Vater schrieb darüber:

> Wir müssen wohl unseren Gürtel etwas enger schnallen, aber es sind noch ein oder zwei Löcher frei. Vielen Dank für die Lebensmittelpakete. Seit 1066 haben wir keine Invasion gehabt; jetzt reden wir über den nächsten Krieg und wissen, daß wir in der vordersten Reihe stehen werden. Es ist ein reizender Anblick, wie wir uns für den nächsten Kampf zusammenschließen. Die Zeit zwischen den letzten beiden Kriegen war reine Utopie. Mich sollte man als gefährlichen Irren einsperren.

Damals konnte ich nun endlich Jean in ihr neues Zuhause in High Falls holen. Ich war überaus glücklich, sie wieder bei mir zu haben. Sie begann sich wieder zu öffnen und sich zu freuen. In Marcs Abwesenheit konnte ich mich wieder ausschließlich ihr widmen, und die uns verbindende Liebe blühte erneut auf.

Meine Tante Phine aus Kanada, die die erste Begegnung meiner Eltern in Guatemala zustande gebracht hatte, war für die Zeit bis zu Marcs Rückkehr zu uns gezogen. Die Nachbarn, die bis dahin unseren seltsamen Haushalt mit höflicher Distanz betrachtet hatten, tauten allmählich auf und boten ihre Hilfe an. Unser Nachbar Victor, ein selbstzufriedener, puritanischer, aber freundlicher Farmer, wollte uns gern zur Hand gehen und die Trennwände in dem kleinen Häuschen niederreißen, um das Atelier für Marc fertigzustellen; sein Sohn Donald legte einen Gemüsegarten an. Wir erwarben eine schwarze Katze (die gleich Jeans Vertraute und unzertrennlicher Kamerad wurde) sowie ein paar Hühner. Tante Phine, eine gutmütige, erfahrene Frau, zeigte mir, wie man ein altes Huhn rupft und brüht, wie man es anschließend brät, bis es wie ein Truthahn schmeckt. Wir führten viele ergiebige Gespräche, und ihre tolerante, weitherzige Haltung war mir eine große Hilfe bei der Überbrückung der Meinungsunterschiede zwischen meinen Eltern und mir über mein neues Leben mit einem viel älteren Mann und die bevorstehende Geburt eines nichtehelichen Kindes.

Marcs Briefe bereiteten mir viel Freude. Sie waren lebhaft und spontan wie alles, was er unternahm; voller Liebe, die er in einfachen Worten und entzückender Ernsthaftigkeit ausdrückte. Er war kein Mann leidenschaftlicher Erklärungen und Treueschwüre.

> Du weißt nicht, wie sehr ich Dich liebe. Du weißt sehr gut, daß ich solche Dinge nicht leichtfertig daherrede, aber Du spürst es, Du weißt, daß Du mein Leben bist.
> Frankreich hat sich sehr verändert. Ich kenne es nicht wieder. Ich weiß, daß ich in Frankreich leben muß, aber ich will mich von Amerika nicht trennen. Frankreich ist ein fertiges Bild. Amerika muß erst noch gemalt werden. Vielleicht ist es das, was mich dort freier atmen läßt. Aber wenn ich in Amerika arbeite, ist es, als ob ich in einen Wald rufe, aus dem kein Echo kommt ...
> Ich lunche und diniere und treffe dabei unzählige Menschen. Unmöglich, allein zu sein und zu *arbeiten* ...

> Was die Kunst anbelangt, so sind immer noch dieselben Namen gefragt: Picasso und Matisse, Picasso und Braque, Picasso und Picasso. André Lhote* stellt sich auf den Kopf, nur um Picasso zu gefallen. Ich besuchte ihn in Le Rancy und bekam alle meine Bilder zurück. Das war eine große Freude für mich!
> Paulhan und Aragon sind »intellektuelle Odalisken« – Eluard und Char sind *echte* Dichter. Eluard ist ein ausgezeichneter Freund.

Wie Marc hatte auch Eluard vor kurzem seine geliebte Gefährtin, Nusch, verloren. Diese gemeinsame Tragödie verband sie sowie die Tatsache, daß sie beide für echte Demokratie und gegen Antisemitismus und Repressionen kämpften. Eluard führte die französischen Schriftsteller an, die eine enge Verbindung mit Malern knüpfen wollten. Er bewunderte Marcs Arbeiten sehr. Sie planten ein gemeinsames Buch »Le dur désir de durer« – einen Gedichtband mit 25 Zeichnungen von Marc. Und immer wieder kam ein Brief von Marc an:

> Ich meide den Montparnasse, wo ich kann ...
> Du kannst Dir nicht vorstellen, wie sehr ich mich nach der Arbeit in meinem kleinen Haus sehne. Mach Dir nicht zuviel Sorgen. Was ich brauche, sind Wände, Fenster und große Tische ...
> Ich weiß, unser Haus ist ein Paradies ...

Fast täglich schrieb ich ihm einen Brief, als ob ich mich mit ihm unterhielte. Ich stellte mir vor, daß wir zusammen durch das hohe Gras wandelten und den Sonnenuntergang beobachteten. Ich bereitete die großen Tische für ihn vor, tünchte die Wände im

---

* Lhote war einer der ersten Kubisten, ein berühmter Lehrer, der eine Kunstakademie gründete. Während des Krieges verwahrte er Marcs Gemälde und andere Habseligkeiten und rettete sie vor Zerstörung oder Konfiszierung.

Atelier und sah Stapel unfertiger Skizzen durch. Voll Liebe und Dankbarkeit schrieb ich ihm, daß er mich aus dem Elend gerettet hatte. Ich war glücklicher als je zuvor. Ich war voller Energie und fühlte mich trotz meiner Schwangerschaft pudelwohl. Für die Entbindung fuhr ich nach New York. Jean blieb mit Tante Phine in High Falls und schrieb mir, daß sie jeden Tag in ihrer Phantasie schon mit dem kleinen Bruder auf der Veranda spielte. Quest Brown war eine unschätzbare Ratgeberin, ihre Gesellschaft beruhigte mich. Die Opatoschus waren freundlich und paßten auf mich auf.

David wurde am jüdischen Sabbat, dem 22. Juni, im Zeichen des Krebses – wie Marc und ich – geboren. Wir schickten einander Jubeltelegramme. Oppen übernahm den Vorsitz bei der Beschneidung, die das jüdische Recht vorsieht. Ich nahm David mit nach Hause zu seiner aufgeregten Schwester. Tante Phine machte die ersten Fotos von ihm, zuerst auf Jeans, dann auf meinem Arm. Marc schrieb:

> Ich habe Deine Briefe und die ersten Fotos von David erhalten. Du kannst Dir nicht vorstellen, was in mir vorgeht! Er sieht gut aus, aber ich mache mir Sorgen. Ißt er auch genug? Hatte Jean auch so einen dicken Kopf und einen so dünnen Körper? ...
> Ich freue mich so für uns beide. Danke für das Kind. Ich hoffe, er wird stark und gesund werden. Wir werden ihn sehr liebhaben.

Ich schickte ihm ein Bild, das ich von David gemalt hatte, worauf er antwortete:

> Du hast mir zum ersten Mal eines Deiner Bilder gezeigt. David sieht wunderbar aus. Oppen sagt, er sei ein richtiger kleiner Chagall.

Im Juli schrieb er:

> Der Termin für die Retrospektive ist nun schließlich und endlich festgelegt. Die Vollard-Affäre ist ein entsetzliches Geschäft.*All diese Affären, Vollard, Pierre Matisse, Carré, Maeght, die Ausstellung bereiten mir Bauchweh. Am liebsten würde ich heimkommen und arbeiten. Ich mag die Atmosphäre hier nicht, vor allen Dingen bin ich so allein ...
> Ich schicke Dir einige Artikel, damit Du die Belanglosigkeit all dieser leeren Worte beurteilen kannst. Es wird viel zuviel geschrieben; es ist wie eine intellektuelle Inflation ...
> Ich bin immer noch der Alte. Ich liebe die Einsamkeit mit Dir und ein einfaches Leben. Ich möchte nur arbeiten. Ich bin wie ein Kind mit vielen Fehlern, die Du ruhig kritisieren kannst.

Trotz all seiner Beschäftigungen konnte Marc eine ganze Reihe erstaunlicher Skizzen in Gouache-Technik und Pastell anfertigen, die durch seine Rückkehr nach Paris angeregt wurden. Aus diesen entstanden die Ölbilder der »Pariser Serie« 1953 und 1954. Zentralfigur auf einigen dieser Bilder ist eine Mutter mit Kind. Auf dem Bild *Pont Neuf* liegt im Vordergrund eine Mutter mit ihrem Baby. Über ihr schweben auf der einen Seite der Künstler mit seiner Palette und Staffelei und auf der anderen die Braut in ihrem Hochzeitskleid. Drei weitere Gemälde, die *Madonna of Notre Dame, Die Ufer der Seine* und *Quai mit Blumen*, entstanden ebenfalls unter dem Eindruck von Davids Geburt.

Inzwischen war Marcs Atelier in High Falls fertig, der Garten stand in voller Blüte, und der Mais reifte.

---

* Die Erben führten gerade einen Prozeß gegeneinander.

David war das Opfer von Jeans leidenschaftlicher Zuwendung geworden, was nicht ohne gelegentliche Quälerei abging, die er mit erstaunlich gutem Mut über sich ergehen ließ. Die Kinder und ich hatten uns eingerichtet, so daß Tante Phine in ihr Haus in Springvale/Maine zurückkehren konnte.

Im August kam Marc endlich zurück. An der Anlegestelle flogen wir einander in die Arme. Er sah in einem neuen Sommeranzug blendend aus. »Gott sei Dank, *das* ist vorbei!« sagte er. »Nun fahr mich schnell nach Hause.«

Er war wahnsinnig aufgeregt vor der ersten Begegnung mit seinem Sohn und gespannt auf sein neues Atelier.

David konnte sich inzwischen sehen lassen. Er hatte blaue Augen wie wir alle: Marc, Ida, Marcs Vater, Jean und ich und praktisch die gesamte Haggard-Familie. Er hatte sehr helle Haare. »Wie ich, als ich klein war«, sagte Marc. »Die staunenden Augen hat er von mir.«

Marc war ausgezeichnet gelaunt. Er hatte eine Reihe unfertiger Bilder mitgebracht, die er auf den langen Tischen in seinem Atelier ausrollte. Endlich konnte er seine Palette und die Farben hervorholen, die er all die Monate hatte beiseite legen müssen. Im Garten pflückte ich ihm Blumensträuße, die er mit wilder Freude malte. Mit ihnen begann er so manches Bild, so *Die schöne Rothaarige,* auf dem der herrlich blaue Rittersporn den Kontrast zu dem flammendroten Haar der Frau bildet. Der Phlox, die Pfingstrosen, die Gartenlilien und Rosen beflügelten seine Phantasie und dienten als Motiv für viele Bilder: *Green Dream, Arum Lilies, Bouquet with Flying Lovers* und andere. Zwei wichtige Bilder, die ebenfalls damals entstanden, waren das *Selbstbildnis mit Wanduhr* und *Der gehäutete Ochse.*

Marc arbeitete trotz der Hitze den ganzen Tag unermüdlich bis in den Abend. Wenn die Grillen sich schlafen legten und die Glühwürmchen aufleuchteten, wanderten wir oft durch das kühle Tal. Wir waren sehr glücklich, wieder zusammenzusein. Unser Schlafraum befand sich in dem kleinen Häuschen über Marcs Atelier. Es roch nach Leinöl und Terpentin, ein Geruch, den ich niemals leid wurde. Als erstes gingen wir morgens ins Atelier, um einen Blick auf die Arbeit zu werfen, die Marc am Abend zuvor vollbracht hatte. Er fragte mich häufig nach meiner Meinung, und obwohl ich ihn höchst neugierig beobachtete, mochte ich nicht über ein Bild schon vor der Fertigstellung sprechen. Er wollte noch viele Bilder beenden, bevor er im Oktober zur Eröffnung seiner Ausstellung nach Paris zurückkehren würde.

Er arbeitete in Shorts mit nacktem Oberkörper. Wenn er müde war, las er in einem Schaukelstuhl auf der kühlen Veranda seine jiddische Zeitung.

Wenn er das Hupen von Mr. Goldwassers »Laden auf Rädern« hörte, ging er zur Straße hinunter, um Bleistifte, Papier und Farbstifte zu kaufen und mit Mr. Goldwasser ein Schwätzchen in Jiddisch zu halten.

In den ländlichen Gegenden des Staates New York gab es viel Wunderbares, aber auch einige Dinge zum Fürchten: Jean konnte nicht durch die Felder streifen wegen des giftigen Efeus; die Fenster waren gegen die Mückenhorden mit Fliegengittern versehen, und die Japankäfer vertilgten innerhalb von wenigen Stunden unseren gesamten Mais, sehr zum Vergnügen unserer Nachbarn Victor und Donald, die mich wegen meiner Bemühungen, Gemüse ohne Pestizide anzubauen, schon ausgelacht hatten.

Meine Eltern waren über die Nachricht eines neuen Enkels sehr erfreut. Mein Vater trug ihn gleich in den Stammbaum der Familie ein. Er trug den Namen McNeil, da seine Mutter rechtmäßig verheiratet war, so daß mein Vater zumindest vorläufig den Schein wahren konnte. Die ganze Sache beunruhigte ihn sehr. Natürlich waren Marc und ich unvorsichtig gewesen: wir hatten uns vor Davids Geburt nicht mit seiner Rechtsstellung befaßt, obwohl zwei von Marcs besten Freunden Anwälte waren. Marc war so ängstlich darum bemüht gewesen, Davids Geburt geheimzuhalten, daß er es nicht einmal wagte, seine Freunde zu Rate zu ziehen, bis es dann zu spät war. John hatte, bevor er nach England ging, eine Erklärung unterschrieben, die besagte, daß er nicht der Vater des zu erwartenden Kindes sei. Als wir dann endlich ein paar Monate nach Davids Geburt einen Anwalt konsultierten, mußten wir zu unserer Enttäuschung feststellen, daß das Papier wertlos war. Nach damals gültigem amerikanischem Recht konnte der gesetzliche Vater seine Vaterschaft nur innerhalb der ersten beiden Monate *nach* der Geburt des Kindes abstreiten. Tat er dies nicht, blieb er unwiderruflich der gesetzliche Vater des Kindes. Die einzige Lösung des Problems bestand darin, daß ich mich von John scheiden ließ und Marc heiratete; als Mme. Chagall hätte ich David meinen Namen geben können. Die Adoption von David durch Marc war insofern ausgeschlossen, als die französischen Adoptionsgesetze damals die Annahme an Kindes Statt durch einen Mann untersagten, der bereits ein Kind hatte. Uns beunruhigte die Sache nicht sonderlich. Wir glaubten, daß sie sich zu gegebener Zeit einrenken würde.

*

Im Oktober 1946 reiste Marc zur Eröffnung seiner Ausstellung nach Paris. Sie war wegen Transportarbeiterstreiks verschoben worden. Außerdem hatten einige Sammler aus Furcht vor einer Nachkriegsrevolution in Frankreich es abgelehnt, ihre Bilder zu schicken. George Salles, der Direktor der französischen Nationalmuseen, löste ein Problem nach dem anderen.

Marc schrieb:

> Eine retrospektive Ausstellung gibt mir das schmerzliche Gefühl, daß die Leute meine Arbeit als beendet ansehen. Ich möchte schreien wie einer, der zum Tode verurteilt ist: ›Laßt mich noch ein wenig leben. Ich werde versuchen, noch besser zu werden.‹ Ich denke, ich habe noch nicht richtig angefangen, wie ein Klavierspieler, der sich noch auf seinem Schemel zurechtrückt...
> Alle fragen mich: ›Sind Sie jetzt für immer zurückgekehrt?‹ Aber ich zähle die Tage bis zu meiner Rückkehr nach High Falls...
> Die Ausstellung ist ein großer Erfolg. Sie ist wirklich gut!
> Es fällt mir schwer, zu leben, ohne arbeiten zu können. Ich komme einfach nicht zur Ruhe. Immer nur Störungen, Besuche: Nicht einmal schreiben kann ich. Diesen Brief habe ich dreimal angefangen.
> Manchmal treffe ich Leute von der britischen Botschaft, die mich zu Kammerkonzerten einladen. Ich mag die Engländer jetzt mehr durch Dich. Ich suche nach Ähnlichkeiten.

Auf seiner Rückreise schrieb er von Bord der »Mauretania«:

> Ich teile eine Kabine mit Martin-Chauffier. Ich schlafe in Hemd und Hose. Das ist ein bißchen albern, aber Du weißt, wie schüchtern ich bin!
> Auf diesem Schiff kennt man mich ein wenig zu gut.

> Leute fragen mich: »Sind Sie nicht Marc Chagall?« und ich antworte: »Nein« oder »Ich glaube nicht« oder ich zeige auf jemanden und sage: »Vielleicht ist es der Herr da.« Die englischen Stewards sind alle anmutig und höflich, wie Gestalten aus Gainsborough-Filmen.

Als Marc nach Hause kam, überreichte er mir stolz ein Kleid und eine Bluse als Geschenk, die er ganz allein für mich ausgesucht hatte. Ida schickte mir eine luxuriöse Tasche aus Krokodilleder und einen hübschen Samtmantel, der speziell für mich angefertigt worden war. Sie konnte mit echter Großzügigkeit schenken, und ich war von ihrer Geste der Zuneigung tief gerührt.

Sie hatte ihrem Vater anvertraut, daß sie mit Tériade – dem berühmten griechischen Herausgeber, der später die Vollard-Stiche kaufte – sehr eng verbunden sei. Marc war stolz auf seine Tochter. Die Periode der Anpassung an das neue Leben ihres Vaters war viel weniger problematisch verlaufen, als er gedacht hatte. Seine Aufenthalte in Paris verliefen glatt und zur Zufriedenheit aller.

*

Es war eine Freude, meinen quirligen Gefährten für immer zurückzuhaben. Mit frischer Schaffenskraft stürzte er sich in die Arbeit und bestand darauf, nicht gestört zu werden.

Die Kinder waren manchmal Plagegeister, vor allem wenn Jean von David Besitz ergriff, was seinerseits zu lautstarken Protesten führte. Mit ihrer Eifersucht war leider zu rechnen gewesen. Wieder einmal war es Jean, die das Opfer für unseren Frieden bringen mußte: wir schickten sie für ein paar Wochen in ein kleines Internat in einem nahe gelegenen Dorf. Über diese Schule weiß ich überhaupt nichts mehr;

meine Gewissensbisse waren sicher so groß, daß ich die Erinnerung tief in meinem Unterbewußtsein vergraben habe.

Wenn ich an diese Episode zurückdenke, ärgere ich mich über mich selbst, da ich Marc wieder einmal nachgegeben und Jean dabei geopfert hatte. Wie immer zog ich Jeans Leid dem drohenden Unwillen Marcs vor.

Als der Winter in High Falls einzog, lag der Schnee einen Meter hoch. Donald schaufelte einen ordentlichen Gang zur Straße hinunter, indem er den Schnee in Würfeln ausstach, die er auf seiner Schaufel wegzog. Um die Eintönigkeit zu durchbrechen, stach er manchmal Scheiben ab, die er wie Pfannkuchen über seinen Rücken warf. Als alles frei war, rodelten die Kinder auf ihren Schlitten hinunter.

Marc freute sich; er war wieder in seinem Element. Der rotglühende Kohleofen in seinem Atelier erinnerte ihn an sein Zuhause in Witebsk. Er spürte die Kälte nicht, vor allem wenn er mitten in der Arbeit steckte. Wenn ich ihn fragte, ob es warm genug sei, antwortete er: »Muß ich nachsehen«, und ging zum Thermometer.

Er arbeitete an einem neuen Bild: *Die Auferstehung am Flußufer.* Es ist eine seltsame, faszinierende Komposition, bei der sich alle Elemente am Rand befinden. Der Gekreuzigte fliegt wie ein entsetzlicher Bomber waagerecht über den Himmel.

Eines der ausdrucksstärksten Gemälde aus dieser Zeit ist *Die Liebenden mit der Brücke:* Marc und Bella sind auf einem Bild dargestellt, Marc sitzt vor seiner Staffelei, Bella tröstet und liebkost ihn. Marcs rechte Hand ragt aus dem Bilderrahmen heraus und malt ein anderes Bild, das eine langbeinige Frau mit hellen Haaren zeigt, die mir ähnlich sieht. Das Werk ist streng in zwei gleiche Teile gegliedert und symbolisiert vielleicht unbewußt den Bruch in seinem Leben, den Bellas Tod verursacht hatte.

»Ich brauche Wände, um darauf zu malen!« seufzte er oft. Jahrelang hatte er sich gewünscht, großformatige Wandbilder malen zu können. Wenn er eine große leere Wand erblickte, blieb er immer gedankenverloren davor stehen. In einem Schnellimbiß in New York sah er einmal gebannt einem Mann zu, der mit atemberaubender Schnelligkeit ein Bild auf eine Mauer pinselte. Plötzlich war da ein Baum entstanden mit weit ausholenden Zweigen. Marc griff aufgeregt nach meinem Arm. »Virginitschka, sieh mal! So muß ich es machen!« Während ich mir die Sache ansah, nahm er meinen Kaffee und trank ihn aus. Er war ein unwiderstehlicher Kindskopf.

Jetzt, da er eine relativ große Wand zur Verfügung hatte, rollte er seine enorme *Revolution* aus, die er vom Riverside Drive mitgebracht hatte. Er hatte das Bild 1937 gemalt und sich dabei auf verschiedene Studien und kleinere, hervorragende Bilder gestützt. Diesem großformatigen Werk fehlte jedoch ihr Ausdruck und ihre Dichte. Es brachte ihn aus der Fassung, daß es ihm nicht gelungen war, die erfolgreichen kleineren Bilder einfach zu vergrößern. Das Ganze wirkte im größeren Maßstab wie ein undeutliches Durcheinander. Obwohl es bereits von Zervos in Paris und später von Pierre Matisse in New York ausgestellt worden war, enttäuschte es ihn immer noch. Er war entschlossen, es zusammenzuziehen, doch nach wochenlangem Bemühen wurde er nur noch unzufriedener.

Quest Brown kam auf einen längeren Besuch zu uns nach High Falls. Er bat sie um ihre Meinung über das Bild. Wenn er nicht weiterwußte, fragte er am liebsten Menschen, denen seine Arbeit relativ unbekannt war. Sie hatte seine Ausstellung in New York gesehen und mir geschrieben:

> Ich würde gern mehr über Chagalls Unterbewußtsein erfahren, das ihn zwingt, mit einer solchen Eingebung zu malen, die ich noch nie angetroffen habe. Er fordert geradezu den Versuch heraus, den Ursprung seines Genies zu analysieren.

Quest hatte ihren Namen aufgrund ihrer unstillbaren Neugier als kleines Mädchen erhalten. Im Erwachsenenalter hatte sich ihre Neugier weiterentwickelt und war zu einer Mischung aus spontanem Instinkt und eindringlicher Logik geworden. Wir waren von unserer ersten Begegnung an Freunde. Quest war immer ein wichtiges positives Element in meinem Leben, vor allem während der Leidenszeit, als ich zwischen Marc und meinem vorherigen Dasein hin- und hergerissen war, als mich Selbstverleugnung und Leiden an den Rand der Zerstörung gebracht hatten.

Sie sagte, das Bild »stöche« sie (einige Wörter sprach sie auf ganz eigene Art aus, die ihnen einen seltsamen Klang verlieh). Ihrer Meinung nach war Marc von der chaotischen Masse beziehungsloser Elemente nicht recht überzeugt, er habe anscheinend alle für ihn denkbaren Einzelheiten hineingebracht in dem Bemühen, dem Ganzen eine Bedeutung zu entlocken.

Marc beschloß, das Bild in drei Stücke zu zerschneiden, und fühlte sich plötzlich frei. Vielleicht fiel ihm deshalb der Titel *Befreiung* dazu ein, den er einem der Bilder verlieh; die anderen nannte er *Widerstand* und *Auferstehung*.

Es ist interessant, daß von den vier Bildern in Wandgröße, die er nach seiner Rückkehr aus Rußland 1922 in Frankreich malte – *Meiner Frau gewid-*

*met, Der Engelssturz, Die Harlekine* und die große *Revolution* –, später alle überarbeitet und die letzten beiden sogar zerteilt wurden. Offenbar hatte er die Ausdruckskraft der frühen Wandgemälde, die er für das Jüdische Theater in Moskau 1920 angefertigt hatte, nie wieder erreicht.

*Der Engelssturz* befindet sich heute im Basler Museum. Es hing jahrelang über der Treppe in unserem Haus in Vence in Südfrankreich. Ich hatte Muße, es jeden Tag zu betrachten, und konnte mich nie eines gewissen Unwohlseins erwehren wegen der gewollten Zusammensetzung dieses Bildes, in das Marc, vielleicht weil er sich des Fehlens einer besonderen Kraft bewußt war, seine gesamte Frustration hineingeschleudert hatte. Letztendlich hat er es aber fertiggebracht, es mit Geschick zusammenzufügen.

Sein übermäßiges Verlangen danach, Wandbilder zu malen, rührte vielleicht daher, daß seinem ersten, überaus erfolgreichen Unternehmen nur weniger fruchtbare Versuche gefolgt waren. Wenn er sich einmal ein bestimmtes Ziel in den Kopf gesetzt hatte, gab er nie auf, bis er Erfolg hatte. Er glaubte, sein erstes Wandbild sei so kraftvoll gewesen, weil es für eine bestimmte Wand in einem bestimmten Theater gemalt worden war.

Diese Überzeugung verstärkte sich noch über Jahre, aber erst 1956 sollte er die Möglichkeit erhalten, wirklich monumentale Arbeiten in Angriff nehmen zu können. Er begann mit außergewöhnlich talentierten Kunsthandwerkern zusammenzuarbeiten, in Glasmalerei mit Charles Marcq, in Mosaik mit Lino Melano, in Keramikplatten mit Ramié. Diese Kunsthandwerker gaben ihm neue Impulse und ließen ihn zu bisher unbekannten Höhen aufsteigen. Die monumentalen Werke, die er mit diesen Werkstoffen herstellte, gehören zu seinen besten Arbeiten. Das kann nicht behauptet werden von einigen der riesigen Wandgemälde, die er immer noch mit nutzlosen Details vollstopfte, weil ihn der Wunsch beseelte, eine schwer faßbare Perfektion zu erlangen, zu der er keinen Zugang hatte.

*

Marc machte sich oft Sorgen darüber, daß er als Künstler im Exil den Kontakt zu seinem Heimatboden verloren hatte, der seinem Werk das Leben einhauchte. Der Reichtum der russisch-jüdischen Kultur, in die er geboren wurde, hatte Visionen erzeugt, die ihn dazu befähigten, einige der sonderbarsten und wundervollsten Gemälde herzustellen, die es je gegeben hat. Er grübelte oft darüber nach, ob dieses Erbe voller Kraft ihn immer befruchten würde.

Als er 1910 zum ersten Mal nach Frankreich kam, gab die Entwurzelung den Anstoß dafür, daß seine inneren Visionen mit noch größerer Intensität hervorbrachen. Die erste Reise nach Paris war eine Entdeckungsfahrt; die Heimaterde klebte noch an seinen Schuhen.

Seine Rückkehr nach Rußland erweckte den Kraftquell der Inspiration aufs neue. Sein freiwilliges Exil in Frankreich 1922 stellte sich als schwierige Periode der Entwurzelung und Anpassung heraus. Er war wieder in Paris, diesmal aber nicht mit den leuchtenden Augen des Entdeckers, frei, unbekannt und besitzlos. Er hatte inzwischen einen Ruf, den es zu verteidigen galt.

Als er nach La Ruche zurückkehrte, um seine Bilder anzufordern, die er dort zurückgelassen hatte, mußte er feststellen, daß sie alle verschwunden waren.

1914, bevor er nach Rußland zurückkehrte, hatte er 40 wichtige Bilder und 160 Gouachen mit nach Berlin genommen, wo sie in der berühmten Galerie »Der Sturm« von Walden ausgestellt worden waren und enorme Begeisterung ausgelöst hatten. Nach acht Jahren, nachdem der Erste Weltkrieg und die Revolution vorbei waren, fuhr Marc auf seinem Weg nach Paris in Berlin vorbei. Dort erfuhr er, daß Walden alles verkauft hatte, daß die rasende Inflation die Einkünfte jedoch auf eine lächerlich geringe Summe hatte schrumpfen lassen. Marc lehnte das Geld ab und drohte damit, gegen Walden vor Gericht zu gehen. 1926 erhielt er endlich drei große Bilder als Entschädigung: *Rußland, den Eseln und den Anderen, Ich und das Dorf* und *Der Dichter oder halb vier Uhr,* sowie zehn Gouachen. Die meisten Arbeiten aus dieser fruchtbaren Periode vor dem Krieg hatte man ihm jedoch entwendet.

Noch zweimal mußte er eine Vielzahl an Bildern einbüßen. Das erste Mal, als er in Petersburg bei Vinaver wohnte; dort fertigte er die Kopie von einem Levitan-Gemälde an. Da er dringend Geld brauchte, verkaufte er es zu einem guten Preis an einen Rahmer. Einige Tage später sah er das Bild als Original zum Verkauf angeboten. Der Rahmer bat ihn lächelnd um weitere Kopien. Diesmal bot Marc ihm bescheiden viele seiner eigenen Bilder und Zeichnungen an und hinterlegte sie bei dem Rahmer. Als er sich einige Tage später danach erkundigen wollte, ob etwas verkauft worden sei, gab der Rahmer vor, ihn nicht zu kennen. »Wer sind Sie? Ich habe Sie noch nie gesehen«, sagte er. Ohne Eigentumsnachweis war Marc hilflos.

Das zweite Mal war, als er nach acht Jahren wieder nach La Ruche zurückkehrte. Dort stellte er fest, daß seine Bilder, die er in dem Atelier zurückgelassen hatte, verschwunden waren, was nicht überraschte, da er seine Tür lediglich mit einem Stückchen Draht »verschlossen« hatte, denn er hatte bald zusammen mit seiner Braut zurückkehren wollen. Ein paar Bilder wurden in einem Kaninchenstall gefunden, wo die Concierge sie als Dachplatten benutzt hatte. Andere tauchten in verschiedenen Sammlungen, versehen mit einem Echtheitszeugnis von Cendrars, wieder auf. Marc verdächtigte seinen Freund des Verrats und hat ihm nie verziehen, trotz der Tatsache, daß jedermann nach acht Jahren Krieg und Revolution und ohne ein Lebenszeichen von Marc davon ausgehen mußte, daß er tot war.

Dieser zusätzliche Verlust von Dingen aus seiner Vergangenheit war ein Schlag für Marc.

Er ließ sich mit seiner Familie in Paris nieder. Seine Bilder erhielten mehr Schliff, und doch brach von Zeit zu Zeit das alte Feuer wieder durch. Die von Vollard in Auftrag gegebenen Stiche bedeuteten eine neue große Herausforderung. Das Bild *Tote Seelen* – witzig, zynisch, erhaben – trug ihn nach Rußland zurück; die *Fabeln* von La Fontaine, die zunächst als farbige Stiche gedacht waren, erforderten eine völlig neue Technik, die geeignet war, die Reichhaltigkeit einer Gouache in Schwarzweiß zu übertragen. Das Resultat war wirklich fabelhaft. »Die Bibel« krönte diese Serien mit ihrer großen, rührenden Aufrichtigkeit; mit ihrer einfachen, kindlichen Echtheit, frei von Kalkül und dozierendem Anspruch. Diese Arbeiten führten ihn zusammen mit Bella nach Polen und Palästina. Tiefe Wurzeln traten hervor, Ursprünge wurden neu entdeckt. Bella hatte wieder lichtvolle Einblicke in ihre Kindheit.

Die Jahre der Furcht nach Hitlers Machtergreifung und dem Beginn des Holocaust riefen ausdrucksstarke Werke hervor, wie zum Beispiel *Der Märtyrer* (1940). Das Erleben eines neuen Krieges, einer neuen Entwurzelung, hatte, obwohl es sehr schmerzlich war, eine anregende Wirkung auf Marcs Arbeit. Seine Freundschaft mit anderen russischen Juden in New York brachte ihm frische Energie. Vielleicht fühlte er sich in Frankreich immer noch wie ein Fremder, wo ihn weniger erfolgreiche Kollegen manchmal mit Verachtung und Feindschaft behandelt hatten.

All dies mag erklären, warum er jetzt seine Rückkehr nach Frankreich hinauszögerte. Er war so lange von seinem Heimatland getrennt, daß eine noch weitere Entfernung ihn irgendwie an seine Ursprünge zurückgeführt hatte.

Darüber sagte Marc einmal: »Bartók hat die Heimaterde wie ein Adler in seinen Klauen hinweggetragen und in schwindelerregende Höhen geführt. Bartók, Seurat und van Gogh bleiben ihrer heimatlichen Erde treu. Ihre Kunst ist sehr erdverbunden.«

In seiner Autobiographie schreibt er: »Nennt mich nicht einen Phantasten; im Gegenteil, ich bin Realist. Ich liebe die Erde.«

Aber vielleicht fühlte sich Marc in Amerika wohler, weil er sich dort mehr als Jude fühlte. High Falls, mit seinen einfachen Leuten und seinen Tieren, glich Marcs Zuhause in einem Vorort von Witebsk wie kein anderer Ort, den er bis dahin kennengelernt hatte.

Tiere spielten in seiner Kindheit eine wichtige Rolle; er beobachtete sie in symbolischer Weise. In »Ma Vie« schreibt er liebevoll über die Kühe und Bullen, die sein Großvater, der Metzger von Liosno, schlachtete, und über sein Schuldgefühl, wenn er ihr Fleisch mit Behagen verspeiste.

Oft malte er die Pferde von Witebsk, wie sie

kleine Karren ziehen, die Ziegen und Esel, das Geflügel seiner Eltern. In High Falls konnte er die Kühe von seinem Atelierfenster aus beobachten, und die Geräusche unserer Hähne und Hühner schafften eine vertraute Atmosphäre. Er hatte jedoch kein sentimentales Verhältnis zu den Tieren; sie hatten universellen Charakter für ihn. Bezeichnenderweise sind Hunde auf seinen Bildern nicht zu finden. Er mochte sie nicht und fürchtete sich vor ihnen, seitdem er als Kind einmal gebissen worden war.

Ein Vorfall, der sich ereignete, als Ida noch ein Kind war, hatte sich ihm besonders tief eingeprägt. Er ging mit ihr über ein Feld. Plötzlich fiel sie hin, und er sah, wie ein kleiner, scharfer Stock sich durch ihre Wange bohrte. Er zog ihn sofort heraus, woraufhin die Wunde heftig zu bluten anfing. Idas Auge war verletzt. In der Nacht vor diesem Unfall hatte er geträumt, Ida sei von einem Hund gebissen worden. Ein andermal, als er mit Jean spazierenging, rannte ein bösartiger Hund auf sie zu und knurrte sie an. Er nahm das verängstigte Kind in seine Arme, um es zu trösten. Später hörte Jean von seiner eigenen Furcht vor Hunden und rannte dann jedesmal zu ihm hin, sobald ein Hund auftauchte, um ihn zu schützen.

Jean besuchte die Dorfschule in Mohonk, die auf einem Hügel lag. Jeden Tag mußte sie mehr als einen Kilometer dorthin und wieder zurück gehen. Wenn Autofahrer sie mitnehmen wollten, lehnte sie höflich ab. Sie habe vor dem Fahren Angst, sagte sie. Jean lebte in einer Märchenwelt. Die Landschaften, die sie sah, bildeten den Hintergrund für ihre Geschichten, die sie auf ihrem Weg erfand. Im Winter bevölkerte sie die Straße zur Schule mit Schneemännern und Schneefrauen, die sie wie freundliche

Meilensteine grüßten. Sie schützte sich so gut sie konnte, indem sie sich in ihre geheimnisvolle Welt zurückzog, in der Tiere eine große Rolle spielten. »Die Katze trägt meinen ganzen Kummer in ihrem Herzen«, sagte sie einmal. David war der Prinz ihrer Märchenwelt und der einzige Mensch, der ihr Vertrauen genoß. Sie begann, Gedichte zu schreiben:

*Ich habe viele Dinge gesehen, als ich klein war,*
*oh, so viele Dinge:*
*ich sah den Teppich im Spielzimmer,*
*ich sah die Tür im Spielzimmer,*
*ich sah, wie meine Mutter sich auszog,*
*ich sah den Koch Kuchen backen;*
*ich sah manchmal diese anderen Dinge,*
*die aber meine Fehler waren.*

Marc war stolz auf ihre Gedichte und ermunterte Jean dazu, sie in ein Notizbuch einzutragen, das er ihr eigens dafür schenkte und das sie bemalte. In Frankreich zeigte er dieses Notizbuch dann später dem Dichter Octavio Paz, der einige davon für seine persönliche Sammlung kopierte.

Jean betrachtete Marc wohlwollend als ein verwöhntes und ganz besonderes großes Kind, das alle Vorrechte auf seiner Seite hatte. Schon lange hatte sie erkannt, daß sie keine andere Wahl hatte – sie mußte ihn wohl oder übel als ungeheuren Rivalen im Kampf um meine Gunst in Kauf nehmen. Jetzt erhielt auch David viel Zuwendung von mir, aber ich versuchte, so gut als es mir möglich war, sie gleichmäßig auf alle zu verteilen. Die Wogen zwischen Marc und Jean hatten sich soweit geglättet, vor allem wenn sie sich als folgsam und in ihren Reaktionen kalkulierbar erwies. Sie nannte ihn Papa, und in ihren Bildern von glücklichen Familien spielte er die Rolle des Vaters. Ihr eigener Vater war vorläufig aus ihrem Gedächtnis gestrichen.

Zu Davids zweitem Geburtstag schrieb uns Ida einen warmherzigen Brief:

> David, Virginia, Papa,
>
> ich glaube, bald hat David Geburtstag.
>
> Von ganzem Herzen wünsche ich ihm die besten Dinge der Welt. Mögen seine blauen Augen gute und schöne Dinge sehen, wenn sie größer werden. Möge Euer Glück mit ihm wachsen!
>
> Eure Ida

Michel schrieb ebenfalls zu diesem Anlaß:

> Lieber Marc Zachanowitsch und Virginia,
>
> herzlichen Glückwunsch zu Davids Geburtstag und all meine guten Wünsche für heute und morgen für ihn und für Euch. Paris wartet auf Euch und wir auch. Kuß an den kleinen »imeninnik« (der seinen Namenstag feiert).
>
> Euer Michel

Marc war entzückt über diese Briefe, die ihn in der Absicht bestärkten, mich mit nach Frankreich zu nehmen; doch noch war er nicht bereit zu gehen.

Ida schrieb immer drängendere Briefe. Wir lebten nun schon zwei Jahre in High Falls, und es war an der Zeit für Marc, nach Frankreich zurückzukehren. Alle anderen Künstler waren bereits aus dem Exil zurückgekommen: Léger, Zadkine, Ozenfant, Breton, Tanguy, Seligman und Ernst. Die Händler warteten ungeduldig darauf, Chagalls Ruhm zum Höhepunkt zu führen. Ida meinte, er laufe Gefahr, seinen Stellenwert zu verlieren, wenn er nicht komme. Die drei großen Vollard-Bücher, die

Tériade nun übernommen hatte, mußten vervollständigt und signiert werden.

All diese Argumente schienen nur logisch, aber Marc war kein Mann der Logik. Idas Briefe konnten für eine Weile vergessen werden, während ihre Anwesenheit ihn sicherlich besiegt hätte. Manchmal fühlten wir uns wie Idas ungezogene Kinder, und ein aufmüpfiger Geist beseelte uns. Ob Marc instinktiv spürte, daß unsere wundervollen »Flitterwochen« mit unserer Rückkehr beendet sein würden? Wir würden nie wieder so eng beieinander und so sorgenfrei sein. In Frankreich würden unser vertrautes Familienleben und die stillen Arbeitstage durch den Kampf um Ruhm und Anerkennung aufgesogen werden. Er würde um seine Stellung, seinen Marktwert und seinen Ruf bangen.

In High Falls lief alles glatt. Marc wollte unbedingt eine Reihe von Bildern beenden, an denen er gerade arbeitete. Den Kindern ging es gut, und ich hatte ein nettes irisches Mädchen gefunden, das sie anbetete. Zu unserer großen Freude kamen die Opatoschus regelmäßig zu Besuch. Es fiel ihnen leicht, Marc dazu zu überreden, seinem Herzen zu folgen. Wir vier unterhielten uns in einer Mischung aus Jiddisch, Englisch und Französisch, tranken Wein, lachten viel, aßen die jüdischen Delikatessen, die Adele mitbrachte, und saßen bis tief in die Nacht hinein zusammen.

Marc stand immer im Mittelpunkt des Geschehens. Ob mit diesen oder mit anderen Freunden, er unterhielt uns alle mit seinen farbigen Geschichten und seinen Clownereien.

Im Frühjahr 1948 wurden die meisten Bilder aus dem Musée national d'Art moderne in Paris nach London transportiert, wo sie in der Tate Gallery ausgestellt wurden. Ida nahm an der Eröffnung teil. Sie

# KAPITEL III

# ORGEVAL

Endlich fand der unausweichliche Umzug statt. Wir schlossen unser Haus ab und ließen einige unfertige Arbeiten und andere Dinge dort, gleichsam als Gewähr für unsere beabsichtigte Rückkehr. Wir sollten aber High Falls nie wiedersehen. Eine Buchseite war umgeschlagen, und es gab kein Zurück. Zwei Jahre später fuhr Ida nach Amerika, um unsere verstaubten Sachen einzupacken und das Haus zu verkaufen. Sie hatte oft solch undankbare Aufgaben für ihren Vater zu erledigen. Ihr praktischer Sinn und ihre Einsicht in Notwendigkeiten hielten sie immer über Wasser.

Victor Purcell schrieb uns, daß das FBI unser Haus nach belastenden Dokumenten durchsucht habe. McCarthy hatte seine repressive Herrschaft angetreten. Marc war ehrenamtlicher Präsident des »Jewish Writers' and Artists' Committee«, einer linken Organisation; als er nach Frankreich zurückkehrte, wurde er ehrenamtlicher Präsident des »Committee for the Suppression of Anti-Semitism and the Promotion of Peace«. Antifaschist zu sein, war damals schon verdächtig.

Im August 1948 fuhren wir an Bord der »De Grasse«, einem kleinen, aber ausgezeichneten Passagierschiff, nach Frankreich. Jean Wahl, der französische Dichter und Philosoph, und seine Familie befanden sich auch an Bord. Wir mochten diesen warmherzigen und ausnehmend intelligenten Mann. Er wickelte seine kleine, zerbrechliche Gestalt in einen langen Mantel, aus dem nur seine Füße und seine Nase hervorlugten, und eilte mehrmals täglich über die Decks. Die Kinder rannten wild umher, und zum Glück paßte Jean auf, daß David nicht über Bord ging.

Der Gedanke, wieder in Frankreich zu leben, machte mich froh. Ich betrachtete es als mein Land, zumindest ebensosehr wie England. Auch auf das Wiedersehen mit meinen Eltern freute ich mich.

Ida holte uns in Le Havre ab und fuhr mit uns nach Orgeval, im Departement Seine-et-Oise, in der Nähe von Paris. Sie hatte ein phantastisches kleines Landhaus für uns gefunden, mit Giebeln und einem leicht verrotteten Türmchen – wie ein Lebkuchenhaus aus dem Märchen, mitten in einem Zauberwald. Der Mond schien hell, als wir ankamen, und David rief: »Sieh mal, da ist mein Mond. Er ist mit mir von Amerika hierhergekommen.«

Für sein Atelier wählte sich Marc zwei große, helle Schlafräume aus, in denen er seine unfertigen Leinwände ausrollte, die er aus High Falls mitgebracht hatte. Die meisten der neueren Werke waren vollendet und bei Pierre Matisse geblieben. Einige waren aber noch zu unausgewogen, so daß sie vielleicht für eine Weile vergessen und an einem anderen Ort zu einer anderen Zeit wieder aufgenommen werden mußten. Marc betrachtete sie nun mit anderen Augen, aber er suchte auch in seiner neuen Umgebung nach Inspiration. In dem kleinen Orgeval gab es eine halbverfallene Kirche aus dem 11. Jahrhundert; ihr spitzer Kirchturm und die mit

Aquarell mit der Widmung:
»Für Virginia, zur Erinnerung an unsere erste Begegnung.«
New York, 7. Juli 1945.

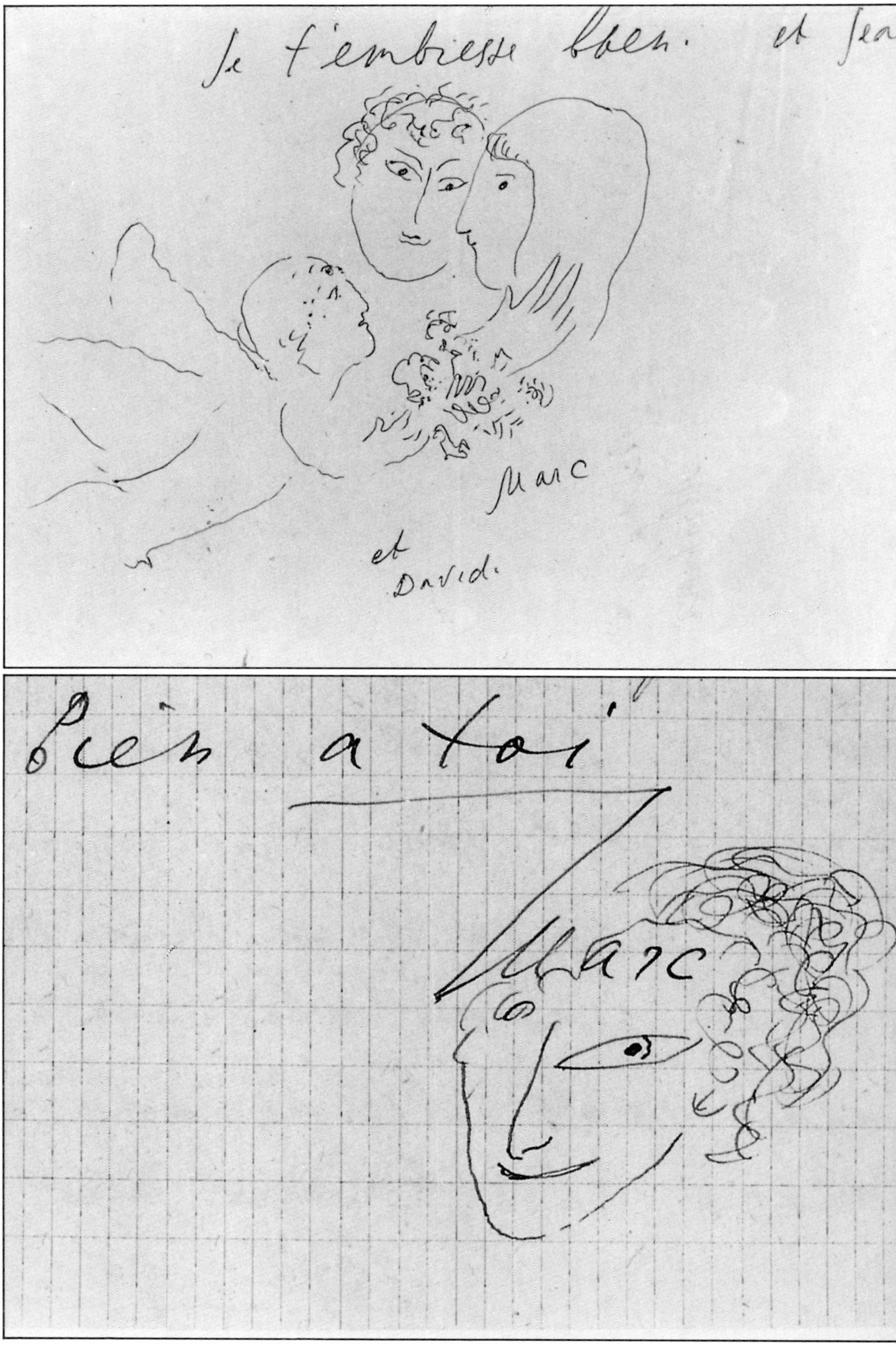


Skizzen Chagalls in einem seiner Briefe an die Autorin, 1946.

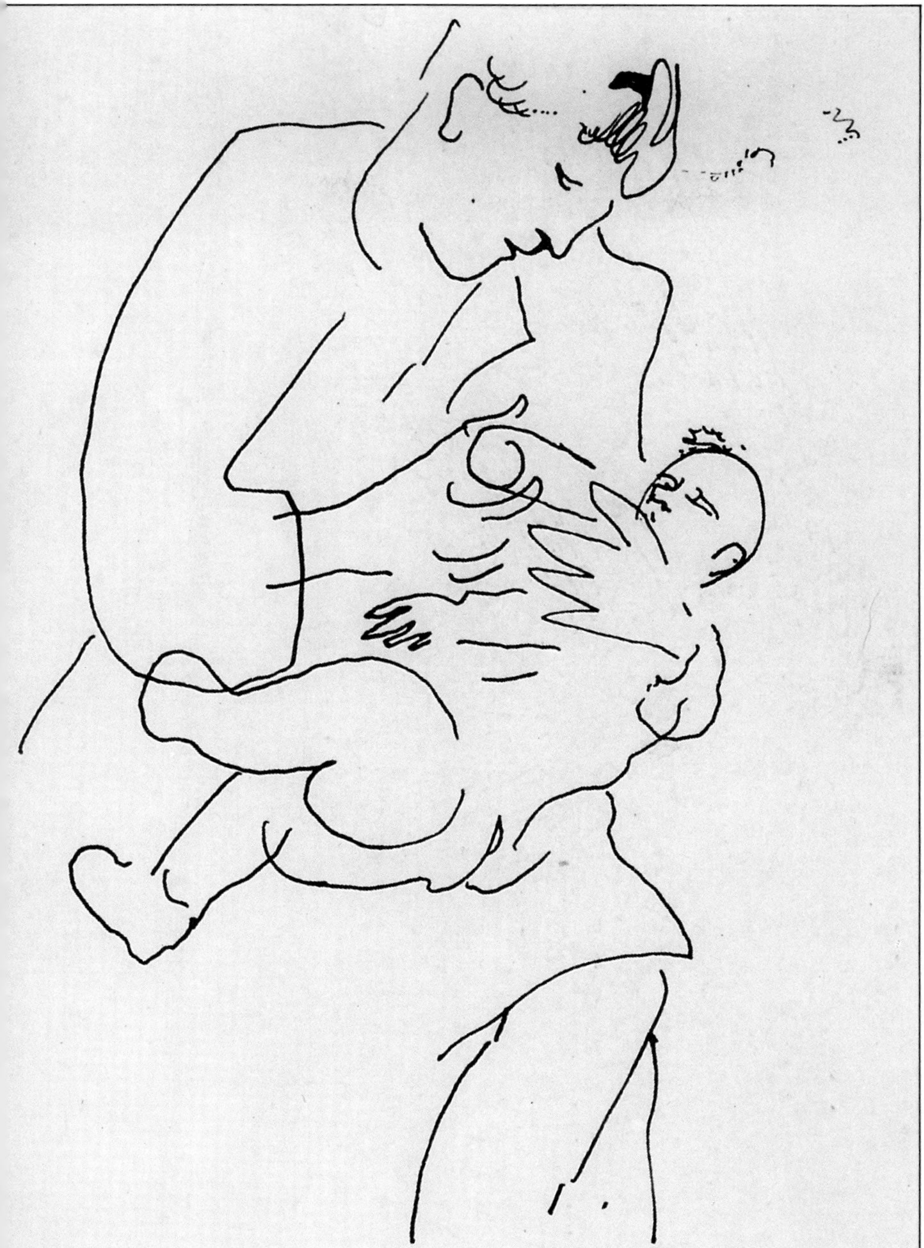

Zeichnung, die Chagall von der Autorin und ihrem
Sohn David anfertigte; High Falls, New York, 1946.

Aquarell in »Ma Vie« von Marc Chagall (Stock, Paris, 1931), 1947 (oben links). Aquarell, 1947 (oben rechts).

Aquarell, 1947 (unten links). Aquarell mit der Widmung: »Für meine liebe Virginia von Marc.« High Falls, New York, 1947 (unten rechts).

Aquarell und Federzeichnung.
Portrait von Jean McNeil, 1949, Jean gewidmet.

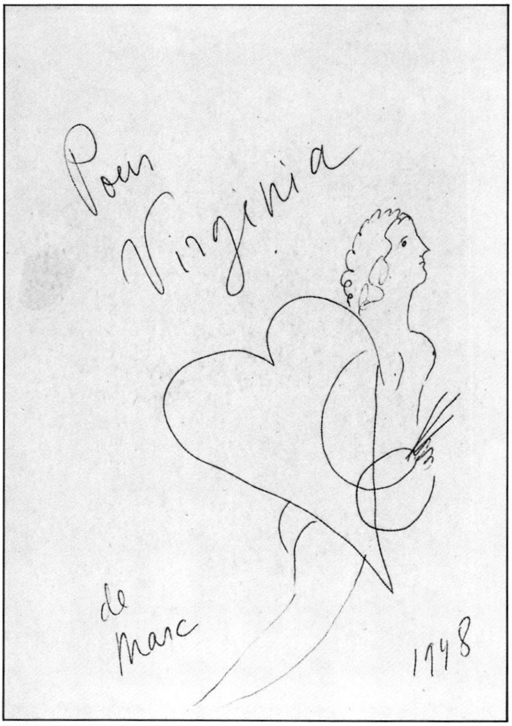


Zeichnung in einem Notizbuch, 1948.

Zeichnung mit Widmung (Zum Neuen Jahr), 1948.

Zeichnung mit Widmung (»Für meine geliebte Virginia«)
in einem Exemplar des Buches
»Chagall ou L'Orage Enchanté 1952«.

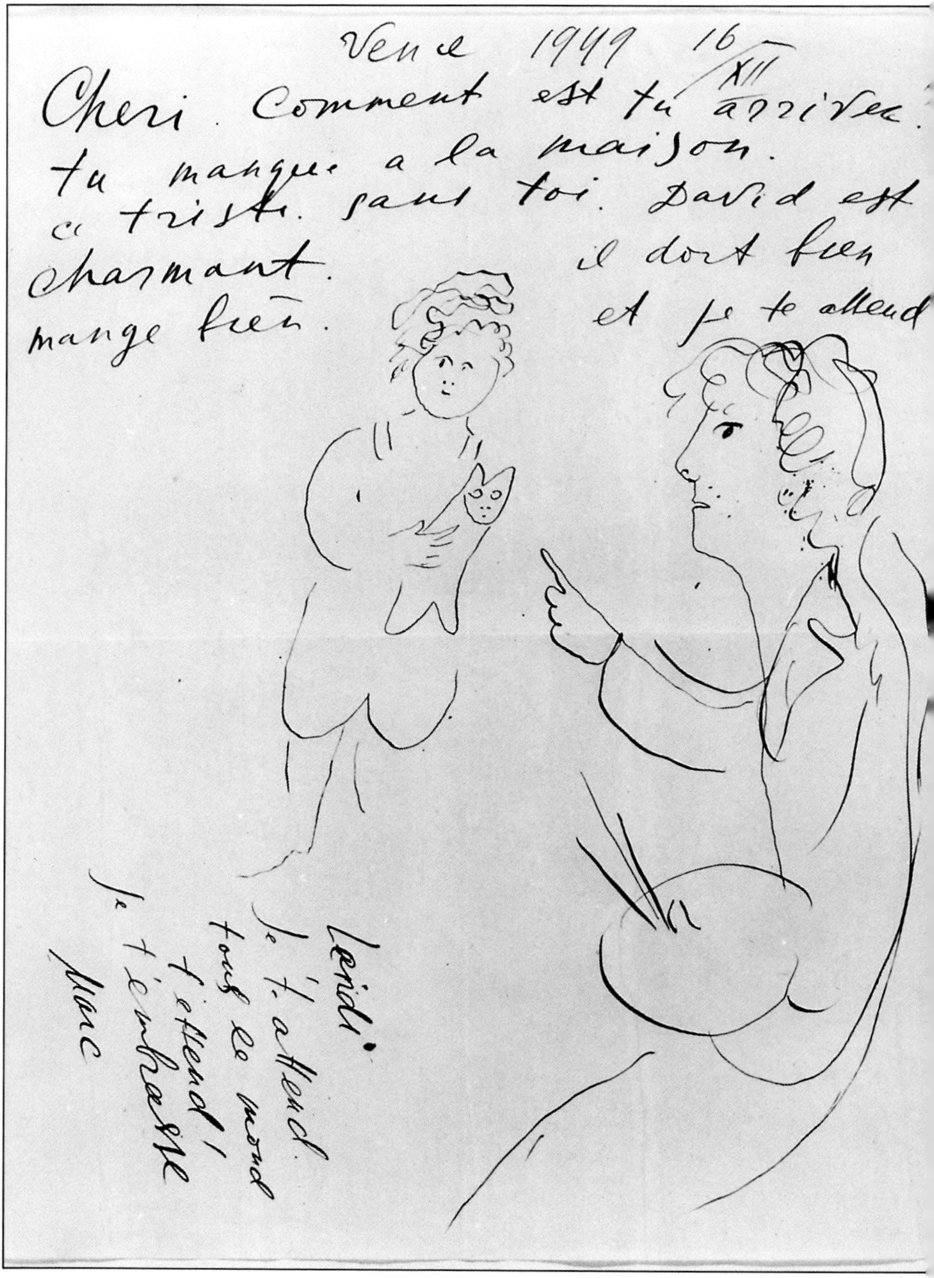
Vence 1949 16 XII

Cheri Comment est tu arrivee.
tu manque a la maison.
a triste sans toi. David est
charmant. il dort bien
mange bien. et je te attend

Lenidi.
je t'attend
tous le mond
t'attend!
je t'embrasse
Marc

Skizze in einem Brief von Chagall 1949, in der es heißt: »Mein Schatz, bist Du gut angekommen? Du fehlst uns hier zu Hause. Wir fühlen uns einsam ohne Dich. David macht viel Freude. Er schläft und ißt gut, und ich warte auf Dich.« Und zum Schluß: »Montag. Ich warte auf Dich. Alle warten auf Dich. Ich umarme Dich, Marc.«

Aquarell mit Widmung in »Platos Gesammelte Werke«
(Pleiade, Paris, 1951), 1951 – 52.

Aquarell mit Widmung in »Platos Gesammelte Werke«
(Pleiade, Paris, 1951), 1952.

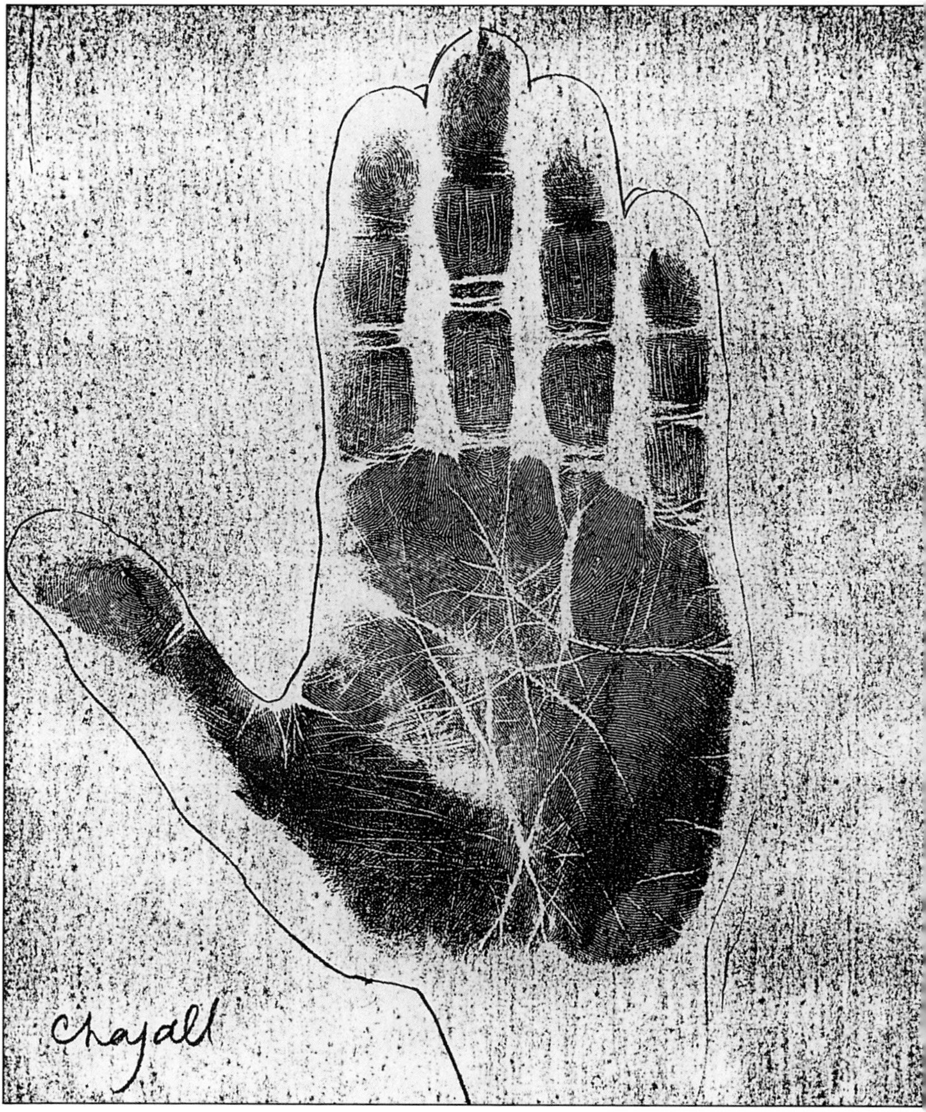


Abdruck von Chagall's Hand,
angefertigt von Quest Brown.

Zeichnung mit Widmung, Dezember 1945.

Zeichnung mit Widmung (»Zum Neuen Jahr«), 1950.

Küssen. Er war ein kleiner, flinker Teufel, der sich lachend entzog, wenn Leute ihn unbedingt festhalten wollten. Wurde er übermäßig gelobt oder beachtet, trieb er seine Possen, weil er eher schüchtern und bescheiden war. Wenn er mit mir sprach, sah er mir mit ernstem Kopfnicken gerade in die Augen, um mich von der Gewichtigkeit dessen zu überzeugen, was er mir sagen wollte. Ich hörte ihm dann aufmerksam zu, ohne eine Miene zu verziehen, denn ich konnte mich noch gut daran erinnern, wie die Erwachsenen immer gelacht hatten, wenn ich als Kind etwas Wichtiges zu sagen hatte.

Meine Eltern warteten inzwischen ungeduldig darauf, daß ich sie mit den Kindern in England besuchte. Eine Art Freundschaft entstand zwischen uns, die meiner Neigung entgegenkam, Mißverständnisse zu überbrücken, die ich schon als Kind entwickelt hatte. Die zahlreichen Enkelkinder meiner Eltern waren dazu übergegangen, sie »Godfrey« und »Georgina« zu nennen – eine Praxis, an die ich mich sofort anhängte, da ich keinen passenden Ersatz für das kindliche Mami und Papi und das zu ernste Mutter und Vater gefunden hatte. Die Benutzung der Vornamen half mir, den Übergang von einem Eltern-Kind-Verhältnis zu einer besonderen Art Freundschaft zu erleichtern.

Wir bereiteten unsere Fahrt nach England vor. Unsere Ankunft in Broomfield/Essex war ein freudiges Ereignis, dem ein Besuch von Georgina in Orgeval folgte. Marc genoß ihre warmherzige Geselligkeit und freute sich, daß sich der Kreis der Familie vergrößerte. Ich hatte immer gehofft, er würde mich eines Tages nach England begleiten, aber er schien sich aus England überhaupt nichts zu machen. (1959 fuhr er zum ersten Mal mit seiner

Frau Vava hin anläßlich der Überreichung der Ehrendoktorwürde der Universität in Glasgow.)

Seit der Trennung hatte Jean mit ihrem Vater korrespondiert. Sie schrieb nie spontan, sondern mußte daran erinnert werden; sie klagte auch nie darüber, daß sie ihn nie sehen konnte. Zweifellos waren ihre Gefühle für ihn unter einer schützenden Schicht des Vergessens begraben. John schickte ihr ab und zu Briefe und kleinere Pakete. Er war wieder in Schottland und lebte dort mit einigen befreundeten Malern zusammen. Er schien zu den Kreisen zurückgekehrt zu sein, in denen er seine Kunstschulzeit in Glasgow verlebt hatte.

Godfrey drängte mich, die Scheidung in die Wege zu leiten, und schickte mich zu einem befreundeten Anwalt in London, aber es bestand für mich noch immer keine dringende Notwendigkeit, die Angelegenheit zu bereinigen.

*

Im September fuhren wir mit Ida und Géa nach Venedig, wo Marc für seine graphischen Arbeiten den Preis der Biennale erhalten hatte. Für mich war es der erste Aufenthalt in Italien überhaupt; Marc kam zum ersten Mal nach Venedig. Umbro Apollonio, Direktor der Biennale und ein bedeutender Historiker, begrüßte uns herzlich. Gleichzeitig machten wir die Bekanntschaft des Malers Giorgio Morandi, eines schüchternen, freundlichen Menschen, mit dem Marc sich auf Anhieb gut verstand. Seine Beziehungen zu anderen Malern waren nicht immer so einfach.

Marc war in aufgeräumter Laune und fragte mit unermüdlicher Neugier nach allem. Sprachlos und tief bewegt stand er vor den Giottos in Padua und konnte nur langsam und staunend den Kopf schütteln. Den tiefsten Eindruck hinterließen die Werke Tintorettos bei ihm. Er war überwältigt von den fliegenden Gestalten und der wilden Kraft des gigantischen Gemäldes »Paradies« in der Versammlungshalle des Dogenpalastes in Venedig. Hunderte von Menschen schweben auf dunklen Wolken gen Himmel, ihre wogenden Gewänder ziehen sie gleichsam ans Firmament. Es war ein einmaliges Erlebnis, Marc bei seinem ersten Besuch in der Scuola San Rocco zu begleiten. Er sagte: »Tizian reicht dir so gerade eben seine Fingerspitzen, während Tintoretto deine ganze Hand nimmt und sie fest und schmerzhaft drückt.«

Wir streiften durch die Gassen des jüdischen Ghettos, die im Halbdunkel von Wäschegirlanden lagen. Marc steckte seine Nase in Türen und schaute durch Fenster, um die Atmosphäre der Menschen zu erhaschen, die hier lebten. Wir statteten den Luxusläden in den Arkaden um den Markusplatz einen Besuch ab, in denen Marc mir eine weiße Bluse mit Seidenstickerei kaufte. Wir waren rundherum glücklich. Es war für Ida und Géa ebenso eine Art Hochzeitsreise wie für uns. Sie waren auch glücklich, und wir fühlten uns um so freier. High Falls schien sehr weit weg; wir vermißten es nicht mehr.

Als Paar waren wir im Vergleich zu Ida und Géa wie Erwachsene. Wir waren eher romantisch als sinnlich, und unsere Freuden waren einfacher Art. Marc legte seine Sinnlichkeit in die Bilder; die meine mußte sich wegen meiner durchstandenen, unglücklichen Ehe erst noch entwickeln.

Das Frühstück in der Sonne am Canale Grande war eine berauschende Kombination aus Sehen, Hören, Riechen und Schmecken. Wir besuchten das Fenice Theater in Peggy Guggenheims privater

Gondel (Peggy trug ein so hautenges, langes Kleid, daß sie vom Gondoliere ins Boot gehoben werden mußte), um »Don Giovanni« anzuhören; wir besichtigten San Marco und die Akademie, spazierten stundenlang, ohne zu ermüden, umher, völlig entrückt, fast in Trance – das war unsere Woche in Venedig.

Marc zog den Schluß: »On aime la France, mais on est amoureux de l'Italie.« Man liebt Frankreich, aber in Italien ist man verliebt. Ich stimmte dem zu.

## KAPITEL IV

# ST. JEAN CAP FERRAT

Tériade, der ein Haus in St. Jean Cap Ferrat in Südfrankreich bewohnte, machte den Vorschlag, Marc solle doch ein paar Wochen dort verbringen, um an den Illustrationen zu arbeiten, die er für Boccaccios »Decamerone« in Auftrag gegeben hatte. Dann könne er sich überlegen, ob er sich dort nicht niederlassen wolle.

Zu Beginn des Frühjahrs 1949 gingen wir mit den Kindern nach St. Jean und ließen uns in einer kleinen Pension nieder, einem bescheidenen gelben Stuckhäuschen mit kühlen, gefliesten Böden. Große Tische waren mit weißen Tischtüchern und schweren Vasen voller Mimosen und Anemonen geschmückt. Wenn die Sonne hoch am Himmel stand und die Fensterläden halb geschlossen waren, ließ das diffuse Licht alle Dinge wie auf einem Bild von Bonnard erstrahlen.

Wir hatten einen kleinen Eckraum als Schlafzimmer, von dessen Fenstern man je eine Seite der kleinen Halbinsel Cap Ferrat überblicken konnte. Aufgeregt holte Marc seine Gouachen und große Blätter reinen Chiffonpapiers hervor. Es machte Spaß zuzusehen, wie er in unserem Schlafzimmer gleich anfing zu malen und seine Bilder auf dem weißen Bettuch ausbreitete. Von Zeit zu Zeit schenkte er mir ein glückseliges Lächeln. »Virginitschka, es ist hinreißend!«

Beim Anblick des Mittelmeers brachen plötzlich neue Ideen aus ihm hervor. Jeder neue Ort, an dem er sich aufhielt (außer New York), hatte ihn immer wieder angeregt. Sein Vorrat an »Chagall«-Material gab ihm neue Anstöße, so daß er eine Reihe von Variationen zu einem Thema produzierte. Hier waren es das Meer, der Strand, die Boote und die Blumen von St. Jean, die in atemberaubender Folge herausstürzten. Noch nie hatte er seine Gouachen so reichhaltig ausgestattet. Er erfand eine Mischung aus Werkstoffen: so erzielte er durch Hinzufügen von Ölpastellfarben Tiefe und Glanz. Er spielte mit den gegensätzlichen Elementen von Öl und Wasser, um unerwartete Kompositionen zu erreichen.

Die Bilder *Fische von St. Jean, Blaue Landschaft, Grüne Landschaft* und *St. Jean Cap Ferrat* repräsentieren den Beginn eines neuen Stils, der durch große, kühne Formen ohne unnötige Ausschmückungen bestimmt ist. Marc stellte mir eine große Gouache, *St. Jean Cap Ferrat,* in Blautönen vor, voll flüssiger Brillanz. Das blaue Profil darin sei eine Erinnerung an mich.

*

Tériade war ein großzügiger Gastgeber. Das Essen in seinem Haus wurde stets in hübschem Chinaporzellan auf feinsten Tischtüchern serviert. Er selbst kümmerte sich um jede Kleinigkeit. Mme. Lang und ihre Tochter Marguerite, Mutter und Schwester seiner vor einigen Jahren verstorbenen Angèle, halfen ihm dabei. Jeden seiner Wünsche lasen sie ihm von den Augen ab und veranstalteten Sektfrühstücke unter Orangenbäumen.

Marc und Tériade waren unterschiedlich genug veranlagt, um sich gegenseitig zu befruchten. Tériade hatte einen klaren Verstand, war kultiviert, sinnlich, gebildet und verschlossen. Marc war überschwenglich und humorvoll, voller Phantasie und Witz, gefühlvoll, dramatisch und melancholisch. Ihre Freundschaft war für beide von großem Nutzen. Tériade hatte Verständnis für das Wesen des Künstlers. Seine Ideen konnten einen Funken entfachen, da sie den geheimen Wünschen des Malers entsprachen.

Auf der gemeinsamen Suche nach einem Haus erkannte ich, daß Marcs Erwartungen großartiger geworden waren. Er hatte oft davon gesprochen, sich einmal aufs Land zu Kühen und Hühnern zurückziehen zu wollen, aber sein Traum von einer Art »Klosterzelle« war ein Phantasiegebilde. Hier in Frankreich war er eine wichtige Persönlichkeit, sagte er, und konnte nicht leben wie in High Falls. »Chagall kann nicht in einem Haus leben, vor dem ein Misthaufen liegt«, war seine Meinung. In St. Jean gab es fast keine Kühe; sie wurden in dunklen, häßlichen Ställen gehalten, wo die Kinder hingingen, wenn sie Milch holten, so daß sich das Problem des Misthaufens vor dem Haus nicht stellte.

Schließlich verliebte sich Marc in ein großes, würdiges Haus, dessen Steingarten von Zementwegen durchzogen war. Es hatte hohe, altmodische Fenster und riesige Schlafräume. Letzteres gefiel ihm besonders. Er wollte drei davon als Atelier benutzen. Mit der uns eigenen Impulsivität beschlossen wir auf der Stelle, das Haus zu kaufen. Wir benahmen uns wie aufgeregte junge Gänse, und Marc unterschrieb sofort einen Vorkaufsvertrag über drei Monate, da es an dem Tag noch andere Interessenten für das Haus gab. Als Ida jedoch herbeieilte, um sich die Sache anzusehen, schimpfte sie mit uns – zu Recht. Das Haus bestand nur aus Treppen und war sehr schattig gelegen. Niedergeschlagen mußte Marc ihr zustimmen. Da das Haus jedoch komplett eingerichtet war, zogen wir für drei Monate ein.

Ich schrieb Godfrey:

> Wir neigen beide dazu, uns hinreißen zu lassen. Auf einmal fühle ich mich verpflichtet, jemanden zu bremsen, was angesichts meines Charakters komisch anmutet! Das Leben in Cap Ferrat ist müßig. Wenn es regnet, was sehr selten vorkommt, bleiben alle zu Hause, nicht einmal die Kinder gehen in die Schule. Die Blumen verwelken nie, es ist wie im Garten Eden. Ich sehne mich nach einer wildwachsenden Wiese oder nach Bäumen, die an einer unverhofften Stelle gewachsen sind.

Eines Tages standen zwei Engländerinnen vor der Tür. Sie stellten sich als Theaterleute aus London vor: Elizabeth Sprigge und Velona Harris. Sie hatten vor kurzem in London eine Repertoirebühne gegründet, genannt Watergate Theatre, und baten Marc um ein Wandgemälde für den Zuschauerraum. Marc fragte sie, wieviel sie denn zahlen könnten, worauf sie zugaben, keinen Pfennig zu besitzen. Wir lachten alle und wechselten das Thema, waren aber inzwischen Freunde geworden. Marc reizte die Idee – es war das erste Mal, daß jemand ihm einen solchen Vorschlag unterbreitete, seit Granowski die Wandgemälde für das Jüdische Theater in Moskau vor so vielen Jahrzehnten in Auftrag gegeben hatte.

Sie schlugen ihm vor, Marc solle zwei Bilder malen, die er dem Theater für zwei Jahre leihen könne. Marc war einverstanden; der Plan wurde 1950 realisiert. Die Bilder mit den Titeln *Der Blaue Zir-*

*kus* und *Der Tanz* nahm ich mit nach London. Ich erinnere mich noch gut an den verwirrten Blick des Zollbeamten, der mich gebeten hatte, die Bilder zu entrollen. »Das nennen Sie Kunst?« fragte er mich.

Marc hatte mich zur Einweihung dieser beiden eindrucksvollen Gemälde geschickt. Es tat mir gut, mal wieder in die Theaterwelt von London einzutauchen, die in mir dieselbe Erregung verursachte, die ich in den Tagen von Stephens Erfolg gespürt hatte.

Da ich nun einmal in London weilte, hatte Marc mich darum gebeten, einigen Chagall-Fälschungen nachzugehen. Sie stellten sich jedoch als dermaßen schlecht heraus, daß sie kaum eine Bedrohung für Marc darstellten. Erst viel später, im Jahre 1968, gelang es einem viel besseren Fälscher, dem Franzosen David Stein, ein beträchtliches Einkommen mit dem Verkauf von »Chagall«-Bildern zu erzielen. Er wurde zu einer Gefängnisstrafe verurteilt. Nachdem er diese abgesessen hatte, schuf er weiter »Chagalls«, »Picassos« und andere Bilder, die er aber jetzt mit seinem Namen signierte.

*

In St. Jean las ich Marc Boccaccios »Decamerone« vor, während er mit Pinsel und Feder Ideen skizzierte. Diese einfarbigen Lavis waren von Tériade in Auftrag gegeben worden als Beiwerk zu den berühmten franco-flämischen Miniaturen aus dem 15. Jahrhundert, die bereits das »Decamerone« illustrierten. Marcs Arbeiten besaßen die Kraft und das wilde Temperament einiger seiner frühen russischen Bilder und bildeten einen wunderbaren Kontrast zu den feinen Miniaturen.

Picasso ließ sich von seinem livrierten Chauffeur zu einem Besuch zum Cap d'Antibes fahren, und wir schlenderten mit ihm am Strand entlang. Damals fuhren wir einen bescheidenen Peugeot 201, der für mich aussah, als würde er schielen, da seine Lampen vorn so eng beieinanderstanden. In jenen Tagen war es einer der wenigen Wagen, die man bekommen konnte. Es gab eine lange Warteliste, wenn der Wagen nicht (wie in unserem Fall) in Amerika bezahlt worden war und ein Nummernschild für Ausländer trug. Außerdem war Benzin streng rationiert.

Marc fragte Picasso: »Woher bekommen Sie so viel Benzin für den großen Wagen?«

Lächelnd wies Picasso mit der Hand über das Meer. »Es gibt Ozeane von Benzin für diejenigen, die dafür bezahlen können.«

Bei einer anderen Gelegenheit trafen wir Picasso mit Françoise Gilot und ihren Kindern, als wir aus dem Musée Grimaldi in Antibes kamen, wo wir uns die hübschen, verspielten Bilder angesehen hatten, die Picasso auf riesige weiße Tafeln gemalt hatte. Marc gefielen sie, weil sie nicht die Aggressivität der vorherigen Periode besaßen. Sie füllten das beeindruckende Schloß mit Licht und Frohsinn. Marc sagte ihm das, als wir ihnen in der Halle begegneten. Picasso schien erfreut. Diese knappe Begegnung war kurz vor dem berühmten Essen im Garten von Tériade, das Françoise Gilot in ihrem Buch »Leben mit Picasso« beschreibt, und bei dem die beiden großen Maler einander mit subtilem Zynismus traktierten.

Als Vorspiel zu diesem Treffen hatte Marc noch in High Falls einen freundlichen Brief an Picasso geschrieben (es war Idas Idee), dem er ein Foto von sich und David beifügte und in dem er seiner Hoffnung Ausdruck verlieh, ihn bei seiner Rückkehr nach Frankreich zu treffen. Picasso war gerührt und hängte das Foto in sein Atelier. Ida knüpfte an dieses Vorspiel an und organisierte das Essen bei Tériade.

Das Mahl war ein festliches Ereignis, obwohl, wie Françoise sich auch erinnert, Picasso eine teuflische Laune hatte. Vor dem Essen verlangte er von Tériade, einen Bonnard abzuhängen, weil »er ihn krank mache«. Nach den Worten von Françoise regte sich Picasso beim Anblick magerer Frauen immer auf. Sie und ich waren damals dünn, ebenso Jean, die für ihr Alter ziemlich groß war. Ich durchlebte gerade eine vegetarische Phase (aber nicht, wie sie behauptet, aus theosophischer Überzeugung, denn ich nahm niemals auch nur annähernd religiöse Ideen an).

Solche Marotten waren für Picasso absolut undenkbar. Er war noch intoleranter als Marc, aber Marc hatte einen noch ätzenderen Zynismus. Sie hatten ihren Spaß daran, sich gegenseitig zu quälen, und dieses Treffen bot eine prächtige Gelegenheit, auch das Publikum zu unterhalten. Picasso spielte darauf an, daß es Marc in Amerika viel zu gut gegangen sei, als daß er nach der Befreiung gleich nach Frankreich hätte zurückkehren wollen. Er nehme nicht an, daß Marc wieder in seine russische Heimat wolle, da es dort keine Geschäfte zu machen gebe. Marc parierte mit der Bemerkung, Picasso als der große kommunistische Maler solle doch vorausgehen und ihm den Weg zeigen, obwohl seine Bilder dort leider absolut nicht ankämen. Picasso war sauer. Der Schlagabtausch setzte sich während des ganzen Essens fort; sie waren beide großartige Schauspieler.

Picasso hatte große Achtung vor Marcs Bildern (viel mehr als Marc umgekehrt vor denen Picassos), aber er mußte ihn unbedingt mit allen Mitteln provozieren, was Marc dermaßen ärgerte, daß er wie ein wildgewordener Stier reagierte. Nach diesem unerfreulichen Zusammentreffen sahen sie sich nie wieder.

*

Als wir für die Sommermonate nach Orgeval zurückkehrten, trafen wir Ida krank an. Schließlich mußte sie sich einer ernsthaften Magenoperation unterziehen. Später erkannte ich, daß sie damals ein wenig »Bemutterung« gebraucht hätte, aber ich eignete mich ganz und gar nicht als Mutter, so wie Marc nicht als Vater. Für uns war eher Ida eine Art Mutter – sie war beschützend, tüchtig, hatte Sinn fürs Praktische und für geschäftliche Dinge – all dies fehlte uns. Zum Glück war Géa sowohl Freund als auch Vater für sie. Seine gute Laune und seine Güte halfen ihr, diese schwere Zeit zu überstehen. Noch im Krankenhaus fand sie ihren Humor bald wieder: »Papa, du hast es gut, du kannst furzen, ich nicht«, sagte sie. Nach der Entlassung aus dem Krankenhaus kam sie zur Nacherholung nach Orgeval.

Dort malte Marc dann eins seiner großen Alterswerke, *Die rote Sonne.* Es ist überschwenglich, kraftvoll strukturiert und erinnert mit seiner leidenschaftlichen, unwiderstehlichen Freude an die frühen Werke. Keine überflüssigen Einzelheiten, kein Zögern – der ursprüngliche Impuls ist unberührt; es ist wie eine Explosion, die im Betrachter eine ganze Serie von Explosionen verursacht. Später sollte dieses Gemälde in einen Gobelin umgewandelt werden, zu dem Marc auch schon den »Entwurf« gemalt hatte, doch das Projekt wurde nie ausgeführt.

Die Sommermonate in Orgeval verliefen sehr friedlich. Jean besuchte eine Dorfschule und mußte eine karierte Schürze anziehen. Sie lernte schnell Französisch und paßte sich ihrer Umgebung mit überraschender Leichtigkeit an. Ständig umhegte sie David – für seinen Geschmack vielleicht ein wenig zuviel, doch sie mochten sich sehr. Während dieser Zeit kamen verschiedene Freunde aus Amerika zu Besuch: Max Lerner, James Johnson Sweeney vom Museum of Modern Art, Pierre Matisse und seine Frau Tina.

*

Marc sah immer besser aus. Die Haarbüschel auf beiden Seiten seiner hervorstehenden Backenknochen waren fast weiß geworden und verliehen seinem Gesicht weiche Züge. Die Umrisse seiner Oberlippe waren nicht klar, sie veränderten sich ständig, aber seine Unterlippe war hart und stand leicht hervor – wie ein herausgeschnittenes Felsstück. Hier traten Kraft und Entschlossenheit zutage, aber auch die schwierigere Seite seines Charakters: Mißtrauen und Hartherzigkeit. Sein Lächeln hatte die erstaunliche Kraft, seine Züge gleichsam von innen heraus zu erleuchten und den verwirrenden Eindruck zu erwecken, daß sein Gesicht plötzlich von Neumond erhellt werde. David sagte einmal über seinen Vater: »Er kann Menschen hypnotisieren; es ist wie ein Magnet, den er nicht abstellen kann – er ist ein wahrer Zauberer!«

Es gab nur wenige Maler, die so fasziniert von ihrem eigenen Gesicht waren wie Rembrandt oder Marc Chagall, und nur wenige haben so viele Selbstbildnisse gemalt. Es ist interessant, die endlosen Veränderungen zu verfolgen, die Marcs Bildnis auf all diesen Varianten durchläuft. Zwei der bekanntesten Selbstporträts sind einmal *Selbstporträt mit lachendem Gesicht,* das von Rembrandt inspiriert ist, und *Selbstporträt mit Grimasse.* Von diesen beiden Zeichnungen fertigte er später Stiche an.

In den frühesten Studien, die er noch als Student malte, ist sein Gesicht dunkelhäutig und männlich. Die Beschreibung, die er in »Ma Vie« liefert, als er sein Spiegelbild im Wohnzimmer seiner Eltern bewundert, lautet: »Eine Mischung aus Passahwein, Elfenbeinmehl und Rosenblättern.« Als er anfing, mit Mädchen zu flirten, beichtete er: »Es machte mir nichts aus, meine Augen nachzuziehen und etwas Rouge auf meine Lippen zu legen.« Als ich ihn danach fragte, lachte er: »Irgendwie war das Bemalen meines Gesichts nichts anderes als das Malen meines Spiegelbildes.« Ohne Zweifel war er narzißtisch veranlagt.

Später hing die Bewunderung seiner selbst sehr von der Bewunderung ab, die andere ihm entgegenbrachten. Gelegentlich sprach er über sich selbst in der dritten Person. Ich erinnere mich, daß er einen Journalisten fragte: »Was sagt man über Chagall? Mögen die Leute Chagall?«

Auf dem Bild *Selbstporträt mit sieben Fingern* hat er seine Person so schematisiert, daß eine ungewöhnlich schöne Zeichnung daraus geworden ist. Ein weiteres auffallendes Selbstporträt ist *Doppelbildnis mit Weinglas,* in dem er fröhlich auf Bellas Schultern reitet (eine Anspielung darauf, daß sie in allem seine Stütze war) und auf dem Ida als kleines Kind über seinem Kopf fliegt. Es ist eines der ausdrucksstärksten Bilder und gehört heute dem Musée d'Art moderne in Paris.

Bis zuletzt hat er seine Umrisse in Hunderte von Bildern eingearbeitet, die allerdings keine Selbstporträts mehr waren, sondern eher eine Art Phantasien über sich selbst.

Als der Sommer 1949 seinem Ende entgegenging, brachte ich Jean nach England. Godfrey und Georgina nahmen sie für ein Jahr zu sich, schickten sie zur Schule und kümmerten sich um sie. Sie verhielten sich wie junge Eltern mit nur einem Kind. Sie brachten ihr mehr Aufmerksamkeit entgegen als früher ihren eigenen Kindern. Trotzdem litt sie entsetzlich unter Heimweh.

Dem verständlichen Wunsch Marcs, David für uns allein zu haben und ihn von Jeans besitzergreifender Liebe und Eifersucht zu befreien (die gelegentlichen Geplänkel wurden immer störender), war zunächst entsprochen. Die anderen beiden Männer in Jeans Leben mußten auch berücksichtigt werden: Godfrey und John, aber deren Liebe zu ihr vertiefte nur ihre erbitterte Feindschaft gegeneinander. Johns Aggressivität hatte sich wieder daran entzündet, daß Godfrey Jean eifersüchtig beschützte und eine Scheidung vorgeschlagen hatte.

John verdiente endlich seinen Lebensunterhalt selbst – als Maler von Eisenbahnwagen in London. Ein paar Jahre arbeitete er zuverlässig mit Blick auf eine Pension, so daß er in den frühen Ruhestand treten und zu seiner Malerei zurückfinden könnte. Gelegentlich besuchte er Jean in Broomfield, bis die Beziehung zu Godfrey zu angespannt wurde.

Marc und Godfrey drangen weiter in mich, das Scheidungsverfahren einzuleiten. Ich hatte auch die Absicht, doch solange Jean in England weilte, befürchtete ich, diese Handlung würde Johns Erbitterung gegen uns alle nur noch vergrößern und Jean leiden lassen. Ich war ständig hin- und hergerissen – Marc wollte ich gefallen, Godfrey zufriedenstellen, John beruhigen und Jean verschonen.

Godfreys größtes Anliegen bestand darin, daß

Marc und ich heiraten sollten. Bevor wir dies nicht taten, war er nicht sehr begierig, Marc kennenzulernen. Er schrieb mir:

> Du komplizierst die Sache für uns alle, wenn du nicht jetzt die Scheidung in Angriff nimmst. Du kannst Jean nicht in Euren Haushalt aufnehmen, bevor das Ganze nicht in geordnete Bahnen gelenkt ist. Sonst wird sie für jeden Mann am Ort Freiwild, und ein williges, weil sie denkt, daß es so in Ordnung ist.
> Ich denke, wir tun etwas dafür, daß sie einen richtigen Start ins Leben bekommt. Sie ist eine beeindruckende junge Frau mit bemerkenswerten Fähigkeiten. Wenn sie stärker wird, sollte sie sich mit großen Konkurrenten messen, und die Funken werden fliegen!

Für Godfrey war meine zehnjährige Tochter bereits eine glanzvolle junge Frau, die Gefahr lief, ein ausschweifendes Leben zu führen! Quest Brown schrieb mir:

> Ich verstehe, daß dadurch eine schwierige Situation entstand, daß Jean versuchte, David ihren Willen aufzuzwingen. Das war unvermeidlich. Jean ist ein liebes, kleines, hochbegabtes Mädchen. Sie hat einen guten Kern und etwas sehr Englisches an sich. Es ist besser, wenn David eine Zeitlang nicht ihren unbewußten Feindseligkeiten ausgesetzt ist. Sie liebt ihn sehr, aber offenbar stellt er für ihre Sicherheit eine Bedrohung dar. Jetzt will sie die Aufmerksamkeit nur auf sich lenken. Natürlich wird es Momente geben, in denen Jean sich ärgert, was aber mit Deiner liebevollen Zuwendung nicht anders wäre. Aber, mein liebes Kind, das ist die beste Lösung für alle Beteiligten. Glaube bitte nicht einen Augenblick, daß Du bei Jean versagt hast. Du hast Deine Sache gut gemacht, wenn man die enormen Schwierigkeiten um Dich herum sieht, mit denen Du fertig werden mußtest.

Aber das Trauma, das hervorgerufen wurde, als Jean sich zum ersten Mal zurückgestoßen fühlte (ihre ersten sechs Monate in einem Internat), zeigte weiterhin verheerende Auswirkungen. Neulich erst schrieb sie mir:

> Ich habe immer noch die größten Schwierigkeiten, das zu vergeben und zu vergessen, was für mich die Gegenseite Deiner sieben Jahre der Fülle mit Marc hieß. Ich hoffe, es klingt nicht zu hart für Dich, aber ich habe das Gefühl, daß Marc Dich dermaßen beherrschte, daß für Deinen mütterlichen Instinkt kein Platz blieb. Wie soll man es sonst erklären, daß Du auf der einen Seite ihn hegtest und pflegtest und auf der anderen Seite mich abgeschoben hast?

Natürlich hatte sie recht. Marc hat meine Gefühle sehr subtil beherrscht. Er war sicherlich mein neues Kind. Ich opferte Jean aus Furcht davor, sein neues Leben, das so vielversprechend begann, zu gefährden. Jetzt opferte ich sie erneut, und die Trennung von mir und ihrem geliebten David verursachte ihr wieder Pein. In den Weihnachtsferien kam sie mit Georgina nach Orgeval – ein frohes Wiedersehen, zu kurz aber, um sie trösten zu können.

Im Oktober 1950 fuhren wir mit David wieder an die Côte d'Azur. Wir drei lebten sehr harmonisch zusammen. David war ein kleiner Engel und sorgte ständig für Unterhaltung. Da er nicht mehr mit Jean spielen konnte, hielt er sich die ganze Zeit in unserer Nähe auf. Wir drei liebten eine Reise ebensosehr wie die Suche nach einem Haus. David ist noch heute immer unterwegs und ständig auf der Suche nach dem perfekten, dem endgültigen Haus.

Godfrey schrieb: »Ich glaube nicht, daß Ihr Euch jemals niederlaßt oder es zumindest wollt.«

Natürlich hatte er völlig recht; genauer gesagt, ließen Marc und ich uns ständig irgendwo nieder. Wenn den astrologischen Zeichen überhaupt eine Bedeutung zukommt (eine amüsante und harmlose Hypothese), dann könnte dies mit der typischen Eigenschaft der Krebse zusammenhängen, die ihr Haus überall mit sich tragen – wir Krebse lieben Häuser, fürchten uns aber nicht davor, aus unserer gewohnten Umgebung herausgerissen zu werden. Marc näherte sich jedoch einem Alter, in dem es ratsam erscheint, zur Ruhe zu kommen, und sei es auch nur darum, die Bilder alle unter ein Dach zu bekommen.

Sein Leben bestand aus vielen Entwurzelungen, doch war er seinem Stern immer treu gefolgt, durch alle Wechselfälle des Lebens. Als der Künstler zwischen den beiden Kriegen keinen Bedrohungen mehr ausgesetzt war, ließ der ungestüme Drang etwas nach. Das Aufkommen des Faschismus und die Kriegsjahre brachten erneut quälende Unsicherheit mit sich. Wieder wurde er zum umherziehenden Juden, der seinem Stern in blindem Vertrauen folgt; seine Bilder sind angefüllt mit Offenbarungen und lebhafteren Aussagen. Chagall als Mensch sehnte sich nach Ruhe, doch der Künstler Chagall suchte unbewußt immer die Entwurzelung und den Neubeginn. Jetzt gewann des Menschen Selbsterhaltungstrieb die Oberhand.

Eines Tages fuhren wir zu dem kleinen Ort St. Jeannet in den Bergen hinter Vence, um Georges Ribemont-Dessaignes zu treffen, den großen surrealistischen Dichter. Er lächelte uns herzlich aus seiner dicken Hornbrille an und bot uns eine feingliedrige, knöcherne Hand zum Gruß. Er war einer der wenigen wirklich toleranten Menschen, denen ich begegnet bin; selten hat mich jemand so bereitwillig akzeptiert wie er. Dies hielt ihn nicht davon ab, eisern an seinen eigenen Ansichten festzuhalten. Er wollte uns überreden, in dem kleinen Bergdorf eine Heimat zu finden, in dem aus jedem Quadratmeter eine Quelle entsprang und ein paar Bäume Schatten spendeten, und in dem mit Gras beladene Esel die gewundenen Pfade aus dem Tal emporstiegen. Trotz dieser reizvollen Landschaft fanden wir es etwas einsam.

Dennoch schien Vence der geeignete Ort zu sein. Wir entdeckten ein großes, möbliertes Haus, das den passenden Namen »Le Studio« trug. Die hohen Fenstertüren, die Balkons mit ihren steinernen Balustraden, die Früchte aus Vence in Keramikschalen und die Teerosen aus dem Garten regten zu ganzen Serien einfarbiger Lavis an. Von den Kindern und mir an dem runden Tisch machte Marc auch einige Skizzen in Gouache-Technik, mit Tinte oder Pastell. Seine Ölgemälde waren in Orgeval zurückgeblieben, und er beschränkte sich auf diese einfachen Werkstoffe und ließ sich durch neue Eindrücke stimulieren.

Marc fühlte sich frei an diesem vorübergehenden Wohnsitz, der nicht mit Erinnerungen an die Vergangenheit belastet war. Seine Leinwände waren vergessen, ebenso wie seine selbstauferlegte Verpflichtung, sie zu Ende zu bringen. Ich glaube, diese zwanghafte Gewissenhaftigkeit hatte manchmal auch negative Ergebnisse zur Folge. Einigen der überarbeiteten Bilder fehlte der ursprüngliche Schwung. Technisch gesehen waren sie makellos, und der Farbe sah man nicht an, daß sie überarbeitet war. Aber die Frische der Struktur war irreführend. Diese Bilder erlebten bei Händlern und Sammlern oft denselben Erfolg wie die lebhafteren, spontaneren Werke – einen Erfolg, der Marc nur in seinem zwanghaften Wunsch bestärkte, alles zu Ende führen zu wollen. Es kam ihm nie in den Sinn, daß das Urteil derjenigen, die an seinen Bildern enorm verdienten, in gewisser Weise verdreht war.

Dazu kommt noch, daß Marc einen solchen Ruf genoß, daß Kritiker sich kaum zu spontanen Meinungsäußerungen hinreißen ließen. Chagall galt als heilig und unantastbar, je höher sein Marktwert stieg. Wenn – was selten vorkam – in einer Beurteilung eine Kritik ausgesprochen wurde, regte sich Marc verständlicherweise auf, da seine Ohren sich an Lobgesang gewöhnt hatten. Ein Artikel, der nicht nur aus Lobhudelei bestand, warf ihn in tiefstes Grübeln; er trauerte über soviel »Mißverständnis«. Ich weiß nicht, ob er von Zweifeln gepackt wurde, wenn ein ehrlicher Mensch seine Meinung sagte, aber ich weiß, daß die Meinungen der Kunstkritiker ihn mehr bewegten, als er zuzugeben wagte.

Ich glaube nicht, daß Kritik ihm in der ersten großen Zeitspanne seines Lebens, in Rußland und in Paris, etwas ausmachte. Sie bestärkte ihn nur in seiner Überzeugung, sich selbst treu zu bleiben. Das Ergebnis ist eine Reihe großartiger Meisterwerke, so geheimnisvoll und schön, daß man nicht versucht ist, ihr Rätsel zu lösen, man ist einfach von Staunen erfüllt.

Unbewußte Zweifel müssen sich in der zweiten Hälfte seines Lebens eingeschlichen haben, denn er war durch gegenteilige Meinungen offenbar getroffen.

KAPITEL V

# LES COLLINES – ARBEIT UND FREUNDE

Nun war es an der Zeit, sich nach einem Haus umzusehen, einem festen Domizil, in dem Marc endlich seine große Bildersammlung aus allen Lebensabschnitten unterbringen konnte – alle unvollendeten Werke sowie Hunderte von Zeichnungen, Aquarellen und Gouachen. Unser nächster Umzug führte uns nach Les Collines.

Die Mutter von Claude Bourdet, Catherine Pozzi, die von ihrem Mann, dem Bühnenautor Edouard Bourdet, getrennt lebte, hatte lange Jahre in Vence gewohnt. Seit ihrem Tod hatte die Familie Bourdet das Haus als Feriendomizil benutzt. Während seiner Aktivitäten im Widerstand hatte sich Claude in einem Nebengebäude versteckt gehalten, das eine Hintertür zu den Feldern hatte. Vom Haus aus warnte ihn eine Klingel, wenn Gefahr drohte, so daß er sich in Sicherheit bringen konnte.

In diesem Haus traf sich Catherine Pozzi heimlich mit Paul Valéry; es stand voll mit Aquarellen und Porträts von Catherine.

Claude und Ida Bourdet kamen nur selten nach Les Collines, aber für ihre drei Kinder, die mit der Großmutter herkamen, war es das Paradies auf Erden. Das Haus war ernsthaft vom Verfall bedroht, und als wir es uns zum ersten Mal ansahen, spürten wir so etwas wie Melancholie. Die Eisengitter am undichten Terrassendach hatten lange rostige Spuren an den gelben Wänden hinterlassen. Die zertrümmerte Glasveranda und abgebröckelte Steinstufen trugen ebenso zu diesem trostlosen Anblick bei.

Die beiden Idas drängten Marc, das Haus zu kaufen. Er war aber ein wenig aus der Fassung gebracht, als er hörte, daß Matisse in derselben Straße gewohnt hatte. Die Kapelle, die er ausgestattet hatte, war gerade eingeweiht worden, und es ging das Gerücht, daß die Straße »Avenue Henri Matisse« genannt werden sollte.

Auch Renoirs Haus in Le Cannet wurde verkauft, und wir sahen es uns an. Das gläserne Atelier im Garten war zusammengebrochen, aber der Garten selbst war wunderschön und das Haus einfach und voller Charme. Ich mochte es, doch Marc wußte, daß er in einem Haus von Renoir nie er selbst sein würde. Er wollte auf jungfräulichem Boden leben, weit vom Nimbus anderer großer Maler entfernt.

Schließlich ließ er sich von Les Collines überzeugen, da es dort ein zweistöckiges Gebäude mit einer Außentreppe gab, das sich ideal für ein Atelier eignete – tatsächlich war es auch schon als ein solches genutzt worden. Ein Mann, der Matisse-Fälschungen herstellte, hatte es von den Bourdets gemietet. Als sein Betrug aufflog, flüchtete er und ward nicht mehr gesehen. Die Artischocken, die er angepflanzt hatte, gediehen immer noch, so daß wir einige für unser Abendessen pflückten.

Eine lange, von Zypressen gesäumte Auffahrt wand sich zum Haus empor, wich einer Gruppe Eukalyptusbäumen aus und führte zu einer Terrasse, die von Weinlaub und Rosen überschattet war.

Von seinem großen Atelierfenster aus hatte Marc einen Blick über die Wipfel von Dattelpalmen und Orangenbäumen zum Mittelmeer und nach Vence mit seinen alten Stadtmauern. Dadurch wurden später viele Bilder angeregt. Hinter dem Haus erhoben sich bis zu einer Höhe von achthundert Metern zwei Felsklippen – der Baou Blanc und der Baou Noir – wie zwei ehrwürdige Sphinxen.

Es kostete mich einige Monate Arbeit, um das zerfallene Gebäude in ein fröhliches weißes Haus mit grünen Fensterläden und einem Dach mit schiefen Ziegeln umzuwandeln.

Im Frühjahr 1950 brachten wir all unsere Habseligkeiten von Orgeval herüber und nahmen Les Collines endgültig in Besitz.

Ich schrieb an Godfrey:

> Der Umzug hat meine letzte Energie gekostet. Aber im Bett zu liegen und dem Quaken der Frösche und dem Gesang der Nachtigallen zu lauschen, ist eine Belohnung, die alle Mühe vergessen läßt. Die Sonne scheint herein und wärmt die frischgebohnerten Böden. Dem Garten entströmt ein berauschender Duft. Der fröhliche Klang von Spitzhacken und die Stimmen der Arbeiter tönen herauf. Ich werde die Arbeiter fast vermissen, wenn sie mit dem Verlegen unserer Kanalisation fertig sind. David wird es ebenso ergehen. Sie basteln ihm Hüte aus braunem Papier und bringen ihm Sand und Kübel voll Wasser, während er am Ende des Grabens hockt und ihnen Geschichten aus seinem Englischbuch übersetzt.
>
> Marc sagt, es sei sicherlich noch schöner als das Paradies. Heute gestand er mir: »Dies sind die schönsten Jahre meines Lebens.«

Ich begann mit dem Aufräumen des Ateliers. Zum ersten Mal seit dem Krieg waren Marcs Habseligkeiten unter einem Dach versammelt. Ida schickte das hübsche Mobiliar, das André Lhote in Verwahrung gehabt hatte. Sie freute sich, als sie sah, daß die Räume mit einigen Möbelstücken verziert wurden, die sie an ihre Mutter erinnerten. Das Versteck Claude Bourdets wurde als Zimmer für Ida hergerichtet.

Über dem Kaminsims im Wohnzimmer hing das wundervolle Bild *Liebespaar mit Eiffelturm,* und in den Speiseraum hängten wir den *Viehhändler.*

Zwei kleine Skulpturen, Renoirs stehender Bronzeakt und eine Tonfigur von Laurens, waren die einzigen Werke anderer Künstler, die Marc besaß. Er hätte Gelegenheit gehabt, seine Bilder gegen die Werke der besten Künstler auszutauschen, aber er zog es vor, seine Bilder zu behalten. Andere Künstler störten ihn. Das ist verständlich, da die eigene Vorstellung eines Künstlers für ihn absolute Wahrheit bedeutet.

Endlich setzte sich Marc mit großem Ernst an die Arbeit. Zuerst malte er die beiden großen Bilder für das Watergate Theatre, *Der blaue Zirkus* und *Der Tanz.* Ich half ihm bei der quadratischen Aufteilung und der Übertragung von kleineren Skizzen, wie ich es auch schon bei dem Bild *Die rote Sonne* gemacht hatte. Es war ein mechanischer Vorgang, der ihn nicht gerade begeisterte. Die Vergrößerung einer Skizze handhabte er oft sehr frei, doch bei diesen besonderen Bildern wollte er die Qualität der Skizzen erhalten.

Zu Beginn eines Bildes entwarf Marc die groben Umrisse mit einem Kohlestift. War er zufrieden, fügte er dem Grundgebilde mit einem in Terpentin und etwas neutraler grauer Farbe getauchten Pinsel nach und nach immer mehr Akzente hinzu. Das Terpentin verband sich mit der Kohle, so daß das Bild oft in diesem Stadium schon sehr ansprechend wirkte. Dann stellte er die wichtigsten Farben zusammen. Manchmal nahm er einen bunten Papierfetzen oder ein Stück Stoff auf, die er gegen die Leinwand hielt, um die Wirkung zu prüfen. Viele solcher Farbproben lagen herum. Manchmal hob er unerwartete Dinge auf, so daß ich verlorengeglaubte Sachen immer in seiner Schatzsammlung suchte. Einmal nahm er zur Belustigung der Kinder ein Paar helle Socken aus ihrem Zimmer mit.

Obwohl seine kleinen Hände mit unglaublicher Geschwindigkeit arbeiteten, wuchs das Bild sehr langsam. Die Ausformung von Struktur und Farbe bot mannigfaltige und subtile Möglichkeiten. Er arbeitete nicht, wie Matisse, in reinen, flachen Tönen. Er arbeitete in kleinen Schritten, langsam, geduldig, wobei seine Hände wie Vogelschwingen bebten und flatterten.

Ich habe ihn Wochen und Monate in Intervallen an seinen Bildern arbeiten sehen. Er malte immer an mehreren Werken gleichzeitig, die manchmal zu einer Serie zusammenwuchsen, da sie oft etwas Gemeinsames verband. Manchmal stellte er ein Bild jahrelang beiseite und holte es erst dann wieder hervor, wenn all die Probleme, auf die er gestoßen war, als er das Bild zum ersten Mal in Angriff nahm, gelöst waren, so daß er nun mit einer völlig neuen Empfindung dem Bild gegenübertreten konnte.

Marc hatte einen inneren Bezug zum Wesen der Materie, zu ihren Schwingungen und Veränderungen. Er respektierte ihr selbständiges Verhalten und übersah es nie. Wie ein taoistischer Kunsthandwerker suchte er nach dem in seinem Material verborgenen Rätsel, um in Harmonie mit ihm arbeiten zu können. Als Folge davon können seine Werke den Vergleich mit der Natur antreten. Sein berühmter Test bestand darin, daß er ein Bild auf eine Wiese stellte oder gegen einen Baum lehnte, um zu sehen, ob es sich dort behaupten konnte. Das veranschaulicht seine Idee, daß ein gutes Bild aus selbständigen, lebenden Substanzen hergestellt wird, und erklärt seine Lieblingstheorie, daß die »chemische« Eigenschaft eines Bildes unbedingte Voraussetzung ist. Er meinte damit, daß jedes Bild erst durch ein geheimnisvolles Element über den Bereich der reinen Materie hinaus in den Bereich des absolut Schöpferischen gelangt und dadurch zu einem *neuen Lebewesen* wird. Dies Element ist so etwas wie ein lebendiges Gewebe.

Was bei Marc aus natürlicher Eingabe resultierte, ist schwer zu erklären. Kritiker, die gern an Definitionen kleben, baten ihn oft, diesen besonderen Instinkt zu erklären. Da man von berühmten Malern erwartet, daß sie in Interviews zu ihren Bildern theoretische Erläuterungen abgeben, hat Marc wiederholt diese seine Theorie dargelegt.

Ich mag diesen Hang zu Interviews nicht. Ich glaube, daß Künstler, die sich zu oft dazu bereit finden, sich selbst nur schaden.

Nichts ärgerte Marc so sehr wie der Versuch, den Inhalt seiner Bilder zu deuten. Die bloße Erwähnung des Wortes »Symbolismus« im Zusammenhang mit seinem Werk ließ ihn gequält aufseufzen. Wenn er wiederholt über die chemischen Eigenschaften eines Bildes sprach, so führte er die Leute bewußt weg von Vermutungen über die Bedeutung seiner Arbeiten und über Dinge, die sie über sein Unterbewußtsein aussagten.

Marc wußte, daß da eine rätselhafte Kraft in ihm arbeitete, die seine Bilder mit Traumgebilden füllte, aber er verspürte nicht die Notwendigkeit, ihrem Ursprung nachzugehen, und es störte ihn, wenn andere es versuchten. Er wußte sehr gut, daß sie mit Bedeutung beladen waren, doch für sein Bewußtsein waren es nur willkürliche Formen, Elemente, die er bei der Herstellung seiner Bilder benutzte, die manchmal sichtbare Quellen hatten, manchmal konkrete Erinnerungen. Er verwandte sie wegen ihrer Umrisse, ihrer Farben oder ihrer Geheimnisse. Die Braut verleiht dem Bild manchmal eine gerade, vertikale Linie, da sie wie ein Komet mit wehendem langem Schleier in den Himmel steigt. Manchmal wächst ihr Kopf aus einem Schleierwirbel wie ein Geist aus Rauchfetzen. Durch den Gekreuzigten wird ein Bild scharf zerteilt. Leiter und Staffelei sind architektonische Elemente. Die Köpfe eines Liebespaares, zwei Kreise, die ineinander übergehen oder sich zum Beispiel mit Sonne oder Mond verbinden, sind häufig auftretende Grundelemente eines Bildes.

Der Künstler schmückt das ihm eigene Weltbild ständig mit den Vorstellungen aus, die er selbst den Dingen seiner Umgebung zueignet. Praktisch kann man sagen, daß Chagall tatsächlich Fische sah, die eine Leiter erklommen, und Bäume, die von oben nach unten wuchsen, solange ihn sein Verstand nicht daran hinderte. Sie schienen so wirklich für ihn wie all die Dinge des täglichen Lebens.

Marc hat mit mir nie über seine Träume gesprochen. Vielleicht hat er sich nie bewußt an sie erinnert, da sich der Übergang von den Träumen der Nacht zu Tagträumen hin für ihn so unmerklich vollzog, daß er den Unterschied nicht wahrnahm. In »Ma Vie« schildert er drei lebhafte Träume, von denen sich einer so tief einprägte, daß er ein Bild davon malte: *Die Erscheinung.* »Plötzlich öffnet sich die

Zimmerdecke, und ein geflügeltes Wesen steigt mit Glanz und Getöse herab und erfüllt das Zimmer mit Bewegung und Wolken. Wie Schleppen rauschen die Flügel. Ein Engel! denke ich. Ich kann die Augen nicht öffnen, es ist zu hell und gleißend.«

Ein Kritiker fragte ihn einmal, ob seine Phantasien durch die Realität direkt beeinflußt seien. Marc alberte herum: »Natürlich. Wenn ich ein Gesicht sehe, male ich ein Pferd. Wenn ich ein Pferd sehe, male ich eine Kuh.«

»Und wenn Sie einen Hahn sehen?«

»Wenn ich einen Hahn sehe, möchte ich ihn zunächst einmal essen, und wenn ich ihn gegessen habe, male ich ein Liebespaar im Himmel.«

Marc sagte später einmal: »Maler waren immer verrückt. Warum erwartet man von uns, daß wir sinnvolle Dinge von uns geben?«

Im Alter von sieben Jahren lieferte Jean eine Definition von Marcs Malerei. Sie sagte: »Picasso malt verrückte Dinge und stellt sie an ihren richtigen Platz. Chagall malt die Dinge, wie sie sind, und stellt sie auf den Kopf.«

Es besteht ein völliger Gegensatz zwischen den beiden Malern, und doch haben sie ein ganzes Jahrhundert moderner Malerei beherrscht.

Kein anderer Maler hat uns das Chaos unseres Zeitalters so vor Augen geführt wie Picasso. Chagall läßt uns das rätselhafte Gleichgewicht erahnen, das immer hinter dem Chaos existierte, und von dem er glaubte, daß es eines Tages den Sieg davontragen würde.

Picasso war ein Titan, der versuchte, die Welt zu schockieren und aufzurütteln. Er war zunächst einmal ein wahres und treues Instrument des enormen Feuers, das in ihm brannte, aber er wurde von seinem eigenen Zauber verhext. Der Vulkan Picasso stieß Lava aus, die verheerend, aber auch überaus positiv wirkte.

In seinen Anfängen lebte Chagall in einem fiebrigen Schaffensdrang, er aß und schlief kaum, unterbrach seine Arbeit nicht, um nachzudenken oder zu überprüfen; Ehrungen und Auszeichnungen waren ihm gleichgültig. Vor den Werken dieser Periode steht man sprachlos. Sie strahlen einen inneren Glanz aus, den man nicht zu erklären vermag, sie führen ein rätselhaftes Eigenleben. Ein Künstler schafft eine Welt, in der das Leben von vorn beginnt. Wenn wir unbedingt daran glauben, werden wir so hineingezogen, daß keine andere Welt so wirklich erscheint. Diese Gemälde, diese neuen Lebewesen werden, noch warm vom Feuer der Schöpfung, in die wirkliche Welt geschickt, wo sie ein Eigenleben beginnen, in dem sie Veränderungen und Entwicklungen unterworfen sind. Sie werden getragen vom Auf und Ab der Gezeiten, und ihre Beziehung zu anderen Schöpfungen und anderen Zeiten ist unaufhörlich im Fluß. In den Köpfen der Menschen erleben sie dynamische Veränderungen und folgen einem mysteriösen Plan der Geschichte. Sie leben lange, laufen aber Gefahr, wie andere Lebewesen zerstört zu werden. Sie haben sogar ihre Launen und Reaktionen. Vielleicht leiden sie darunter, verschlossen aufbewahrt zu werden. Vielleicht kommen ihre Seelen erst dann zum Leben, wenn sie geliebt und verstanden werden. Vielleicht sind sie durch Anfeindungen verletzbar.

Der englische Maler Francis Bacon wurde einmal gefragt, warum die Menschen auf seinen Bildern schreien, worauf er antwortete, daß sie schreien, wenn man sie betrachte, aber wer könne schon wissen, ob sie immer noch schreien, wenn man wegschaut.

Einige Bilder Chagalls gefallen nicht mehr; sie wurden für enorme Summen verkauft und hingen jahrelang in wertvollen Rahmen herum, aber sie sagen nichts weiter aus. Andere wiederum, vor allem die frühen Arbeiten, sind transzendent, ein innerer Glanz strahlt aus ihnen, und sie haben die Fähigkeit, uns zu entzücken.

Aber Modetrends, einschläfernde Faszination und der monetäre Wert eines Kunstwerks haben unsere Einstellung verdreht. Die Kritiker, deren Aufgabe es ist, die Schwankungen im Leben eines Künstlers zu beobachten, ihn zu kritisieren, zu leiten und anzuregen, sind oft Verbündete der Händler. Sie schreiben, um zu werben, nicht um zu kritisieren. Kritiker wie Charles Estienne sind heute selten. Die Händler haben aus der Notwendigkeit für einen Künstler, seine neue Weltanschauung auszudrücken, ein enormes Geschäft gemacht. Wenn er jedoch durch seinen Erfolg auf dem Kunstmarkt zu sehr beeinträchtigt ist, wird sein Werk nicht von zeitloser Gültigkeit sein. Ein etablierter Künstler ist nicht mehr frei; er ist nicht in der Lage, ein neues Bild zu beginnen, ohne sich unfreiwillig nach dem Marktwert des beendeten Bildes zu fragen, wenn er nicht den Mut hat, das ganze System abzulehnen und seine Bilder nicht an Händler zu verkaufen.

Carlton Lake gegenüber äußerte Marc einmal: »Wenn ich frei wäre, würde ich keine Bilder malen, um sie zu verkaufen. Ich würde nicht in Galerien ausstellen, in denen die Leute große Summen für meine Bilder bieten können, entweder um ihre Wohnungen zu verzieren oder weil es eine gute Investition ist. Ich würde den Rest meines Lebens damit verbringen, meine Bibel zu malen.« Carlton Lake hätte ihn bitten sollen, zu erklären, warum er sich nicht frei genug fühlte, das sofort zu tun.

Einige der letzten freien Maler waren van Gogh, der sich um Erfolg nicht kümmerte, Toulouse-Lautrec, der nicht verkaufen mußte, Cézanne, der es vorzog, in Abgeschiedenheit zu malen, und Gauguin, der vor der Zivilisation floh. Der junge Chagall war auch einer der ihren.

Zu dem Kunstkritiker und Historiker André Parinaud* sagte er: »Oft habe ich den großen Tag herbeigesehnt, an dem ich mich wie ein Mönch in seine Zelle zurückziehen kann. Ich brauche nur meine Arbeit und eine ruhige Ecke mit einer Luke, durch die man mir das Essen reicht.«

Aber Ruhm ist ein grausamer Herrscher, und Händler und Kritiker sind seine Gehilfen.

Chagalls letzter Wohnsitz war keine Zelle, sondern ein goldener Käfig, in dem Händler und Kritiker abwechselnd eingelassen wurden; vorbei war es mit der Einfachheit, dem Kontakt zu einer unverdorbenen Lebensweise, vorbei die unschuldigen und spontanen Versuche. Er hätte alles beibehalten können, wenn er es gewollt hätte.

Eine der Gefahren, die einen Künstler bedrängen, ist die Einmischung anderer Menschen in den Schöpfungsakt. Marc ließ sich zu leicht beeindrukken, wenn Autoritäten mit überzeugenden Argumenten ein im Entstehen begriffenes Bild kritisierten. Manchmal erlebte ich, wie sich Bilder nach einem solchen Urteil von außen fehlentwickelten. Das zarte, schwer faßbare Rätsel in Marcs Bildern konnte man nicht wie einen Schmetterling in einem Netz einfangen; man mußte es aus respektvoller Entfernung still beobachten. Ich glaube, die geistige Grundstruktur eines Bildes wird durch strukturelle Änderungen von außen zerstört.

---

* André Parinaud, »Chagall«, Club d'Art Bordas, Paris 1966

Von Marc wußte ich, daß Bella der erste Mensch in seinem Leben war, der die Rolle eines beständigen Kritikers übernommen hatte. Kein Bild wurde ohne Einverständnis durch Bella beendet. Sie war der oberste Richter; sie hielt an ihrer Überzeugung fest, auch wenn sie seiner eigenen Meinung nicht entsprach; am Ende fügte er sich.

Als Ida einmal zu Besuch nach Vence kam, kritisierte sie eine ganze Reihe von Bildern, an denen er gerade arbeitete. Gehorsam machte Marc einen Rundgang mit ihr und brachte mit einem Pinsel, den er in neutrales Grau oder Terpentin tauchte, einige »Korrekturen« an. Als sie wieder abgereist war, drückte ich meine Überraschung über seine Fügsamkeit aus.

Ich erinnere mich an einen Besuch von Pierre Matisse in High Falls, als er eine Reihe neuer Bilder abholen wollte. Er schnallte ein noch nasses Bild mit der Vorderseite nach oben auf sein Autodach und achtete nicht auf Marcs leisen Protest, daß das Bild noch nicht fertig sei.

Chagalls größte Werke sind zweifellos jene, in denen die ursprüngliche Überzeugung kraftvoll und vollständig zur Geltung kommt. Kein Kritiker, selbst wenn er über visionäre Kräfte verfügte, könnte je der ursprünglichen Erfahrung des Künstlers nahekommen. Ein Künstler, der sich willig Störungen aussetzt, begeht wissentlich eine Art Sakrileg.

Im Leben eines berühmten Künstlers gibt es viele Belästigungen, und die Gefahren, die ihn bedrängen, sind groß. Seine Arbeiten werden öffentliches Eigentum, noch bevor er sie aus der Hand gegeben hat. Seine Familie, seine Freunde, sein Händler – jeder fühlt sich berechtigt, eine Meinung abgeben zu können, bevor das Werk beendet ist. Sogar der Künstler selbst wird zu einer Art öffentlichen Eigentums – ein Statussymbol. Die Fernsehkamera ist in das Allerheiligste des Künstlers eingedrungen, sein Atelier, und Millionen von Zuschauern können ein Werk in seiner Entstehung beobachten.

Der Künstler soll zu einem Schauspieler werden, der nicht seinem eigentlichen Wesen entspricht. Clouzots Film über Picasso, »Le Mystère Picasso«, ist eine Dokumentation über Picassos Können, aber das Bild, das dieser speziell für den Film malte, endete in einem Durcheinander. Matisse, mit seinem ruhigen Sinn für das richtige Maß, wurde bei der Herstellung eines typischen, perfekten Bildes gefilmt, dem allerdings der übliche Zauber fehlte.

In den 70er Jahren wurde Marc in einem Film interviewt, während er ein Bild malte:

> »Es gibt Leute, die sagen, Sie seien ein schlechter Maler.«
>
> »Natürlich bin ich das. Ich male gern schlechte Bilder.«
>
> »Sie zögern oft, Ihr Strich ist zu leicht, als suchten Sie nach etwas.«
>
> »Ja, natürlich zögere ich, das muß so sein. Ich bin ständig auf der Suche.«

Die Fragen irritierten ihn offensichtlich, aber er fuhr in seiner Arbeit fort, ungeachtet dieser ausgeklügelten, provozierenden Störung. Auch Fotografen sind notorische Störenfriede. Nicht alle arbeiten so respektvoll wie Charles Leirens. Nur ungern erinnere ich mich an Marcs Sitzung für den ausgezeichneten amerikanischen Fotografen Philippe Halsman. In seiner barschen, autoritären Art fiel er ohne Rücksicht in unser Wohnzimmer ein, warf Kabel umher und rollte Teppiche auf, stellte Skulpturen beiseite, ohne zu fragen, und kommandierte sein

Modell in recht bevormundender Weise herum. Die Kinder und ich ließen uns auch von ihm fotografieren; das Ergebnis war ziemlich gestellt und unnatürlich – wir alle machten einen eher gequälten Eindruck. Halsman zeigte uns eine Mappe mit »indiskreten« Porträtaufnahmen, die die Modelle selbst nie gesehen hatten, weil er sie in teuflischer Weise ausgeleuchtet hatte, um jeden Makel hervorzuheben. Sie waren gleichsam ihre eigenen Karikaturen. Auf einem der Fotos schnitten der Herzog und die Herzogin von Windsor groteske Grimassen. Ich fragte mich, ob er dies auch hinter meinem Rücken mit Marc gemacht hatte.

Marc war ein guter Schauspieler und wußte sich gewinnend und charmant zu geben. Er war so überzeugend in der Rolle des Chagall (so wie die Leute ihn sich vorstellten), daß man unmöglich sagen konnte, ob er nun spielte oder nicht. Er besaß eine verborgene und eine vorgetäuschte Schüchternheit und fühlte sich nur im Kreise seiner Familie und seiner engsten Freunde richtig wohl. Andererseits genoß jedermann gern seine Gesellschaft. Sie war so angenehm, daß viele Besucher kamen, um daran teilzuhaben. Der schmiedeeiserne Tisch mit der darin eingelassenen jadegrünen, polierten Steinplatte unter Palmen auf der Terrasse war immer umlagert.

Tériade kam oft. Manchmal besuchte uns der unverändert jugendliche Jacques Prévert, der schrullige, schelmische Dichter, der immer wahr und unverdorben er selbst war, der alles mit seinem unvorhersehbaren, subversiven, störenden Witz versah, jede Form von Establishment mit bissiger Mißachtung geißelte und den das Verlangen nach Befreiung ganz ausfüllte. Nur einmal habe ich ihn aggressiv erlebt, als er eine ziemlich unweibliche

Frau, die offensichtlich unter mangelndem Selbstvertrauen litt, mit grausamem Humor attackierte, bis sie in Tränen ausbrach. Er liebte Frauen, konnte aber unweibliche nicht ertragen. Er war warmherzig und gütig, immer unterhaltsam und lustig. Typisch für ihn war die Zigarette, die in seinem Mundwinkel aufweichte, und ein Glas Rotwein, das er selten abstellte.

Jacques Lassaigne war ein bekannter Kunstkritiker und Historiker, ein großer, schwerer Mann mit freundlichem Wesen. Eine unerschöpfliche Quelle der Begeisterung, gab er sich dem Werk Marcs absolut hin. Er hatte die Verhandlungen mit den Erben von Ambroise Vollard so geschickt geführt, daß Marc die drei großen Stiche zu einem unglaublich niedrigen Preis erstehen konnte. Aber manchmal vermochte Marc die Geradlinigkeit bei einigen seiner treuesten Freunde nicht zu schätzen. Seltsamerweise gelang es häufig viel weniger skrupelhaften Menschen, ihn zu beherrschen.

Jacques' frühere Frau Assia, eine begnadete Schriftstellerin russischer Herkunft mit einer starken Persönlichkeit, litt an Tuberkulose. Sie kam auf meinen Vorschlag nach Vence, in der Absicht, ihr zerbrechliches Leben, das so voller Abenteuer gewesen war, noch zu verlängern. Ihre erstaunliche Lebensfreude hielt sie entgegen aller Voraussagen noch am Leben. Sie hatte von ihrem Liebhaber sogar einen kerngesunden Sohn, den sie allerdings niemals in die Arme schließen durfte. Er war bei einer Pflegemutter auf dem Lande bei Paris untergebracht. Ich habe Assia einmal dorthin gefahren. Sie blieb im Wagen sitzen, während ihr das Kind durch die Fensterscheibe gezeigt wurde. Strahlend lächelte sie es an, keine Tränen, kein Selbstmitleid. Mit ihrem Arzt in Vence scherzte sie unaufhörlich, sogar über ihr unausweichliches Ende. Marc wollte nicht, daß sie unser Haus betrat (er hatte entsetzliche Angst vor Ansteckung), so daß ich sie in ihrer Pension besuchte, wo wir viele fruchtbare Gespräche führten.

Als Marc 1946 und 1947 in Paris war, wohnte er bei Assia, die damals bereits von Jacques getrennt lebte. Sie war verführerisch und schön, mit aschblonden Haaren und hellen, grünlichen Augen. Sie hatte die Tuberkulose für eine Weile überstanden und galt als nicht ansteckend. Erst als er wieder zu Hause war, berichtete Marc mir, daß er bei einer jungen Frau gewohnt hatte. Er dachte, ich hätte befürchtet, er könne in Versuchung geraten. Assia habe zwar Vorstöße gemacht, er sei aber zurückhaltend geblieben. Er hielt sie für eine moderne Marie Baschkirtschew (eine russische Dichterin, die Anfang des Jahrhunderts gelebt hatte – eine romantische, leidenschaftliche Frau, die im Alter von 24 Jahren an Tuberkulose starb). Vor dieser Art Frauen fürchtete er sich; es habe keine Gefahr bestanden, daß er in ihre Falle hätte laufen können, erklärte er. Außerdem war da das Problem der Ansteckungsgefahr.

Wenn er seine unschuldigen Flirterlebnisse mit den jungen Mädchen aus Witebsk aufzählte, hatte man den Eindruck, daß Promiskuität und Anstekkung für ihn dasselbe waren. Er sprach von den »Fallen«, die ihm die sogenannte »gewalttätige« Anjuta gestellt hatte, mit der er vier Jahre lang geflirtet hatte. Endlich gab er ihr einen Kuß – einen schrecklichen Kuß, sagte er, denn einige Tage danach wurde sie krank. Ihr Gesicht war übersät mit roten Punkten, und er fragte sie, ob es wohl von dem Kuß komme.

Marc war ein ausgesprochen keuscher Mann

und in seinen Beziehungen zum anderen Geschlecht sehr besonnen. Er war absolut treu – die Versuchungen waren nie groß, da sein wildes Temperament in seinen Bildern aufging.

Seine Mutter blieb die zentrale Figur in seinem Leben. Bella war seine ideale Frau, seine erste Liebe und seine Braut, dennoch wurde auch sie zu einer Art Mutterfigur. Seine Beziehung zu Ida hatte den Anflug von Leidenschaft. Zwischen ihnen bestand weitestgehende Übereinstimmung, doch auch Ida war so etwas wie eine Mutter für ihn. Frauen haben in seinem Leben immer eine wichtige Rolle gespielt. Immer wieder ist er in seinen Bildern so eng mit ihnen verbunden, daß sein Gesicht in dem der Geliebten aufgeht.

Wie die meisten Künstler besaß er ein starkes weibliches Pendant zu seiner Männlichkeit. Eine Frau ist nach seiner Meinung gleichbedeutend mit Reinheit. Er sagte mir einmal, nachdem er den Bericht über eine Vergewaltigung in der Zeitung gelesen hatte, daß sich seine physische Beziehung zu mir für einige Zeit wesentlich abgekühlt hätte, wäre ich das unglückliche Opfer gewesen. »Bella war Jungfrau«, sagte er. »Als ich nach vier Jahren nach Witebsk zurückkehrte, fragte ich sie, ob sie immer noch unberührt sei, und sie antwortete mit einem Ja. Ich glaubte ihr vorbehaltlos.«

Aber zwischen dem, was er predigte, und dem, was er tat, bestand schon ein Unterschied. Er erzählte mir, daß eine seiner Kusinen, eine junge Frau aus Witebsk, während seines ersten Aufenthalts in Paris ihn auf dem Weg zu ihrer Hochzeit besucht habe. Sie verbrachten die Nacht zusammen und schliefen miteinander. Lachend bemerkte ich: »Hoffentlich hatte ihr Verlobter nicht dieselben strengen Ansichten über Jungfräulichkeit wie du.«

Assia kehrte nach Paris zurück, um entschlossen und mutig auf ihren Tod zu warten. Sie wußte, wie es um sie stand, verlangte von anderen aber Humor und Zuneigung, kein Mitleid. Über den Zaun im unteren Teil des Gartens ihrer Pension hinweg führte sie immer lange Unterhaltungen mit zwei kleinen amerikanischen Jungen, den Söhnen von Arkady und Rose Leokum, die unsere Freunde werden sollten.

Ich bat Arkady, mir seine Erinnerungen an die enge Freundschaft zu schreiben, die sich zwischen uns allen entwickelt hatte. Vor allem Marc befriedigte diese Beziehung, da er sich in ihrer Gesellschaft völlig ungezwungen fühlte. Arkady gab zu, daß er, als Rose und ich uns eines Tages im Dorf kennenlernten, nicht gerade begeistert von der Aussicht war, mit dem Maler Marc Chagall bekannt zu werden. Von seiner Bedeutung in der Kunstwelt ahnte er nichts. Ihre Freundschaft war von Anfang an um so geradliniger und spontaner.

Sehr zu seiner Freude entdeckte Marc, daß Arkady perfekt Jiddisch sprach. Mehr noch, seine Mutter Katja, die zu Besuch in Vence weilte und zu der Marc eine herzliche Beziehung hatte, sprach Russisch. Wenn unsere beiden Familien zusammensaßen, wurden vier Sprachen gesprochen, und eine allgemeine Fröhlichkeit verband uns. Wenn wir bei den Leokums aßen, drückte Marc seine gute Laune oft dadurch aus, daß er um Papier und Stifte bat, um für unsere Freunde Skizzen anzufertigen.

Marc zeigte seine Bilder gern Menschen, deren Urteil unverdorben war und die sich eine eigene Meinung bilden konnten, weil sie seine Arbeiten nicht kannten. Einmal bat er Arkady um seine ehrliche Meinung über ein Bild, von dem Marc sagte, daß er es überhaupt nicht verstehe. Arkadys unschuldige Erklärung war eine Offenbarung für ihn.

Arkady sprach gern über Marcs »erstaunliches Angebot«. Marc war so froh über die glückliche Beziehung zwischen den beiden Familien, daß er sie unbedingt erhalten wollte. Er schlug vor, ihnen einen Teil seines Grundstücks zu überlassen und ihnen beim Bau eines Hauses zu helfen. Wir würden unsere Jungen gemeinsam erziehen und dafür sorgen, daß sie Unterricht in Hebräisch bekämen. Auf diesem Wege würde Marcs Wunschtraum, David als jüdischen Jungen zu erziehen, Wirklichkeit. Es freute ihn, daß ich jüdische Freunde hatte, enge Freunde, die fast zur Familie gehörten. Er war in einer großen Familie aufgewachsen und hätte auch gern eine gehabt.

Aber Arkady ging das Geld aus, das ihm der Verkauf seines Bestsellers »The Temple« eingebracht hatte, einer Novelle über den Bau eines jüdischen Gotteshauses in Westport, Connecticut. Er plante, wieder in einer Werbeagentur in New York zu arbeiten, so daß unsere lieben Freunde uns 1950 verließen. Ich sah Rose nie wieder, da sie einige Jahre später starb.

Marc hatte Arkady gebeten, ob er in New York nicht sein Agent werden und versuchen wolle, Aufträge für Wandgemälde hereinzuholen. Obwohl sich Arkady sehr geehrt fühlte, lehnte er ab. Er könne als Schriftsteller nicht von der kreativen Arbeit eines anderen leben. Er wollte jedoch einige Leute aufsuchen und nahm anschließend Kontakt mit den Direktoren des luxuriösen Tempels Emanu-El auf der Fifth Avenue auf, die einfach nicht interessiert waren. Nur ein paar Jahre später wetteiferten die feinsten öffentlichen Gebäude in New York miteinander um Aufträge für Wandgemälde und Glasmalerei von Chagall, wie zum Beispiel die Metropolitan Opera im Lincoln Center und die Vereinten Nationen.

Paul Eluard kam mit Dominique, einer herzlichen, spontanen jungen Frau nach Vence, die er in Mexiko auf einer Friedenskonferenz kennengelernt und gleich danach geheiratet hatte. In den Jahren nach dem Tod seiner Frau Nusch war Eluard zunächst von Gram gebeugt. Er übertrug seine Liebe zu Nusch auf eine allumfassende Liebe zu unterdrückten Menschen. Er verfaßte militante Gedichte und wurde zum Verfechter der Demokratie in vielen Ländern. Er war freundlich und verträumt, aber in seinem Innern brannte ein unlöschbares Feuer, das manchmal zu wortreichen Ausbrüchen führte. Er litt bereits unter den Schwierigkeiten, die ihn 1952 hinwegrafften. Seine Hände zitterten so stark, daß er kaum ein Glas Wein halten konnte.

Aimé Maeght, der Kunsthändler, und seine Frau Marguerite kamen häufig zu Besuch. Marguerite war herzlich und direkt. Ich habe ihre Kochtips nie vergessen, die sie mir in ihrem blumigen Akzent des französischen Midi erteilte: die Spezialität des Mittelmeers, die Bouillabaisse, die aus Fisch aus dem Mittelmeer hergestellt wird und nicht länger als zehn Minuten auf einem heißen Herd kochen darf; dann die herrliche Aïoli, eine Knoblauch-Mayonnaise, die mit Stößel und Mörser zu einer Paste zerrieben wird. Marguerite besaß den Frohsinn und das einfache Gemüt einer ungehemmten Lebefrau. Aimé war weniger extrovertiert, er ließ sich nie gehen. Aber seine kleinen blauen Augen beobachteten alles, und seine dünnen Lippen zeigten ein leichtes Lächeln, das halb belustigt, halb diplomatisch liebenswert war. Er hatte die seltene Gabe, ein wahres Kunstwerk zu erkennen, und verband diese mit einem ausgezeichneten Geschäftssinn, zwei Fähigkeiten, die zunächst gegensätzlich erscheinen mögen.

Schließlich gewann Maeght den Kampf gegen Carré um die Exklusivrechte für Chagall-Ausstellungen. Danach ging er aus allen Auseinandersetzungen als Sieger hervor und wurde der am meisten gefeierte und mächtigste Kunsthändler Frankreichs.

Es gab bereits Gerüchte darüber, daß Maeght in der Nähe des Hauses in St. Paul de Vence, in dem er sich gerade niedergelassen hatte, eine große Stiftung gründen wollte. Ursprünglich bestand seine Idee darin, einen Ort zu schaffen, an dem die besten Künstler der Welt miteinander arbeiten, ausstellen und Ideen austauschen könnten. Der spanische Architekt José Luis Sert war bereits mit der Planung beauftragt worden, und Joan Miró, der oft nach St. Paul kam, trug zur allgemeinen Aufregung um dieses ehrgeizige Projekt bei. Miró strahlte immer vor innerer Freude, immer neugierig allem nachgehend, immer voll in Aktion. Marc und er standen in herzlicher Beziehung zueinander; tatsächlich war es aber auch unmöglich, Miró nicht nahezustehen.

Ida hatte sehr hart daran gearbeitet, den Ruhm ihres Vaters nach dem Krieg zu fördern, und wollte ihren Lebensunterhalt damit verdienen, als freiberufliche Händlerin für ihn zu arbeiten. Sie hatte immer noch ein begrenztes Interesse an den geschäftlichen Angelegenheiten Marcs, ein Arrangement, dem Maeght nur zögernd zustimmte. Er wollte »alles oder nichts«, und Marc fühlte sich zwischen ihnen beiden hin- und hergerissen. (Nachdem ich ihn verlassen hatte, sprach sich Marcs Frau Vava dafür aus, daß Maeght alleiniger Händler für Marcs Arbeiten wurde, und Ida hatte das Nachsehen.) Dank Idas erfolgreicher geschäftlicher Aktivitäten konnte sie 1949 ein altes Haus am Quai de l'Horloge in der Nähe des Pont Neuf in Paris kaufen. Eine Seite des Hauses blickte auf die Place Dauphine, gegenüber der Rückseite des Hauses meiner Eltern.

Sie richtete es in der geschmackvollen Weise ein, die sie von ihrer Mutter geerbt hatte, mit den Bildern ihres Vaters und den Kunstgegenständen und Möbeln, die sie sich untereinander geteilt hatten. Sie wurde mit allem gut fertig, und Marc war stolz auf sie. Wenn er von seiner Tochter sprach, teilte er seine Beobachtung mit: »Menschen, die auf Zehenspitzen gehen und ihre kleinen Finger abspreizen, sind sehr praktische Leute.«

Es kam manchmal vor, daß Marc und ich uns über ein Vorhaben einig waren, mit dem Ida nicht einverstanden war. Ida bearbeitete ihn dann so lange, bis er ihr zustimmte. Er rückte dann ganz schnell von mir ab und behauptete ihr gegenüber, nie meiner Meinung gewesen zu sein. Er besaß die Treulosigkeit eines Kindes. In späteren Jahren wurde er dann umgekehrt Ida untreu, und Vava war das einzige Orakel der Familie.

*

In der Regel hatte Marc zu Matisse ein wesentlich besseres Verhältnis als zu Picasso. Er war stolz darauf, daß Ida für einige Bilder von Matisse Modell gestanden hatte, war aber eifersüchtig auf die Bewunderung, die sie für ihn hegte. Immerhin verehrte Marc Matisse auch und fürchtete sich ein wenig vor ihm – ein in der Tat ungewöhnlicher Zustand, da Marc selten lebende Künstler lobte. Auch Matisse respektierte Marc, obwohl auch er die zeitgenössischen Maler mit Härte beurteilte. Er sagte einmal: »Chagall hat einen mystischen Sinn und eine unvergleichliche Kraft.« Er sprach mit

Marc über seine graphischen Arbeiten und bewunderte sie sehr, und während einer unserer Besuche sahen sie sich das Boccaccio-Buch an, das Tériade gerade mit den Illustrationen von Marc veröffentlicht hatte. Seit Matisse bettlägerig war, hatte er den Kontakt zur Welt der Maler verloren und lebte statt dessen in der Welt der Bücher.

Wir besuchten ihn oben in Cimiez über der Bucht von Nizza in seiner Wohnung mit ihren breiten Balkonen, die von bunten Markisen und blühenden Sträuchern überschattet waren. Lydia Delektorskaja, seine in Rußland geborene Sekretärin und Lebensgefährtin, strahlte Diskretion aus. Ihr bewundernswert schönes Gesicht und ihre Stimme spiegelten all die harmonischen Eigenschaften ihres Charakters wider. Matisse war dank ihrer Gegenwart in der Lage, trotz seiner ernsthaften Behinderung ein enorm produktives, aber ruhiges Leben zu führen und ein wesentlich höheres Alter zu erreichen, als gemeinhin angenommen wurde. Als er starb, geriet Lydia in Vergessenheit, wie sie es gewünscht hatte.

Wenn wir Matisse besuchten, lag er im Bett und zeichnete mit einem Stück Kohle an einem Bambusstock auf die Zimmerdecke oder schnitt große Stücke glänzenden farbigen Papiers aus, die Lydia an ein Brett kleben sollte. Dies waren die Grundlagen für die Zeichnungen, die Tériade für ein Buch mit dem Titel »Jazz« in Auftrag gegeben hatte. Er war immer zuvorkommend und gesprächig, obwohl er mit seinem starren, durchdringenden Auge ein wenig einschüchternd wirkte. Bei Matisse zeigte sich Marc immer von seiner besten Seite, wie ein junger Schüler, der den Lehrer besucht.

Das geschäftige Treiben der Tauben auf dem Balkon stand im Gegensatz zu der kühlen Stille im

Innern der Wohnung. Grauweiße Kätzchen spielten miteinander in der Sonne, und Matisse schenkte uns eine von ihnen. Diese Katze streifte zufrieden in Vence umher, und die Kinder und ich liebten das Tierchen, das eines Tages verschwand. Marc war auf diese »Katze von Matisse« ziemlich eifersüchtig, vor allem, wenn ich sie zu liebevoll streichelte.

Als wir nach Vence zogen, stand das frühere Haus von Matisse, Le Rêve, leer, da er 1948 nach Cimiez gezogen war. Sein Freund und Nachbar in Vence, Jean Darquet, war einsam zurückgeblieben. Matisse war der einzige, dem Jean jemals seine Bilder gezeigt hatte, und bis heute hat er es vorgezogen, unbekannt zu bleiben. Matisse hielt ihn für einen talentierten Künstler. Jean hat tatsächlich auch enorme Kenntnisse in Kunstgeschichte und einen glänzenden Verstand. Er kennt sich fast in jeder großen Kunstgalerie der Welt gut aus und erinnert sich an jedes wertvolle Buch und jeden Katalog zu einem bestimmten Thema. Er war ein Schüler André Lhotes, eines der engeren Freunde Marcs und eines ausgezeichneten Lehrers, dessen eigene Bilder alle gut aufgebaut sind.

Mir ist noch kein Künstler mit den Qualitäten eines Darquet begegnet, der es ablehnte, seine Arbeiten zu zeigen, sogar seiner Frau, seiner Mutter oder seinen besten Freunden. Marc bat ihn oft, ihm doch Arbeiten zu zeigen, hatte aber keinen Erfolg. Er antwortete immer, daß er noch nicht genügend Fortschritte gemacht habe und noch nicht bereit sei, etwas vorzuzeigen. Marc spottete ein wenig über diese extreme Zurückhaltung – oder war es Stolz? Da sie in der Avenue Henri Matisse wohnten, nicht weit von Les Collines entfernt, begegneten wir einander oft, und die Darquets wurden (und sind es heute noch) meine engen Freunde. Darquets Mutter, Edmé Casalis, war eine charakterstarke Frau, der wir wegen ihres eindrucksvollen Wesens den Beinamen »La Comtesse« gegeben hatten. Sie war die beste Freundin von Catherine Pozzi gewesen und nach Vence gezogen, um in ihrer Nähe zu sein; auch mit ihr verband mich eine tiefe Freundschaft.

*

Eines Tages kam eine sehr alte Freundin aus Moskau zu Besuch – Allia Berson, eine kleine, ältere Frau. Ihr Vater war ein bekannter Kunstsammler in Petersburg, als Marc noch ein um Anerkennung ringender Kunststudent war; sie selbst hatte für seinen Unterricht an der Malschule Léon Bakst bezahlt. »Ich muß leider bekennen, daß Sie drei Monate vergeblich gezahlt haben«, sagte Marc. »Ich war durch die demütigende Kritik von Bakst so verärgert, daß ich nicht eher wieder hinging, bis ich in meinem Kopf alles wieder in Ordnung gebracht hatte – ich kehrte einfach zu meinen eigenen Ideen zurück, von denen er sich schließlich überzeugen ließ.«

»Dann war es doch etwas wert«, sagte Allia gutgelaunt.

Marc freute sich sehr über den Besuch seiner alten Freundin. Er sah so selten jemanden aus der damaligen Zeit in Rußland. Er hatte immer noch Heimweh und gab die Hoffnung auf eine Rückkehr nie auf. Aber er wußte, daß sich vieles ändern mußte, bevor er zurückkehren konnte. Seine Kunst müßte anerkannt werden, seine Bilder müßten aus ihren Verstecken wieder auftauchen und der Öffentlichkeit vorgestellt werden.

Also sandte er Ida als Botschafter und »Bahnbrecher« nach Rußland, das sie im Alter von sechs Jahren verlassen hatte. Da Witebsk nicht mehr wie auf den Bildern ihres Vaters aussah (wenn es das jemals tat), gab sie sich mit Begeisterung dem Gefühl hin, eine Russin zu sein und entdeckte ihre Wurzeln. Sie nahm Unmengen an Geschenken und Nachrichten für ihre Tanten (Marcs Schwestern, von denen drei oder vier noch lebten) mit. Umgekehrt gaben auch sie ihr Geschenke an den Vater mit und sogar eine Kamera für David mit der russischen Inschrift »Lieber David«.

Viele Jahre später, 1973, fuhr Marc auf Einladung von Madame Furzeva, der Ministerin für Kultur, mit seiner Frau Vava nach Rußland. In der Tretjakow-Galerie in Moskau fand eine Sonderausstellung von allen Bildern statt, die das Museum besaß. Für Marc war es ein großer Tag, da eine Überraschung auf ihn wartete: die drei berühmten Wandgemälde, die er für das Jüdische Staatstheater in Moskau gemalt hatte, waren auf dem Boden ausgelegt, und man bat ihn, sie zu signieren. Jahrelang hatte er nichts über ihren Verbleib gewußt, da das Jüdische Theater natürlich nicht mehr existierte. Offensichtlich hatte jemand sie bei der Schließung des Theaters von der Wand genommen und in der Tretjakow-Galerie aufbewahrt. Marc standen Tränen in den Augen, als er sie sah. Nach 50 Jahren!

Während seines Aufenthaltes traf er seine noch lebenden Schwestern, aber er fuhr nicht nach Witebsk. Der Krieg hatte alles verändert, sogar die Gräber waren verschwunden. Damals reagierten die Russen gerade besonders feindselig auf die Juden, die auswandern wollten, und Marcs Besuch wurde in Israel scharf kritisiert.

Godfrey schickte regelmäßig Nachrichten über Jean aus Broomfield:

Sie nimmt uns einfach nicht ernst. Ich erwache zu neuem Leben, wenn ich mit solch erfrischender Spontaneität konfrontiert werde.
Als wir einmal Arm in Arm spazierengingen und über dies und jenes redeten, blieb sie ganz unvermittelt stehen, sah mich an und sagte: ›Natürlich bist *du* mein Vater.‹
Ich fühle im Augenblick etwas Neues und Einzigartiges, etwas Unberührtes und sehr Wunderbares. Wenn man es in der Hand zerdrückt, wird der Verlust unersetzlich sein. Wenn ich sie im Schlaf beobachte, denke ich: ›So ein zartes, wunderschönes Wesen könnte wie ein Schmetterling zerquetscht werden, es könnte aber auch die Welt aus den Angeln heben.‹
Ihre Sehnsucht nach Dir und David ist so beständig wie Zahnweh.

Ich vermißte sie auch immer mehr. Im April fuhr ich zu ihrem zehnten Geburtstag nach England und brachte ihr ein Geschenk von Marc mit: ein wunderschönes Feder- und Aquarell-Porträt, das er in Orgeval von ihr gemalt hatte. Godfrey hing es stolz im Eßzimmer auf, wo es fünfundzwanzig Jahre, bis zum Tode meiner Eltern, hängen sollte. Ich brachte ihnen auch die Sonderausgabe des Kunstkatalogs »Derrière le Miroir« über Marc Chagall mit, die 1950 in Verbindung mit der Ausstellung in der Galerie Maeght herausgekommen war. Ich führte viele Diskussionen mit Godfrey:

Er: Wozu ein doppeltes Gesicht, wozu stehen Häuser auf dem Kopf?
Ich: Warum eigentlich nicht?
Er: Na gut, wenn es eine Bedeutung hat.
Ich: Vielleicht kannst du selbst eine Bedeutung finden, wenn du eine brauchst.
Er: Ich glaube, es ist nur ein Trick.
Ich: Entspanne dich und laß sie einfach auf dich wirken, genieße sie.

> Er: Gut, ich genieße sie als schillernde Seifenblasen, aber die Menge an offensichtlich belanglosen Dingen stört meine Freude daran.

Marc wartete inzwischen ungeduldig auf meine Rückkehr. Er schrieb:

> Wenn Du nicht hier bist, ist alles traurig, außer David, der mich zum Lachen bringt. Er ist eine Wonne. Er sagt, Maman kommt zurück, wenn die Tomaten rot sind. Ich möchte Dir ein ganzes Buch schreiben, aber ich schreibe Französisch wie ein russisches Ferkel.

In den Sommerferien kam Jean für immer heim, sehr zu unser beider Freude. Die Erfahrungen an einer englischen Schule und die liebevolle Sorgfalt meiner Eltern hatten viele positive Seiten gehabt, und Jean hatte persönlich den Wunsch geäußert, noch bis Ende des Schuljahres bleiben zu wollen. Die alten Gefühle des Abgewiesenseins wurden sofort erstickt, und die Idylle mit David fand ihre Fortsetzung, stärker denn je.

## KAPITEL VI

# RATSCHLÄGE FÜR JUNGE MALER BIBELTHEMEN KERAMIKEN UND SKULPTUREN ISRAEL

Damals standen ab und zu junge Maler mit ihren Bildern vor der Tür und baten Marc um Rat. Die meisten kamen aus dem Ausland, denn für französische Maler wäre es undenkbar gewesen, ohne vorherige Anmeldung zu erscheinen. Marc freute sich über diese improvisierten Besuche und empfing die jungen Maler freundlich. Seine Fähigkeit, mit den Augen anderer zu sehen und ihre Probleme zu verstehen, war bemerkenswert.

Ein junger italienischer Maler mit dem gesetzten und ernsten Auftreten eines Priesters tauchte einmal mit einem Arm voller Bilder auf, in denen düstere Gewalt überwog. Er hing dunklen Theorien nach, die er nur mit umständlichen Worten erklären konnte. Marc sagte: »Sie beschäftigen sich zu sehr mit Theorien, während es nur auf die Qualität ankommt, und die hat man, oder man hat sie nicht. Ihre Bilder mögen Qualität besitzen, die aber durch Theorien vernebelt wird. Wenn das Tuch keine gute Qualität hat, ist der Anzug wertlos, so gut er auch geschneidert sein mag. Jeder Teil eines guten Bildes ist gut wie ein hochwertiges Stück Stoff. Worauf es ankommt, ist der bildhafte Wert, die Form entsteht von selbst. Nehmen Sie zum Beispiel die Bilder von

Klee und Mondrian, deren reine Bildhaftigkeit ihre Qualität ausmacht.«

Der junge Mann wandte ein, daß er nicht Chagalls Bildhaftigkeit, sondern seine Poesie bewundere. Marc gab zurück, daß Poesie ohne Bildhaftigkeit nicht existiere.

»Glauben Sie nicht«, fragte der junge Mann, »daß in diesem Atomzeitalter unsere Bildhaftigkeit voller Atomenergie sein sollte?«

»Mon cher«, lächelte Marc, »wenn Sie Atomenergie besitzen, gut und schön, aber wenn nicht, brauchen Sie auch nicht danach zu suchen! Sagen Sie, was Sie sagen wollen, ohne sich über die Art und Weise, in der Sie es sagen, Gedanken zu machen. Die Qualitäten, die Sie besitzen, werden dann zutage treten.«

Einem skandinavischen Maler riet er: »Begegnen Sie der Natur nicht mit einem Messer, sondern mit einem Gedicht. Kümmern Sie sich nicht um die Struktur. Vielleicht schmeckt Ihnen die ›Küche‹ von Braque und Matisse nicht. Sie sind kein Franzose. Suchen Sie nach Ihrer Weltanschauung, nach Ihrer persönlichen Vorstellung von der Welt.«

Ein anderer Maler zeigte ihm ein Bild voller Gewalt, und Marc fragte ihn: »Was hat Ihnen denn einen solchen Schock versetzt?« Der Mann erklärte, seine Frau stehe seiner Arbeit ablehnend gegenüber.

»Machen Sie sich nichts daraus«, sagte Marc. »Sie müssen geduldig und standhaft sein. Kommen Sie zur Ruhe und suchen Sie nicht in der Ferne. Nehmen Sie einen Stuhl oder eine Fruchtschale. All diese Phantasien sind Ihnen fremd. Auf jeden Fall sind es banale Phantasien.«

Einem Holländer, dessen Bilder schwer, dunkel und wirr waren, sagte er: »Sie müssen Ihre Bilder wie Ihren Körper waschen.«

Zwei Amerikanern gab er den Rat: »Sie müssen Ihre Währung aufwerten. Sie brauchen einen Dollar von hundertprozentigem Wert. Ihr Wert, Ihr Talent, Ihre chemische Qualität, das ist Ihr Kapital.«

Einer von ihnen fragte, ob es ratsam sei, an einer Kunstschule zu studieren. Seine Antwort lautete: »Wenn Sie wenig Talent haben, verlieren Sie viel, haben Sie viel Talent, werden Sie nichts verlieren. Ich rate Ihnen, Poesie, Gefühle, Liebe zu vergessen – die werden Ihnen nicht abhanden kommen. Konzentrieren Sie sich auf Ihre Qualität der bildhaften Darstellung, solange Sie jung sind. Je älter Sie werden, desto weniger spontan reagieren Sie. Ein Kind malt mit leidenschaftlicher Intensität, diese Eigenschaft müssen Sie sich bewahren. Vor allem denken Sie nicht zu sehr über Ihre Richtung nach. Daumier hatte überhaupt keine Zeit, sich über seine Richtung Gedanken zu machen, er mußte seinen Lebensunterhalt verdienen. Er fand seine Richtung aber auf ganz natürliche Weise, weil er seinen wahren Wert fand.«

Einen sehr jungen Maler bedrängte er: »Stellen Sie nicht aus, denn wenn Sie Erfolg haben, werden Sie versuchen, Ihren Erfolg zu wiederholen. Ihre Malerei ist noch zu zerbrechlich, benutzen Sie sie nicht als Einkommensquelle, Sie würden sie völlig zerstören. Verdienen Sie Ihren Lebensunterhalt auf andere Art und Weise. Lassen Sie Ihre Malerei davon unberührt.«

Einmal hielt er hof mit einer Gruppe junger Maler, die gerade angekommen war: »Warten Sie nicht auf Ideen, die kommen bei der Arbeit. Vor lauter Vorbereitung kommen Sie sonst nie zum Malen. Die Schöpfung selbst ist Vorbereitung. Seit meinem sechzehnten Lebensjahr habe ich wie ein Irrer gemalt. Haben Sie keine Angst davor, minderwertige Dinge zu produzieren. Die ersten Früchte sind immer klein und bitter. Sie müssen viel arbeiten, das macht den Kopf klar.«

»In der Kunst ist zwei und zwei nicht vier, es gibt eher fünf«, bemerkte er einmal leise lachend gegenüber einem ernsten Maler, der symmetrisch-abstrakte Bilder vorlegte.

Er versäumte es nie, diesen jungen Künstlern die bedeutsame Kritik zukommen zu lassen, die sie brauchten und die sie auf den rechten Weg zu ihren persönlichen Fragen führen würde. Gegenüber ihren Unzulänglichkeiten war er erstaunlich großzügig. Sein Urteil über die Arbeiten einiger seiner Kollegen fiel jedoch viel weniger tolerant aus, vor allem wenn es erfolgreiche Künstler waren. Auf einer Ausstellung über den in Österreich geborenen Maler Oskar Kokoschka rief Marc aus: »Das ist der Alptraum einer Bouillabaisse! Der wirft ja alles auf die Leinwand!« und machte dabei eine Handbewegung, als müsse er sich schnell etwas von der Nase wischen.

Aber wann immer ein Künstler zu ihm kam, war er aufgeschlossen und rücksichtsvoll. Am Riverside Drive hatten wir einmal zwei Besucher empfangen, die ihm – und übrigens auch mir – viel Freude bereiteten: Henry Moore und Graham Sutherland. Es versteht sich von selbst, daß sich das Gespräch um Chagall drehte, da er der Anlaß für ihren Besuch war.

Während ich mit ihm zusammen war, hat Marc außer Matisse nie einen anderen Maler in seinem Atelier besucht, und das enttäuschte mich. Aber Marc fühlte sich offensichtlich in Gegenwart anderer Künstler nicht wohl und vermied es, mit ihnen über ihre Arbeiten zu diskutieren.

Damals fing ich wieder an zu malen – zögernd noch –, und Marc ermutigte mich. Ich verglich seine Güte mit der grausamen Verunglimpfung, die ich durch John erfahren hatte. Marc hatte mehr Achtung vor einem autodidaktischen Künstler, einem naiven Maler oder einem Kunsthandwerker als vor einem erfolgreichen Künstler, dem es an Authentizität mangelt.

Ich fragte ihn einmal, was er von dem mystischen englischen Maler William Blake halte, der meiner Meinung nach über allem Authentischen stand – bis hin zur Stümperhaftigkeit. »Blake«, sagte er, »war ein überspannter Mystiker, der seinen Mystizismus in Bildern ausdrücken wollte. Seine Visionen waren aber zu stark für seine bescheidenen Mittel. Van Gogh zum Beispiel ist sowohl wirkungsvoll als auch authentisch; jeder Pinselstrich befindet sich in Einklang mit seinen tiefsten Gefühlen. In aller Bescheidenheit legte er seinen religiösen Eifer in die Bilder. Sein Stiefelpaar spricht für alle leidenden Menschen, und der einfachste Baum oder Blumenstrauß ist mit religiösen Gefühlen ausgestattet. Er war ein Prophet in der Wüste. Er rief ›Freiheit für alle! Freiheit für den Künstler! Kreuzigt mich, wenn ihr wollt!‹ «

*

Es machte Spaß, mit Marc zusammen Museen und Gemäldegalerien anzusehen. Zielstrebig ging er auf Dinge zu, die ihn am meisten interessierten, und vergeudete keine Zeit mit anderem. Er wußte sehr gut, daß der menschliche Geist für Kunst nur eine relativ begrenzte Aufnahmefähigkeit besitzt, und er betrachtete nie mehr als ein Dutzend Bilder. Mir kam das sehr entgegen, und ich kann mich lebhaft an die Bilder erinnern, die wir uns gemeinsam ansahen. Wenn Marc vor einem Bild stand, waren die anderen Betrachter ausgeschlossen, sie existierten nicht mehr. Er ging einen Schritt auf das Bild zu, trat zwei Schritte zurück, legte seinen Kopf auf die Seite, gab eine Erläuterung ab und bedeutete mir, weiterzukommen. Manchmal blieb ich unwillig zurück.

Als wir aus dem Museum Jeu de Paume in Paris traten, zählte er drei Maler folgendermaßen auf: »Renoir, c'est une orange; Monet, c'est une pomme; van Gogh, c'est une prière.« Renoir ist eine Apfelsine, Monet ein Apfel und van Gogh ein Gebet.

Von allen Malern der Geschichte war es Rembrandt, mit dem Marc sich am meisten verwandt fühlte. Sein Bestreben ging dahin, sich seiner würdig zu erweisen. Einer der letzten Sätze seiner Autobiographie lautet: »Ich bin sicher, daß Rembrandt mich liebt.« Dies sollte ihm als Trost dienen für den Verrat durch seine Künstlerfreunde in Witebsk, die sich gegen ihn gestellt hatten, nachdem er sie zu Professoren an seiner Akademie ernannt hatte, wie für die Ablehnung seiner Kunst durch die neuen russischen Machthaber.

*

Der Kunsthistoriker Jacques Lassaigne war auch Rechtsberater des Senats im Palais Bourbon in Paris. Er nahm uns einmal mit, so daß wir uns die berühmten Deckengemälde von Delacroix ansehen konnten. Delacroix faszinierte Marc vor allem wegen seiner wagemutigen technischen Experimente und seinem freien, heroischen Stil. Später begeisterte ihn vor allem Monet, dessen geistige Sinnlichkeit Marcs Werke sichtbar beeinflußte.

Ab und zu fuhren wir nach Paris, wo Marc in Fernand Mourlots Atelier in der Rue de Chabrol unweit des Gare du Nord Lithographien anfertigte. Marc genoß diese Stunden in dem riesigen, alten Atelier, denn er fühlte sich bei Mourlot und seinen Technikern wohl, die ihm ihre ungeteilte Aufmerksamkeit zukommen ließen. Hier produzierte er auch die lithographischen Plakate für die alljährlichen Ausstellungen bei Maeght und eine Reihe ausgezeichneter Lithographien für die Zeitschrift »Derrière le Miroir«, die zu diesen Anlässen veröffentlicht wurde. Tériade gab auch Lithographien für sein Kunstmagazin »Verve« in Auftrag, die zu den besten Werken Marcs in dieser Technik gehören, vor allem die drei, die auf den *Pariser Skizzen* basieren, die er im Dezember 1952 anfertigte. In den folgenden Jahren stellte er viele enttäuschend schlechte Lithographien her, die wirr und verschwommen waren. Er hatte sie mit sich wiederholenden Pinselstrichen überladen, und es fehlte ihnen an Struktur.

Ida hatte das Erdgeschoß ihres Hauses, das auf den Quai d'Horloge ging, als Wohnung für uns hergerichtet und organisierte dort Mittag- und Abendessen für uns.

Marc wollte einerseits seine Beziehung zu Ida vereinfachen und abschwächen, andererseits suchte er die kraftspendende Ähnlichkeit zwischen ihnen beiden zu nutzen und sie zu seiner Vertrauten und Verbündeten zu machen. Er war immer wieder beeindruckt davon, wie erfolgreich sie seine Geschäfte führte, fürchtete sich aber vor Gefühlsausbrüchen. Ihr glanzvolles, geschäftiges gesellschaftliches Leben war das genaue Gegenteil dessen, was er anstrebte, und obwohl ihn ihr Herumwirbeln anregte, fühlte er sich dadurch auch erschöpft. Solange er arbeitete, verlangte es ihn nicht nach Gesellschaft, so gesellig er auch sein konnte.

In Vence begann Marc gleich nach dem Frühstück mit seiner Arbeit, die er lediglich für einen Spaziergang vor dem Mittagessen unterbrach, auf dem die Kinder oder ich ihn gelegentlich begleiteten. Ein Spaziergang mit Marc verlief nicht ohne häufige Unterbrechungen: wenn er sich von einem Gespräch mitreißen ließ, blieb er stehen und machte weit ausholende Gesten. Im Winter pflegte er sich, bevor wir das Haus verließen, davon zu überzeugen, ob wir auch alle warm genug angezogen waren. »Erkältet euch nicht«, sagte er dann. »Ärzte sind teuer.«

Marc hat sich nie mit irgendeiner Sportart beschäftigt, außer einer gelegentlichen Schwimmrunde im Sommer. Das Schwingen des Pinsels von morgens bis abends und der Spaziergang von einer Stunde am Tag reichten wohl aus, seine Muskeln zu kräftigen. Unsere Ausflüge dann und wann trugen zu seiner Entspannung und guten Laune bei; oft brachte er dann einen mit neuen Ideen angefüllten Skizzenblock nach Hause. Für gewöhnlich arbeitete er ununterbrochen von morgens bis abends. Ich führte den Brauch des Picknicks ein, das meine Familie immer gemocht hatte; es erinnerte mich an die seltenen glücklichen Tage während meiner Schulzeit, wenn meine Eltern für die Ferien heimkamen.

Einmal fuhren wir mit den Leokums nach Antibes zu einem Picknick am Strand. Als wir uns gerade niedergelassen hatten, um die guten Sachen zu genießen, die wir mitgebracht hatten, sahen wir, daß Picasso in einiger Entfernung dasselbe mit seinen Freunden und seiner Familie unternahm. Marc

Marc Chagall in seiner Wohnung am Riverside Drive, New York, 1945.
Foto: Charles Leirens.

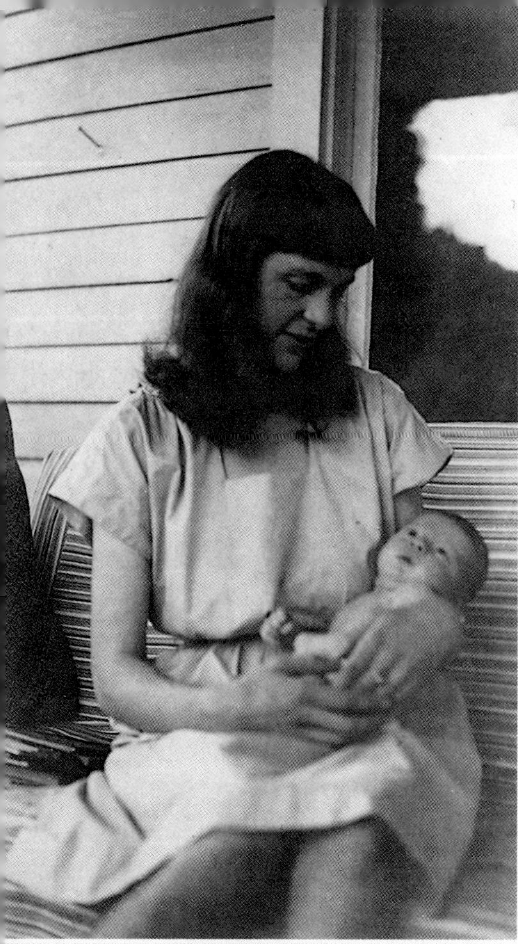

Chagall mit seinem Sohn David in High Falls, 1947.

Die ersten Aufnahmen von David mit seiner Mutter und seiner Halbschwester Jean McNeil in High Falls und New York, 1946 (Bilder links).

Chagall mit seinem Sohn David in High Falls, 1947.

Chagall und David in High Falls, 1948. Foto: Charles Leirens.

Chagall bei der Arbeit an dem Gemälde »Befreiung« in High Falls, 1948. Foto: Charles Leirens.

High Falls, 1948. Foto: Charles Leirens.

Chagall und Virginia in High Falls, 1948.
Foto: Charles Leirens.

Chagall und David in High Falls, 1948.
Foto: Charles Leirens.

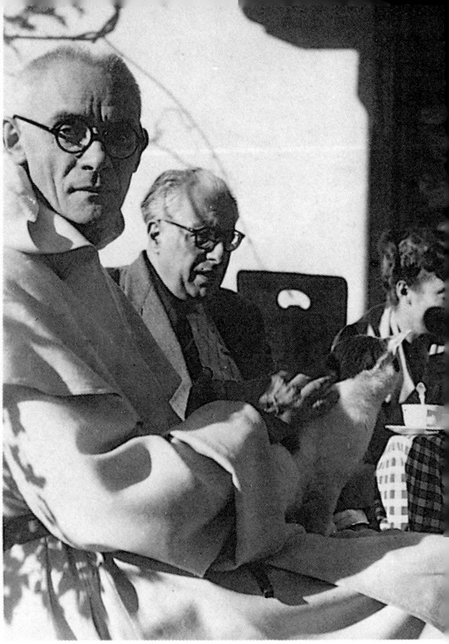

Chagall mit Tochter Ida in dem kleinen Ort Orgeval in der Nähe von Paris. Hier wohnte er zuerst mit Virginia nach seiner lang erwarteten Rückkehr nach Frankreich nach dem Krieg, 1948 (oben, links) – Pater Couturier, der Dominikanermönch. Er war der erste, der Chagall um eine Arbeit für die Taufkapelle in seiner Kirche im Hause Savoie bat – hier mit Jean Cassou, dem Schriftsteller und Direktor des Musée d'Art Moderne (Paris) in Orgeval, 1948 (oben rechts).

James Johnson Sweeney, der in seiner Eigenschaft als Direktor des Museum of Modern Art, New York, die große Retrospektive mit Werken von Chagall veranstaltet hatte. Er besuchte ihn 1949 in Orgeval. (unten, links) – Der Journalist Max Lerner mit Chagall in Orgeval, 1949 (unten rechts).

Chagall mit Virginia in Venedig, 1948.

Ida, Marguerite Lang, Chagall und Tériade, einer der damals berühmtesten Herausgeber avantgardistischer Kunst in Paris. Diese Aufnahme entstand in St. Jean Cap Ferrat in Südfrankreich, 1949.

Chagall bei einem Picknick mit den Kindern, 1949.

Arnold Rudlinger, der spätere Direktor der Kunsthalle in Bern, zusammen mit dem Kunstkritiker Charles Estienne, Ida und Marc vor dem Haus, Les Collines', das Chagall und Virginia 1950 in Saint Jean Cap Ferrat bezogen. (oben links) – Marc mit der Schriftstellerin Claire Goll in Vence, 1950, (oben rechts).

Der Dichter Paul Eluard und seine Frau Dominique mit Chagall, in Vence, 1950.

Der Kunstkritiker Jacques Lassaigne, der häufig nach Vence zu Besuch kam, mit Virginia, Marc und den Kindern, 1950.

Virginia und Chagall in Vence, 1951.
Foto: Mako.

Chagall und Virginia 1951 in Israel.

Chagall 1951 in Jerusalem.

Virginia mit ihrem Vater, Godfrey Haggard, und Chagall 1951 in Vence.

Chagall bei der Arbeit an Idas Portrait, 1951.

Ida und ihr Mann, Franz Meyer, mit Chagall 1952, dem Jahr ihrer Eheschließung, in Vence.

Charles Estienne, Jean, Arnold Rudlinger, Chagall, Ida, Franz Meyer, Bush Meyer Graefe und Virginia 1952 in Vence.

Chagall trinkt auf Ida und Franz. Das Hochzeitsmahl fand in Chagalls Atelier statt. Im Hintergrund ist das große Gemälde »Zirkus« zu sehen.

Chagall in der Madoura-Töpferei in Vallauris, 1952.

David, Chagall und Ida mit ihren Kindern Piet und den Zwillingen Meret und Bella 1954 in Paris. Foto: Roger Hauert.

David betrachtet ein Foto von seinem Vater, das umrahmt ist von Postkarten, auf denen seine Bilder dargestellt sind, 1954.

Abbildungen, soweit nicht angegeben, Privatbesitz Virginia Haggard.

blickte mit einem Gefühl des Unwohlseins zu ihm hinüber, weil er sich in seiner Privatsphäre gestört fühlte, winkte aber schwach, und Picasso schwenkte beide Arme, um ihn zu grüßen. Picasso hielt hof und nahm die Huldigungen seiner treuen Bewunderer entgegen. Es kamen Leute vorbei, die Picassos Vorstellung fotografierten. Marc war offensichtlich neidisch, daß niemand ihn bemerkt hatte, so daß dies unser letztes Picknick in Antibes war.

Marc las nur selten die Zeitung, verschlang aber die Feuilletons. Manchmal war es, als überfliege er wehmütig die Sportseiten. Ich erinnere mich an eine seiner Erzählungen über die friedlichen Jahre vor dem Krieg, in der er davon sprach, daß er manchmal Football-Spiele besucht hatte.

Was Bücher anbelangt, so habe ich ihn selten eines durchlesen sehen. Er scheute jede Art von Tätigkeit, die ihn von seiner Arbeit abhielt. Dennoch schien er Bücher gewissermaßen »aufzusaugen«, während normale Menschen sie lesen müssen. Dinge, die er nicht bewußt wahrnahm, erfaßte er intuitiv, so daß er manchmal erstaunlich gut über Bücher Bescheid wußte, in die er kaum einen Blick geworfen hatte. Er war gegenüber Kunstwerken allgemein mit einer hellseherischen Gabe und ungewöhnlicher Klarsicht ausgestattet, als ob er sie mit seinem zweiten Ich erahnte. Daher auch seine außergewöhnliche Befähigung als Illustrator von Büchern. Es schien, als sei er dazu in der Lage, die schöpferische Erfahrung des Autors noch einmal zu erleben, indem er sich von der Arbeit formen ließ, wie die Arbeit ihren Autor geformt hatte.

Wenn er auch nicht oft ein Buch zur Hand nahm, so liebte er es, wenn man ihm bei seiner Arbeit vorlas. Es störte ihn ganz und gar nicht – im Gegenteil, es schien seine Intuition als Maler freizusetzen, da dem Verstand etwas geboten wurde, worauf er eingehen konnte. Manchmal las ich ihm aus Zeitungen und Zeitschriften Artikel über Kunst vor. Das Leben anderer Künstler interessierte ihn weit mehr als Romane. Gauguin und Goya machten ihn besonders neugierig. Er wollte wissen, was sie frustrierte und welche Mißerfolge sie erlitten. Die Briefe van Goghs an seinen Bruder bewegten ihn tief. »Ich *muß* all das wissen, aber ich habe keine Zeit zum Lesen«, sagte er. Es dauerte nicht lange, und ich hatte auch keine Zeit mehr, da unsere Lesestunden ständig durch Telefonate oder Besucher unterbrochen wurden.

Auch Musik, die ihn in seiner Arbeit beflügelte, hörte er gern, während er vor seiner Staffelei stand. Er brauchte Musik. Damals gab es noch keine Langspielplatten, und unser kleines Grammophon mußte ständig aufgezogen werden. Schließlich stellte er sich auf Radio um und hörte nach Herzenslust. Mussorgski strich die Saiten seiner russischen Seele; Monteverdi weckte seine Phantasie; Ravel entlockte ihm Staunen über den magischen Erfindungsgeist des Menschen; Bach ließ einen religiösen Akkord in ihm erklingen; Mozart schließlich erfüllte seine tiefsten Wünsche vielleicht mehr als alle anderen. Manchmal sang er bei der Arbeit – ein wehmütiges Lied aus Eugen Onegin in Moll, voll romantischer Melancholie, oder den fesselnden Hochzeitstanz aus »Der Dybbuk«.

Ich hörte ihm gern zu, denn seine Stimme war warm und melodiös. Wenn er sang, wußte ich, daß die Arbeit Fortschritte machte. Er erzählte mir, daß er als Junge im Chor der Synagoge gesungen habe. Er hatte eine so schöne Stimme, daß er hatte Sänger werden wollen. Aber sein Onkel Neuch, »der die

Geige wie ein Stümper spielte«, gab ihm Violinunterricht, so daß er statt dessen Violinspieler werden wollte. Dann lernte er tanzen, und alle sagten, er sei anmutig, also wollte er Tänzer werden. Als er begann, russische Gedichte zu schreiben, die alle Welt in Erstaunen versetzten, beschloß er, Dichter zu werden...

Bei unseren Aufenthalten in Paris gingen wir manchmal zur Kinemathek (einem Archiv zur Filmgeschichte) von Henri Langlois in der Avenue de Messine, in der wir Filme sahen, die sich uns tief einprägten: alte Filme von Pudowkin, Dowschenko und Eisenstein. Moderne Filme reizten Marc nicht.

Marcs Einfühlungsvermögen gegenüber Menschen war nicht so zuverlässig wie bei Kunstwerken. Er konnte Menschen gegenüber nur dann Gefühle aufbringen, wenn er sich durch sie nicht in seiner Seelenruhe gestört fühlte.

Er war gesegnet mit vielen treuen Freunden, aber ihre Probleme interessierten ihn nicht – sie sollten ihn bewundern, seinen Wohlstand und seine Position jedoch gefälligst außer acht lassen. Obwohl dies sicherlich auf die meisten seiner Bekannten zutraf, mißtraute er den Menschen um so mehr, je reicher er wurde – sogar einigen seiner engsten Freunde.

Aber er hatte eine Art, das Beste aus den Menschen herauszuholen. Sein freundliches Wesen war ein »immerwährender Antrieb«, der ihn durch sein Leben begleitete. Er haßte flegelhafte Manieren von Menschen, die gesellschaftliche Konzessionen ablehnten, wie zum Beispiel der Maler Chaim Soutine – doch das geschliffene Leben befriedigte ihn auch nicht wirklich, obwohl es die Rache für erlittene Demütigungen und ein Zeichen des Erfolgs war. In »Ma Vie« schreibt er: »Ich bin der Sohn eines

Arbeiters, und wie oft, wenn ich mich in einem Salon langweilen muß, habe ich Lust, das blanke Parkett zu besudeln.« Er verlangte nach einem einfachen Leben, doch Ruhm und Reichtum machten dies immer unmöglicher.

Es gab Geschenke, die er bereitwillig verteilte: zum einen sein strahlendes Lächeln, das seine Augen in erstaunliche Schrägstellung brachte und sie humorvoll und liebevoll – mit einem Stich ins Schalkhafte – aufleuchten ließ. In Gesellschaft gab er immer sein Bestes. Zum anderen signierte er großzügig Chagall-Bücher für Freunde und Bekannte. Immer war er bereit, das Titelblatt mit einer Zeichnung oder einem Aquarell zu verzieren. Manchmal fügte er die Buchstaben so in die Zeichnung ein, daß seine Freunde diese Arbeit nicht verkaufen konnten, wenn sie sich einmal mit ihm überwerfen sollten. Einige dieser Skizzen sind sehr schön. Diese wertvollen Geschenke hatten den zusätzlichen Vorteil, daß sie ihn nichts kosteten. Alles, was mit Geld bezahlt werden mußte, schien für ihn extravagant, während es ihn belustigte, auf diese Weise ein Geschenk »aus dem Nichts« zu schaffen. Er schenkte all seinen besten Freunden Zeichnungen und Skizzen und widmete seine Arbeiten oft wohltätigen Zwecken; aber wenn ein Freund ein Bild kaufen wollte, mußte er den vollen Preis bezahlen. Es war eine Frage des Prinzips – Preise mußten gehalten werden. Marc gab vor, von Geschäften nichts zu verstehen. Früher hatte er Kunden immer an Bella verwiesen, aber es war deutlich, daß er hinter den Kulissen die Fäden in der Hand hielt. Ein Interessent erzählte einmal, wie er in einem Spiegel beobachtet hatte, daß Marc Bella ein Zeichen gab, um ihr den Preis, den sie für ein Bild verlangen sollte, anzudeuten. Die Dinge lagen einfacher, seitdem er jeden zu Maeght oder Ida schickte.

Eine Form der Großzügigkeit gewährte er nicht: er lehnte es ab, einem Freund Geld zu leihen, da er fest daran glaubte, daß ein Freund zum Feind wird, sobald man ihm Geld leiht. Wenn es Ida und mir einmal gelang, uns bei ihm in einer solchen Angelegenheit durchzusetzen, kühlte sein Verhältnis zu dem Entleiher merklich ab.

Mark war ein komplizierter Mann voller Widersprüche – großzügig und zurückhaltend, naiv und schlau, explosiv und leise, humorvoll und traurig, verletzbar und stark.

Marc war besessen von dem Wunsch, großflächige Bilder mit religiösen Themen zu malen. Sein großes Bild *Abraham und die drei Engel,* das er 1940 begonnen hatte, holte er hervor, um es zu überarbeiten. Als nächstes fing er das Werk *Moses empfängt die Gesetzestafeln* sowie *König David* an, die beide großzügig angelegt sind und auf den Gouachen basieren, die er als Vorstudie zu seinen Bibelradierungen angefertigt hatte. David lag ihm von allen Propheten am meisten am Herzen, da er ein Künstler war – eine starke Persönlichkeit, die alle Fehler gewöhnlicher Sterblicher und die edelsten Tugenden in sich vereinte.

Marc wollte diese Gemälde unbedingt für ein Gebäude anfertigen, in dem ihr religiöser Charakter gewahrt würde. Die Idee hatte er sich in den Kopf gesetzt, nachdem er Giotto in Padua und Fra Angelico in Florenz gesehen hatte.

Seine Wunschträume konzentrierten sich auf eine kleine, stuckverzierte Kapelle in Vence, die »Chapelle des Pénitents Blancs«. Sie hatte ockerfarbige Wände, und grün lasierte Ziegel bedeckten das Dach. Gottesdienste fanden nicht mehr darin statt, sie gehörte aber noch zur Gemeinde. Die Tür war immer verschlossen, die Wände begannen feucht zu werden. Er überprüfte die Größe der nutzbaren Wandflächen, bestimmte die Lichtquellen und testete die Beschaffenheit des Mauerwerks. Sobald jemand nach Vence kam, der in Kunstkreisen einen Namen hatte, nahm er ihn mit zu dieser Kapelle. Die Diözese war ordnungsgemäß von seinem Wunsch, die Kapelle zu verschönern, unterrichtet worden, doch monatelang kam Marc in seinen Verhandlungen mit dem Pfarrer von Vence nicht weiter, so höflich dieser auch auftrat. Offensichtlich war er vom Bischof in Nizza beauftragt, Verzögerungstaktik anzuwenden.

Seitdem Léger, ein Kommunist, die Fassade der Kirche von Assy dekoriert hatte und Matisse als Agnostiker seine eigene Kapelle errichtet hatte, blieben nicht mehr viele Argumente gegen die Verschönerung einer zerfallenden, unbenutzten Kapelle durch den berühmtesten Einwohner von Vence übrig.

Da er in dieser Richtung kein Weiterkommen sah, interessierte sich Marc für eine andere, mehr oder weniger verlassene Kapelle in Vence, die »Chapelle du Calvaire«. Er fertigte sogar einen Plan für ihren Wiederaufbau und ihre Dekoration an, in dem jedes Bild aus der Bibel seinen symbolischen Platz hatte. Dieser Plan diente dann später als Grundlage für die »Message Biblique«, die 1973 im Stadtteil Cimiez in Nizza gegründet wurde. Man gab diese Kapellen nicht für ihn frei, und Marc war schlecht auf die Diözese zu sprechen.

Inzwischen hatte Père Couturier, ein kultivierter und intelligenter Dominikanermönch, der selbst auch malte, Marc gebeten, ein Werk für seine moderne Kirche auf dem Plateau d'Assy im Haute

Savoie zu schaffen. Es ist ein wunderschöner Erholungsort in den Bergen, wo man sich vor allem um Patienten mit Erkrankungen der Atemwege kümmert. Couturier wollte, daß gerade Chagall als Jude die Taufkapelle dekorieren sollte. Eine der Gouachen aus St. Jean, *Die Madonna mit dem Busch,* hatte ihn gefesselt: eine weiße Jungfrau in einem auffallenden Busch, über deren Kopf ein großer Fisch schwimmt. Der Fisch, sagte er, sei das Symbol für Christus.

Wir besichtigten Couturiers Kirche Notre Dame de Toute Grace. Das riesige Mosaik von Léger, das die Fassade verziert, verleiht ihr etwas Theatralisches; eine Reihe massiver, grob behauener Säulen trägt ein unverhältnismäßig zierliches Dach. Ein überladenes, mit gelben Platten ausgelegtes Altargemälde von Matisse, ein schimmerndes Bild von Bonnard und einige dunkle, hypnotische Fenster von Rouault schmücken den Innenraum. Germaine Richiers Bronzekreuz ist grausamer Ausdruck zerfallenden Fleisches. Eine seltsame Bronzejungfrau von Lipchitz trägt die Inschrift: »Lipchitz, ein Jude, der der Religion seiner Vorfahren treu ist, hat diese Jungfrau geschaffen für die Verständigung der Menschen auf dieser Welt, solange der Geist herrscht.« Der eindrucksvolle Gobelin von Jean Lurçat über dem Altar verleiht der Kirche einen festlichen Charakter.

Marc war beeindruckt und hätte gern an dieser Gesamtheit teilgehabt, aber er zögerte, da er befürchtete, sich seinen jüdischen Glaubensbrüdern gegenüber schuldig zu machen, wenn er der Verzierung einer Taufkapelle zustimmte.

Monatelang wog er die unterschiedlichen Meinungen von Juden und Christen gegeneinander ab, ohne seiner eigenen Wahrheit näherzukommen. Er berief ein Treffen jüdischer Gelehrter ein, zusammen mit dem Oberhaupt der Rabbiner Frankreichs, um über die Angelegenheit zu diskutieren. Im ganzen schienen sie keinen Einwand zu haben. Abraham Sutzkever, ein langjähriger Freund Marcs, der in Israel lebte und mit dem er regelmäßig korrespondierte, besuchte ihn in Vence, und sie redeten über die Sache. Auch Sutzkever schien nichts dagegen zu haben. Marc sprach über die verschiedenen Probleme auch mit Arkady. Er befürchtete, daß ein Priester Besucher durch die Kirche führen und seine Bilder auf christliche Art und Weise interpretieren könnte.

Marc schrieb sogar an Chaim Weizmann, den Staatspräsidenten von Israel, der ihm antwortete, daß er ihm nur den einen Rat geben könne, nach eigenem Gewissen und eigener Eingebung zu handeln. Arkady erinnert sich daran, daß Marc erwartet hatte, Weizmann würde auf seine Bitte um Unterstützung mit einem Auftrag für Wandgemälde an öffentlichen Gebäuden in Israel reagieren, was er dem Ausschmücken von Kirchen entschieden vorgezogen hätte. Marc war verständlicherweise von Weizmanns Phantasielosigkeit enttäuscht.

Nach einem Besuch in Les Collines fuhr ich Couturier nach Nizza, und wir diskutierten über Marcs Wunsch, Wandgemälde mit biblischen Themen für ein religiöses Gebäude zu malen. Ich sprach darüber, daß ich mir darunter eine Art Tempel vorstellte, in dem alle Religionen in einer allumfassenden, mystischen Philosophie zusammengefaßt würden. Couturier lehnte diese Idee mit eisiger Höflichkeit ab. Als Nachsatz möchte ich hier noch hinzufügen, daß ich mich freute, diesen Gedanken 1973 in Marcs großem Museum, der »Message Biblique« in Nizza, verwirklicht zu sehen.

Aber auch Couturier erreichte sein Ziel. 1957 produzierte Marc ein riesiges Wandbild aus Keramik, das den Durchzug durch das Rote Meer darstellt, sowie zwei Fenster mit Glasmalerei und zwei ausgezeichnete Flachreliefs in Marmor, die er alle der Taufkapelle in Assy stiftete. Über der Tür fügte er folgende Inschrift hinzu: »Au Nom de la Liberté de Toutes les Religions« (Im Namen der Freiheit für alle Religionen).

Im Frühjahr 1951 beschloß der Bischof von Nizza, Chagall einen persönlichen Besuch abzustatten, da er in Vence einen Firmungsgottesdienst abhalten würde. Er dachte wohl, eine mögliche Verstimmung aus der Welt schaffen zu müssen. Ich nahm die telefonische Ankündigung seines Besuchs entgegen, vergaß aber völlig, sie an Marc weiterzugeben. An dem geplanten Tag gingen wir mit den Kindern zu einem Picknick an den Strand. Bei unserer Rückkehr grüßten uns der Gärtner und seine Frau mit einer Mischung aus Ehrfurcht und Belustigung. Sie sagten, der Bischof habe mit seiner Begleitung ungläubige Blicke gewechselt: »Ach ja, diese Künstler!« Marc war mir nicht böse, er freute sich eher über diesen Spaß.

*

Eine meiner Aufgaben bestand in der Erledigung der Korrespondenz, womit ich mir viel Mühe gab. Marc schrieb in Russisch und Jiddisch; sein geschriebenes Französisch jedoch war so schlecht, daß meine eigenen Versuche vorzuziehen waren. Ida schenkte mir eine Ausgabe von Larousse, »Le Parfait Secretaire«, doch ich habe es nicht geschafft, dem Titel auch nur annähernd gleichzukommen. Ich arbeitete in einem kleinen Raum neben dem

Atelier. Von dort hatte ich einen Blick über die Weinranken und das dicht verzweigte Laubwerk hinter dem Haus. Im Sommer hörte ich von den Zisternen her das Quaken der Frösche. Ab und zu ging ich hinüber zu Marc, um zu sehen, was er gerade machte. Ich beobachtete ihn eine Weile, gab ihm einen Kuß und kehrte in mein kleines Zimmer zurück.

Zum ersten Mal seit Jahren hatte ich einen Raum für mich, den ich zu meinem Reich machte. Niemand konnte dort mein Alleinsein stören. Ich begann, Ideen, Überlegungen und Beobachtungen niederzuschreiben. Für mich war dies der Start in ein neues, autonomeres Leben. Ich begann, die bis dahin akzeptierten Meinungen anderer zu hinterfragen. Ich kaufte mir ein großes Notizbuch mit Kunstledereinband, auf dessen Umschlag Marc mir einen Engel malte, der »mich beflügeln« sollte. Er gab mir den Rat, mit Tinte zu schreiben, da »nur Tinte den Dingen Dauerhaftigkeit verleiht«. Aber genau die Beständigkeit der Tinte gab mir das Gefühl der Unzulänglichkeit. Was den Engel betrifft, war ich so bestrebt, mich seiner würdig zu erweisen, daß ich eine Seite nach der anderen herausriß, bis nur noch die Titelseite übrigblieb.

Ich fand Rosa, eine fröhliche italienische Haushälterin, deren Mann die Woche über in den Bergen beim Bau von Straßentunnels beschäftigt war. Rosa mochte uns alle gern, besonders David, der sie ständig erheiterte. Wenn sie morgens nach Les Collines heraufkam, konnte ich ihren Kopf immer wieder zwischen den Mimosen und Lorbeerbäumen auftauchen sehen. Obwohl ihr rundes, gutmütiges Gesicht mit einem feinen Netz von Fältchen überdeckt war, gab sie sich jugendlich wie ein Schulmädchen.

Marc wünschte sich einen Gemüsegarten, und ich fand einen großen, hübschen Mann namens Alexandre, der die Aufgabe übernahm, Gemüse zu züchten. Er besaß die angeborene Trägheit der Mittelmeervölker und das Geschick, sie sich zu erlauben. Er bestellte eine ganze Werkzeugsammlung, von der viele Stücke unauffindbar verschwanden, aber er war so charmant und freundlich, daß man es ihm nicht verübeln konnte. Marc war mit Verdächtigungen schnell bei der Hand, auch wenn kein Grund dafür vorhanden war, so daß ich aufpaßte, Alexandre nicht bloßzustellen. Er war nicht nur ein ausgezeichneter Gärtner, sondern auch ein guter Fahrer und ein Faktotum, und ich war der Meinung, daß wir gut und gern ein paar Werkzeuge opfern konnten, damit er sich wohlfühlte. Das Gemüse wuchs in solchem Überfluß (in Frankreich gibt es keine Japankäfer), daß er und ich bald große Mengen an unsere Nachbarn abgeben konnten. Ab und zu drehte Marc eine Inspektionsrunde, und wenn er faulende Tomaten sah, beklagte er sich, daß sie ihn ein Vermögen kosteten.

Das Untergeschoß hatte ich für Alexandre, seine Frau und ihren dreijährigen Sohn eingerichtet. Wenn wir weggingen, kümmerten sie sich bereitwillig und gern um Jean und David. Auf diese Weise litten die Kinder nicht zu stark unter unserer häufigen Abwesenheit.

Während dieser Zeit fotografierte ich all die neu entstandenen Bilder und klebte die Fotos, versehen mit Titel, Datum und Bildergröße, in ein Album. Eine solche Aufstellung war vorher nie gemacht worden, und obwohl meine Fotografien zu wünschen übrigließen, reichten sie zur Identifikation der Bilder allemal aus. Damals dachte ich nicht im

Traum daran, daß ich einmal eine Berufsfotografin werden würde!

Zwei junge Künstler hatten Dutzende von kleinen Skizzen, Zeichnungen und Aquarellen für mich aufgestapelt und sorgfältig in große Mappen verpackt. Diese Arbeiten, klein zwar, aber oft sehr eindrucksvoll, hatten bis dahin in völligem Durcheinander herumgelegen.

In dem großen Atelier unten, das zum Montieren, Rahmen und Lagern der Bilder genutzt wurde, lehrte ich die Kinder mit Ton zu modellieren und mit Ölfarben zu malen. Mit Hilfe von Alexandre stellten wir ein Marionettentheater her. Als meine Schwester Joan in eine Pension in Vence einzog, um dort eine Zeitlang mit ihrem Mann und vier Kindern zu bleiben, wurden unsere Kunstklassen größer. Marc freute sich immer, wenn Familienmitglieder um ihn herum waren; er fühlte sich dann wohl und war charmant zu allen. Manchmal kam er die Treppe herunter, um die Arbeiten der Kinder zu prüfen und ihnen Ratschläge zu erteilen; es erinnerte ihn an die Waisenkinder, die er in dem Malachowska-Kinderhilfswerk während der Revolution unterrichtet hatte. »Sie waren schlecht gekleidet und fast verhungert«, erinnerte er sich, »und sie griffen nach der Farbe, als wäre es Fleisch.« Die Zielstrebigkeit der Kinder und ihr leidenschaftlicher Eifer faszinierten ihn. Zweifellos beeinflußten sie seine Werke.

Davids Bilder glichen Explosionen. »Ich werde ein Bild vom Donner malen. Der Donner ist Papa, und der Mond ist Mama, die die kleinen Sterne füttert. Dann will ich ein Bild von Belle malen (die Kuh des Nachbarn, die geschlachtet worden war). Sie kommt im Himmel in ein Nest.« Die Kühe, die Marcs Großvater schlachtete, kamen auch in den Himmel. Marc schrieb: »Und du, kleine Kuh, du nacktes Opfer, träumst im Himmel.« Marcs Vorstellungen, ob geschrieben oder gemalt, kamen der impulsiven Vorstellungswelt eines Kindes sehr nahe.

Jean verwandelte das Spielzimmer in eine Bühne. Die Türen mit Milchglasscheiben, die mit Kinderbildern übersät waren, dienten als Vorhänge. Wenn sie von hinten beleuchtet waren, wirkten sie wie Glasmalerei. Eine Kulisse für »Le Corbeau et le Renard« (Der Fuchs und der Rabe) bestand aus einem Mond aus Transparentpapier, hinter dem eine Kerze flackerte, und einem Baum, auf dessen Ast der Rabe (David) mit einem großen Stück Käse im Mund hockte. Bis zu den Worten (»ouvre un large bec, laisse tomber sa proie« (riß den Schnabel weit auf und ließ seine Beute fallen), war der Käse schon fast aufgegessen.

Wir hatten eine alte Laterna magica, die jedes Bild, das man unter sie legte, projizierte, und die Kinder fütterten sie mit Bilderserien, die sie sich selbst ausgedacht hatten. Marc hatte seine helle Freude daran.

*

In Vence gab es sehr viele alte Menschen, die an diesem sonnigen Ort ihren Lebensabend verbrachten. Zwei dieser Menschen, beide über achtzig, waren gute Freunde von mir. So Edward Gordon Craig, der Sohn der berühmten englischen Schauspielerin Ellen Terry, der selbst ein großer Schauspieler, Produzent und vor allem Bühnenbildner und Theatertheoretiker war. Er lebte einsam in einer bescheidenen Pension und langweilte sich. Marc und er mochten einander nicht sehr, da Craig ein wenig misanthropisch geworden war und oft sarkastische

Bemerkungen über Menschen fallenließ. Nur zu Kindern und zu sanften, unbekannten Menschen, zu denen auch ich gehörte, war er reizend. Seine einst stattliche Figur war jetzt gebeugt. Mit seinem silbergrauen Haar, seiner hübschen Nase, die unter seinem flachen, breitrandigen Hut hervorschaute, war er für die Bewohner von Vence ein gewohnter Anblick geworden, wie er da in seiner schwarzen Cordsamthose, deren Saum hinten ganz abgetreten war, durch die Straßen schlurfte. Seine Augen hatten einen stechenden und gehässigen Ausdruck. Er sprach nie von Vergangenem, er war nur an der Gegenwart interessiert. Er klagte darüber, daß alte und berühmte Menschen immer in ihre Vergangenheit zurückgeworfen werden.

Eine andere Freundin, Aglet, 85 Jahre alt, war derselben Ansicht. Sie war die Baronin von Hutton, Autorin der »Pam«-Romane, die bei Schülerinnen so beliebt waren. Sie war unterhaltsam und exzentrisch und verdankte ihre Langlebigkeit und gute Gesundheit dem Rezept ihres Arztes: ein Glas Milch am Morgen mit zwei zerriebenen Knoblauchzehen und am Abend eine halbe Flasche Sekt. Manchmal leistete ich ihr auf ein Glas Sekt Gesellschaft auf der hellangestrichenen Veranda ihres altmodischen Hotels, die von eingetopften Farnen überschattet war. Nachdem ihr Mann, der bekannte Schauspieler Henry Ainley, zum Alkoholiker geworden war, hatte sie sich von ihm scheiden lassen und einen deutschen Baron geheiratet. Ihr Sohn Richard Ainley, auch Schauspieler, war einer meiner treuesten Freunde, dessen Großzügigkeit und Toleranz während der schwierigen Zeit in England und Amerika ein Bollwerk für mich darstellten. Er war ein Freund John McNeils, der einzige, der sich während der harten Jahre unseres Zusammenlebens nicht gänzlich von ihm lossagte. Richard hatte während des Krieges in der Armee der Vereinigten Staaten gedient und an der deutschen Front eine Kopfverletzung erlitten. Er konnte sich gerade gut genug erholen, um seinen Beruf als Schauspieler wieder aufnehmen zu können, obwohl er an einem Arm gelähmt war und am Bein eine Stütze tragen mußte. Nun hielt er sich in Vence auf, um seiner temperamentvollen Mutter, seinem alten Freund Craig und mir einen Besuch abzustatten.

Zwei andere Freunde leisteten den Achtzigjährigen gelegentlich Gesellschaft: der große Freiheitskämpfer und erste Präsident der Republik Ungarn, Graf Mihàly Karolyi von Nagykarolyi, und seine Frau Katharina, die man als die »Rote Gräfin« kannte. Katharinas Kampf um die Rechte der Frau nach dem Ersten Weltkrieg führte sie weg von der privilegierten Klasse in den offenen Kampf; sie begann, sich um Geisteskranke und straffällig gewordene Kinder zu kümmern und spielte in der glänzenden, risikoreichen Karriere Mihàlys eine wichtige Rolle. Ihr Leben war voll von großartigen Heldentaten, von Leichtsinn und dem Vertrauen in Gerechtigkeit. Sie ließen sich in Vence nieder und gründeten die Karolyi-Stiftung, die jungen Künstlern und Schriftstellern Gelegenheit bot, eine Zeitlang in Frieden und Sicherheit leben und arbeiten zu können.

Nach dem Einkaufen traf ich oft die Frau Jean Darquets, Ziazi, zu einem Café au lait auf der Grand Place. Wir waren eng befreundet und leisteten uns gegenseitig moralische Unterstützung. Manchmal war sie knapp bei Kasse, aber ich konnte ihr kein Geld leihen. Ich hatte weder Zugriff zu einem Bankkonto, noch erhielt ich Haushaltsgeld. Wenn ich Geld brauchte, mußte ich Marc darum bitten und ihm erklären, wofür ich es benötigte. Unsere Lebensmittel kaufte ich alle auf Rechnung, die er am Ende eines Monats bezahlte, was ihn zweifellos teurer zu stehen kam, da die Händler sich nicht scheuten, ein wenig »aufzurunden«. Seltsam, er vertraute ihnen mehr als mir! Vielleicht dachte er, ich würde notleidenden Menschen Geld geben. Marc Schecks zur Unterzeichnung vorzulegen, war immer eine Quälerei, da er jedesmal vor sich hin schimpfte.

Es begann mich zu belasten, daß ich für jeden Pfennig, den ich ausgeben wollte, um Erlaubnis bitten mußte. Nichts konnte ich selbst bestimmen. Mein niedriges Einkommen von früher war wenigstens mein Eigentum gewesen, das ich nach Belieben ausgeben konnte. Das aber konnte Marc wiederum nicht nachvollziehen. Er erinnerte mich wiederholt daran, daß er mich aus der Armut errettet und mir unschätzbare materielle Vergünstigungen verschafft hatte. Natürlich war ich dankbar dafür, aber es gab andere Dinge, die für mich höheren Wert besaßen – Freiheit und Unabhängigkeit. Dies war ihm jedoch nicht verständlich zu machen. Wäre ich reifer gewesen, hätte ich auf dieser Unabhängigkeit bestehen können, und er hätte nachgeben müssen.

Er verlangte von mir, mich gut zu kleiden, und erzählte seinen Freunden stolz, wie anspruchslos ich sei, weil ich einfache Kleidung bevorzugte. Aber wenn ich ihn für Alexandre und Jeanette um Gehaltserhöhung bat, lehnte er ab mit dem Argument, daß er nicht wisse, ob er im nächsten Jahr Bilder verkaufen werde. Wenn ich ihn daran erinnerte, daß er sicherlich für mindestens zwanzig Jahre ein gutes Polster auf der Bank liegen hätte, antwortete er mir, daß Reichtum keine Garantie gegen den Ruin sei, daß er in einer armen Familie aufgewachsen sei, in der sein Vater ihm den wahren Wert des

Geldes beigebracht habe. Mit dem für ihn typischen Paradoxon verkündete er dann: »Man kann es sich heutzutage eben nicht leisten, arm zu sein.«

Tatsächlich hatte er in der letzten Zeit beachtliche Gewinne erzielt, und er beauftragte Ida, das Geld anzulegen. Er wußte zwar, daß Kunstwerke ausgezeichnete Investitionen waren, wollte aber außer seinen eigenen keine anderen besitzen. Aktien waren zu unsicher, so daß Ida zwei Goldbarren und einen großen, feingeschliffenen Diamanten kaufte. Sie fragte mich, ob ich den Diamanten an einem Ring tragen wolle, und ich lachte: »Kannst du dir vorstellen, daß ich einen Diamantring trage?« Er wurde zusammen mit den Goldbarren und einigen von Marcs wichtigen Werken in einen Safe gelegt. Man schlug die Bilder in Decken ein, zum Trost dafür, daß sie in einer kalten, dunklen Kammer leben mußten. Ehrfurchtsvoll trugen wir sie zu ihrem Mausoleum in der Bank Crédit Lyonnais auf dem Boulevard des Italiens in Paris, wo auch Picasso seine Bilder aufbewahrte.

Marc befürchtete wohl, daß ich nie eine würdige Verwalterin seiner Besitztümer würde, da ich das Geld nicht genügend achtete. Er hoffte aber immer noch, daß ich mich im Laufe der Jahre ändern würde. Eines Tages verkündete er, daß er seinen Letzten Willen niedergeschrieben und darin seinen Besitz zu gleichen Teilen Ida, David und mir vermacht habe. Mich rührte diese Geste, ich hatte aber das leise, unbestimmte Gefühl, daß ich dieses Geld niemals antasten würde. Hier befand ich mich wieder in der privilegierten Klasse, was mich beunruhigte. Marc verhielt sich gegenüber Unterprivilegierten genauso gleichgültig wie meine Eltern; er würde nie die Ansicht teilen, daß glückliche Menschen den Bedürftigen etwas schulden.

*

Bald nach unserem Umzug nach Les Collines freundete sich Marc mit Serge Ramel an, einem Töpfer, der an der Place du Peyra arbeitete. (Soutine hatte den riesigen Baum mit seiner kreisrunden Bank, der diesen Platz beschattete, gemalt.) Ramel war der Großneffe von Ingres. Er war nicht nur intelligent, sondern auch ein kräftiger, sensibler Kunsthandwerker. Er führte Marc in die Grundbegriffe für Keramikarbeiten ein und folgte dabei dessen Launen und Phantasien mit solcher Achtung, daß jedes neue Werkstück eine aufregende Entdeckung für sie beide bedeutete. Offenbar hatten sie dieselbe Wellenlänge: Ramel fühlte instinktiv die Wirkungen, die Marc erzielen wollte, obwohl Marc sich mit dem eigenwilligen Material noch nicht genügend auskannte.

Unter der Führung Serge Ramels produzierte Marc eine Reihe ausgezeichneter Stücke. Seine ersten Versuche waren ein paar ovale Teller. Dann stellte er aus rötlichem Ton, den er mit Schamotte (einer grobkörnigen Substanz) gemischt hatte, eine Reihe keramischer Platten her, die in der Struktur reichhaltiger waren und die er teils mit einer durchsichtigen Lasur, teils mit dicken, glänzenden und undurchsichtigen Tupfern einfärbte. Diese Stücke, wie zum Beispiel *David und Bathseba* und *Frau mit Blumenstrauß* (angeregt durch eine Gouache, für die ich Modell gestanden hatte) und eine ganz hervorragende »Kreuzigung« – sie alle besaßen die leuchtende, geheimnisvolle Ausstrahlung von Ikonen. Später führte er Ramel hin zur Herstellung geformter Keramikvasen, die er selbst in den Einzelheiten und in ihrer Farbgebung fertigstellte. Allmählich wurden diese freier und kunstvoller. Eine davon war ein hockender Akt. Als Serge sie zum Brennofen tragen wollte, sprang Marc mit dem Pinsel in der Hand hinter ihm her.

»Gestatten?« fragte er.

»Aber bitte«, antwortete Serge, und Marc malte zwei rosa Tupfer auf die Brüste.

Trotz seiner Zappelei und seines Herumwirbelns war Serge entzückt über seinen Schüler. Marc sagte: »Wenn Sie noch mehr Schüler wie mich hätten, würde es Ihnen reichen!«

Als Marc einmal eine wunderschöne Platte mit immer mehr nutzlosen Details zu vervollkommnen suchte, rief Serge: »Chagall, Chagall, hören Sie auf!« – und Marc gehorchte.

*

Wenn wir die Werkstatt betraten, grüßte uns Serge mit erhobenen Armen. »Ah, bonjour!« Er reichte uns den kleinen Finger, da seine Hände voll Ton waren. Wir verbrachten viele schöne Stunden miteinander bei Essen und Trinken. Einmal fuhren wir nach Seillants, um uns ein berühmtes Altarbild anzusehen. Serge ging zum Haus des Pfarrers und bat um Erlaubnis, in die Kirche gehen zu dürfen. Der Pfarrer war ein kleiner Mann mit einem schwarzen Bart, der fast wie ein Rabbiner aus Chagall-Bildern aussah. Er war offensichtlich sehr beschäftigt und in großer Eile – gerade hatte er das Fahrrad des Metzgers zur Reparatur geholt. Zufällig war die Frau des Metzgers krank, so daß noch mehr Pflichten auf ihn warteten. Serge fragte ihn, ob wir uns das Altarbild ansehen dürften.

»Unmöglich«, rief der Pfarrer, »im Nachbardorf findet heute eine Prozession statt, zu der man mich erwartet.«

Höflich faßte Serge noch einmal nach. »Ich bin mit einem berühmten Maler aus Vence gekommen, der wenig Zeit hat.«

»Tut mir leid, cher Monsieur, es geht wirklich nicht, ich habe mich schon verspätet.«

Serge wollte immer noch nicht aufgeben. »Chagall würde sich das Altarbild so gern ansehen.«

»Chagall?« fragte der Pfarrer. »Chagall ist hier? Oh, dann muß der liebe Gott eben warten.«

*

Im allgemeinen ist nicht bekannt, daß Marc mit diesem talentierten Kunsthandwerker arbeitete, dessen Bescheidenheit so groß war, daß ihre Zusammenarbeit allmählich aus den Berichten verschwand.

Serge Ramel war es zu verdanken, daß Marc den Mut hatte, in der Madoura-Töpferei in Vallauris, Picassos privatem Jagdgelände, mit Ramié zusammenzuarbeiten. In seinem Buch über Chagall erzählt Jean-Paul Crespelle* eine amüsante Geschichte. Picasso kam eines Morgens nach Vallauris und traf Marc bei der Arbeit an. Seine Anwesenheit regte Marc dermaßen auf, daß er hinausging, »um Luft zu schnappen«. Als Marc wieder hereinkam, war die Platte, an der er weiterarbeiten wollte, mit einem hübschen »Chagall« dekoriert. Er hätte es selbst nicht besser machen können!

Die Arbeit an geformten Vasen ließ in Marc den Wunsch aufkeimen, sich an Skulpturen zu versuchen. Auf seinen Spaziergängen blieb er oft bei seinem Nachbarn stehen, einem italienischen Marmor-

---

* Jean-Paul Crespelle, »Chagall, l'Amour, le Rêve et la Vie«, Presses de la Cité, Paris 1969

steinmetz, dessen Hof dem Eingang zu Les Collines gegenüber lag, um ihm bei der Arbeit zuzusehen. Marc faszinierten die glitzernden Marmorblöcke auf dem Hof, die blauen Granitscheiben und der rauhe, gelbe Sandstein. Er stellte sich bereits Tiere, Bäume und Liebespaare darin vor. Mit einem Stift zeichnete er Umrisse auf die Blöcke und leitete den Steinmetz an, wie der die Formen ausmeißeln sollte. Der machte seine Sache gut und spürte von Tag zu Tag mehr, worauf Marc hinauswollte. Auf diese Weise fertigten sie eine ganze Reihe Flachreliefs an. Die Figuren waren gefällig und anmutig, doch schienen sie immer noch im Stein gefangen zu sein. Dann begann Marc eine Reihe sorgfältiger ausgearbeiteter Stelen, in denen die Figuren zum Leben erwachten. Das Ausmeißeln überließ er zum größten Teil dem Steinmetz. Waren die groben Umrisse einmal aus dem Block herausgehauen, fügte er nur noch Kleinigkeiten hinzu. Die beiden Flachreliefs, die er einige Jahre später für die Taufkapelle in Assy anfertigte, gehören zu seinen erfolgreichsten Skulpturen.

Dieser bescheidene Steinmetz, der Marc in die Welt der Skulpturen einführte, ist meines Wissens nie erwähnt worden. Er ist wie Serge Ramel in Vergessenheit geraten.

*

Manchmal stattete Marc auf seinen morgendlichen Rundgängen der Matisse-Kapelle einen Besuch ab. Er bewunderte ihre Schlichtheit und ihre zarte Farbgebung. Die hübschen Fenster gefielen ihm besonders, und er begann sich zu fragen, was er wohl mit diesem Werkstoff anfangen würde. Damals konnte er sich noch nicht vorstellen, welche

Meisterwerke er eines Tages in Glasmalerei vollbringen sollte – die Fenster für Metz, Reims, Jerusalem und die »Message Biblique«, um nur einige zu nennen.

Marcs Palette war eine Schönheit, ihre Farbtöne erstaunlich zart. Sie glich mehr einer Farbkomposition von Turner als von Chagall. Manchmal drückte er die Farbe gleich aus der Tube auf die Leinwand und mischte sie da mit anderen. Er leerte die Farbtuben bis auf den letzten Rest; er schnitt sie mit der Schere auf, um nichts zu verschwenden. Wenn die Gouache-Töpfe völlig ausgetrocknet waren, befand sich auf dem Grund immer noch eine Kruste, die mit ein wenig Wasser aufgeweicht werden konnte. Kam eine neue Lieferung von Lefèvre Foinet, schenkte er die alten Töpfe für gewöhnlich den Kindern, da ihn die neuen mit ihrem einladenden Duft und der unter den Deckeln hervorquellenden Farbe erregten. Nach einigen Wochen jedoch, wenn er auf der Suche nach ihren Bildern durchs Kinderzimmer ging, stieß er auf die alten Töpfe, die er – sehr zur Belustigung der Kinder – wieder mitnahm.

Eines Tages regte sich Marc über einen Markisenhändler auf, der seiner Meinung nach eine handgefertigte Markise für sein großes Atelierfenster zu teuer verkaufte. Ich fand den Preis angemessen und legte für den Mann Fürsprache ein. Marc war so aufgebracht, daß er seine Palette nahm und sie in Richtung des Mannes schleuderte. Dieser duckte sich rechtzeitig, so daß die Palette geschickt wie eine fliegende Untertasse landete. Sie war nicht einmal zerbrochen. Sogar wenn er wütend war, schonte Marc instinktiv sein wertvolles Material.

*

Im Sommer 1950 verbrachten wir einige Wochen zusammen mit Ida und Géa in dem wunderschönen steinernen Schulhaus aus dem 17. Jahrhundert in Gordes, das so lange Jahre leergestanden hatte. Ida hatte die hohen Fensterläden repariert, den Kamin und die Schulglocke im Giebel. Die sengende Sonne hatte die Wände trocken gehalten, so daß sie sich in gutem Zustand befanden. Marc fürchtete sich davor, dorthin zurückzukehren, weil er dort das letzte gemeinsame glückliche Jahr mit Bella verbracht hatte, bevor sie nach Amerika gegangen waren.

Nun erlag Marc dem Charme des kleinen Ortes erneut. Die Sonne brannte unbarmherzig auf die glühenden Mauern, die Grillen zirpten wie toll. Die Kinder tobten wild mit ihren Freunden durch die Straßen dieser wunderschönen, halbzerfallenen Stadt. Sie war einst ein blühendes Zentrum der Schuhmacher gewesen, bis die Industrie es überflüssig machte. Nach ein paar Tagen hatte sich Marcs Trübsinn in der gesunden Luft aufgelöst. Das Atelier war noch immer dasselbe mit seinen kühlen, gefliesten Böden, auf denen er seine Blätter ausbreitete, begierig, seine Eindrücke von stabilem, fortdauerndem Wohlergehen festzuhalten.

Wie üblich kamen viele Freunde von Ida hinzu, so daß wir wüste, fröhliche Gelage in Landkneipen erlebten. Ida war nicht geschaffen für eine traute Zweisamkeit, und ihre Gesellschaft war sehr gefragt.

Unter den Besuchern in Gordes war Willem Sandberg, der dynamische, avantgardistische Zeichner und Direktor des Stedelijk-Museums in Amsterdam, der 1947 nach der großen Ausstellung in Paris ebenfalls eine Chagall-Retrospektive veranstaltet hatte. Trotz seines Alters – er war über sechzig – wirkte er erstaunlich jugendlich; seine silbergrauen Haare standen ihm wirr vom Kopf ab. Charles Estienne kam auch vorbei; er bereitete gerade für den französischen Herausgeber Somogy ein Buch über Marc vor. Gemeinsam schlenderten wir durch das trockene, steinige Gelände, erstiegen Burgen und Felsdörfer, die über einem Meer blauer Lavendelblüten segelten.

Im Oktober 1950 fuhren wir nach Bergamo zu einer internationalen Ausstellung von Zeichnungen, die in dem bezaubernden Palazzo della Ragione stattfand. Ida, Géa und ein amerikanisches Paar schlossen sich uns dort an, und zusammen fuhren wir nach Verona, Venedig und Florenz. Wieder ergriff uns ein Wohlgefühl der Leichtigkeit, das wir auch früher schon in Italien verspürt hatten, ein Gefühl grenzenloser Kraft und Abenteuerlust. Aber Marc bewegte auch der tiefe Friede von Angelico, und er verlor sich in Gedanken über die Tugenden eines Mönchslebens. »Er hatte Wände zum Bemalen«, sagte Marc neidisch, »und keine Sorgen.« Die Grabkapelle der Medici, die Uffizien und der Palazzo Pitti boten so viele umwerfende Eindrücke, daß er die meiste Zeit schwieg. Die Tizians, Ucellos und Mantegnas mußte er verarbeiten, Michelangelo beeindruckte ihn mehr, als er ihn bewegte, und Tintoretto hinterließ in ihm größeres Staunen denn je.

Die Reisen mit Marc waren äußerst angenehm und gehörten zu unseren besten Zeiten. Wir hatten mehr Zeit füreinander, und Marc war immer fröhlich und liebenswert. Zu Hause kannte er nur seine Arbeit, und ich war ständig unterwegs. Das Telefon klingelte, und die Zahl der Besucher hatte sich im letzten Jahr verdoppelt.

Obwohl er ein nervöser Mann war, vertraute er sich mir erstaunlich entspannt an, wenn ich ihn fuhr. Dem Auto, diesem wundersamen Monstrum, brachte er viel Zutrauen entgegen; er kritzelte etwas auf Papier oder sah träumend in die Landschaft. Seine Augen sahen Dinge, die er im Kopf hatte – Visionen, hervorgerufen durch die Landschaft. Sein Skizzenblock füllte sich mit groben Ideen für Bilder; manchmal fügte er russische Vermerke hinzu, Beobachtungen, Farbnotizen.

Wenn wir zum Essen irgendwo anhielten, ging er zum nächsten Metzger, um sich nach dem besten und günstigsten Restaurant am Ort zu erkundigen. Diese Methode war unfehlbar die beste, und ich persönlich hatte nie Grund zur Beschwerde, aber wenn wir unsere Fahrt fortsetzten, entdeckte er immer noch einige andere Restaurants, die noch besser aussahen. Ein unbewußtes Gefühl der Unzufriedenheit schien ihn ständig zu verfolgen. Wenn er vor seiner Mahlzeit in dem ausgewählten Restaurant saß, konnte er es nicht lassen, auf die anderen Tische zu blicken, um zu sehen, was seine Nachbarn aßen, und er bereute seine Wahl oft.

Marcs Neugier war unstillbar. Er liebte es, einen Blick in alle Schaufenster zu werfen, drehte sich aber für gewöhnlich um und bemerkte achselzukkend: »Ich habe kein Geld.« Eine seiner Regeln besagte, man solle keinen Laden betreten, dessen Inhaber in der Tür stand. Es war ein sicheres Zeichen dafür, daß der Mann keine Kunden hatte.

In einer einsamen Gegend in der Toskana riß der Keilriemen an unserem Wagen, und riesige Dampfwolken entstiegen dem Kühler. Ich fragte mich, was um Himmels willen wir denn nun tun könnten, doch Marc war nicht im geringsten verängstigt. Er hatte an dem Anblick der gewaltigen Qualmwolken, die emporstiegen, seine helle Freude. Zufällig arbeitete in einem nahegelegenen Feld ein Bauer, der mit einem strahlenden Lächeln auf uns zukam. Er gab uns zu verstehen, daß er den Riemen für uns flicken wolle. Eine halbe Stunde später brachte er ihn zurück, perfekt repariert, lehnte jedoch jede Bezahlung ab. Ich sehe noch seine kleinen, dunklen Augen vor mir, die sich über unsere Erleichterung und Dankbarkeit freuten, und die tiefen, senkrechten Furchen auf seinen Wangen.

Marc hatte eine abergläubische Angewohnheit, die ich mit ihm teilen sollte. Bevor wir uns auf eine Reise begaben, mußten wir uns für eine Minute hinsetzen. Beim Aufstehen seufzten wir zufrieden und voller Erwartung, gemischt mit einer leisen Furcht, die erst dann schwand, wenn wir unterwegs waren.

*

Marc behauptete, ein Künstler habe das Recht, egotistisch zu sein, weil seine Arbeit ihn dermaßen beanspruche, daß er nicht auch noch Rücksicht auf die Gefühle anderer Menschen nehmen könne. Natürlich ist ein gewisses Maß an Egotismus notwendig, um sich davor zu schützen, Zeit mit den Egotismen anderer vergeuden zu müssen, aber gerade das gelang ihm in vielen Fällen nicht. Andere Egotisten nutzten die defekten Stellen in seinem Panzer, aber denjenigen, die sich um ihn sorgten und die ihn schützen wollten, dankte er es nicht. Niemand sollte sich einem Künstler in den Weg stellen, aber niemand sollte sich auch devot vor ihm in den Staub legen, damit er darüber hinwegschreiten kann.

Jung schreibt: »Ein Künstler ist das Instrument seiner Arbeit und ihr unterworfen... Der Künstler ist keine Person mit einem freien Willen, der seine eigenen Grenzen sucht, sondern jemand, der der Kunst erlaubt, ihre Grenzen durch ihn zu setzen... Ein Mensch muß für die göttliche Gabe schöpferischen Feuers teuer bezahlen.« Jung sagt nicht, daß auch andere teuer bezahlen müssen, aber das scheint oft genug der Fall zu sein.

Die Lebensgefährtin eines Künstlers (wenn der Künstler ein Mann ist) muß in sich selbst ruhen, sie muß stark und autonom sein; nur dann kann sie mit dem Künstler in Harmonie zusammenleben. Nur zu oft wird sie aber in den Hintergrund gedrängt und ist frustriert, so wie ich es war. Im Idealfall sollte sie seiner Kunst dienen, ohne unterwürfig zu sein; sie sollte auch ihr eigenes Leben führen. Die »veuve abusive« (die falsche Witwe) ist eine Frau, die im Leben eines Künstlers eine enttäuschende Rolle spielt und es versäumt, zu sich selbst zu finden. Die »muse abusive« ist eine Frau, die den Künstler durch den Schutz, den sie ihm gewährt, beherrscht und dominiert. Beiden gelingt es nicht, ihr Leben in wirklicher Autonomie zu organisieren.

Der Künstler braucht eine Gefährtin in der Rolle der uneigennützigen Beschützerin, da er ständig in Gefahr ist, durch ein gewissenloses Spekulantentum Schaden zu erleiden. Aber auch seine eigenen Begierden können ihm schaden, und davor kann ihn niemand bewahren.

Marc strebte nach Reichtum, weil er glaubte, dadurch Freiheit zu erlangen. Aber Freiheit ist ein unbeständiger Wert – hält man sie zu fest, rinnt sie wie feiner weißer Sand zwischen den Fingern hindurch.

Ich war zu unreif und konnte mich nicht gegen das gewaltige Gewicht des Etablierten, zu dem Marcs Leben geworden war, zur Wehr setzen. Ich besaß nicht die Freiheit, eigene Wege zu gehen; keine Möglichkeit, meine persönliche Identität zu finden. Marc hatte sich endlich niedergelassen und begann, sein enormes Vermögen zu horten (von dem nur Ida die genaue Höhe kannte) und seinen Ruf zu genießen. Ich aber wollte mich noch nicht zur Ruhe setzen. Vorbei war unser ungebundenes Leben. Chagall war eine Berühmtheit geworden, die sehr oft im Rampenlicht der Öffentlichkeit stand. Ida hatte sich offenbar auch von der eher sorglosen Art Géas abgewandt. Sie wurde sich mehr und mehr ihrer Rolle bewußt, die sie in der Öffentlichkeit spielte, und versuchte, ihre Position zu festigen. Bald würde auch ich einem gewissen Standard entsprechen müssen, den man von der Gefährtin eines Marc Chagall erwartete, und ich merkte, daß ich nicht in der Lage sein würde, dem nachzukommen. Um mich herum wuchsen unsichtbare Schranken; langsam und allmählich wurde ich in eine Gußform gezwängt. Sogar für Jean wurde eine Rolle ausgearbeitet, und bald würde es David ebenso ergehen. Ich war der Meinung, daß wir ein Recht hatten, unkalkulierbar zu sein. Ich wollte mit Menschen zusammenkommen, die nicht in irgendeiner Weise von Erfolg bestimmt waren, Menschen, für die Geld nicht mehr als ein notwendiges Übel ist, die es wagten, überkommene Verhaltensregeln in Frage zu stellen. Marc war trotz seines scheinbar freien Lebensstils nicht frei.

Im Sommer 1950 freundete ich mich mit einer Gruppe junger Leute an, die dieser Beschreibung entsprachen. Sie lebten in einem großen Haus in Roquefort-les-Pins. Ein hübsches Paar mit emanzipierten Ideen lebte in einem Wohnwagen unter den Bäumen im Garten. Sie kannten einen jungen Dichter, der sich von einer schweren Tuberkulose erholte. Unsere Beziehungen waren von tiefem gegenseitigem Verständnis geprägt. Der Dichter verdankte seine spektakuläre Heilung den Naturheilmethoden, die der Besitzer des Hauses praktizierte, nachdem man jahrelang mit Medikamenten an ihm herumgepfuscht hatte. Er fühlte sich tief in dessen Schuld, mochte aber die sektiererischen Ideen des Hausbesitzers nicht teilen. Dieser hatte ein naives reiches Mädchen geheiratet, das bedingungslos an seine moralische Überlegenheit glaubte. Als strenge Vegetarier erlaubten sie nicht einmal ihrem Hund, Fleisch zu fressen. Als ihr Kind geboren wurde, hielten sie es für ein übernatürliches Wesen, eine Art Jesuskind, weil es streng nach ihren Grundsätzen erzogen wurde. Die kleine Tochter aus der ersten Ehe des Besitzers bekam dies zu spüren: so sehr sie sich auch bemühte, sie wurde den Ansprüchen nie gerecht. Man behandelte sie mit gnädiger Herablassung, und wir anderen versuchten, ihr die Liebe zu geben, die ihr fehlte. Jean fand in ihr das Echo auf ihre eigene Eifersucht David gegenüber, und sie wurden gute Freundinnen.

Ich war von der bemerkenswerten Heilung des jungen Dichters beeindruckt und eignete mir einige der Naturheilmethoden an. Marc hatte neuerdings Schwierigkeiten mit der Prostata, und ich drängte ihn, doch einmal ein Heilverfahren auszuprobieren, aber er war skeptisch. Ich dagegen mißtraute der herkömmlichen Medizin, da ich ihre verheerenden Wirkungen vor allem bei meinem jungen Freund gesehen hatte. Ich versuchte, Marcs Ernährung umzustellen, und hoffte, es würde von Vorteil für ihn sein, aber Marc widersetzte sich. Ich glaube, der Vegetarismus sprach einen puritanischen Zug in meinem Inneren an, der vielleicht durch meine protestantische Erziehung angelegt war. Dies mag meine gelegentliche Neigung zu dieser Art von Askese erklären, die im Widerspruch zu meinem natürlichen Spaß an der

Freude stand. Glücklicherweise hat letztere die erste verdrängt, und ich fühlte mit meiner Familie, die mit meinen Schrullen zurechtkommen mußte.

Marc ging einige Male mit nach Roquefort-les-Pins und mochte meine Freunde offenbar auch. Als er für die Arbeit an seinen Lithographien nach Paris ging, blieb ich mit den Kindern dort; endlich konnte ich ihnen meine ungeteilte Aufmerksamkeit zuwenden. Die Felsen und Pinien, die dem Ort seinen Namen gaben, waren noch unzerstört; schmale Pfade wanden sich zwischen nadelspitzen Felsen hindurch, die überall herausragten. Ein eiskalter Bach klaren Bergwassers fiel in einen dunklen, einsam gelegenen Teich. An heißen Tagen zogen wir uns aus und tauchten hinein – ohne Badeanzug. Es versteht sich von selbst, daß Marc davon nichts wußte – er wäre schockiert gewesen!

Im November 1950 schickten wir 148 Bilder nach Zürich für eine Retrospektive im Kunsthaus, die bisher umfangreichste Ausstellung von Werken Chagalls. Unser Haus aber war leer und traurig ohne Bilder. Marc konnte nicht nach Zürich fahren, weil er kurz darauf in einer Klinik in Nizza zweimal an der Prostata operiert wurde. Ida flog nach Nizza, um ihm beizustehen, und dann weiter nach Zürich zur Eröffnung der Ausstellung. Die Klinik war ein altmodisches Gebäude, aber Marc lag in einem hübschen Zimmer. Der Arzt hatte zum Glück Sinn für Humor und wußte, wie er diesen überempfindlichen Patienten zu behandeln hatte. Die demütigenden und schmerzhaften Untersuchungen wurden schnell und mit beruhigendem Humor ausgeführt, um dann in fesselnden Gesprächen über Kunst zu enden. Das Ganze dauerte damals zwei Monate, und Marc wollte die Zeit zwischen den beiden Operationen lieber in der Klinik bleiben, als nach Hause zu kommen. Während der ganzen Zeit übernachtete ich in seinem Zimmer.

Marc zwang sich während der qualvollen Zeit zu Geduld und ertrug alles mit grimmiger Entschlossenheit. Nie lächelte er und sprach nur wenig, als ob er all seine Kraft konservieren wollte, bereit, sie loszulassen, sobald er wieder an seine Arbeit gehen konnte. In diesen beiden Monaten sah er mitleiderregend aus, obwohl das physische Unbehagen durchaus zu ertragen war. Er hatte sich völlig in sich zurückgezogen und war sehr ungesellig, so daß der Kontakt zwischen uns darunter litt. Ich las ihm viel vor – das Leben Mozarts, einige Klassiker: »Le Rouge et le Noir« und »Eugénie Grandet«, sowie Bücher über Velazquez und Tintoretto. Von dieser Operation erholte er sich erstaunlich schnell, und sobald er wieder an seiner Arbeit war, kehrte auch seine gute Laune zurück.

Kurz nach Marcs Operation unterzogen sich auch die Kinder kleineren Eingriffen – Mandeln und Polypen mußten entfernt werden. Ich trug Jean aus dem Wagen zum Haus, als Marc gerade die Treppe seines Ateliers herunterkam. Als er das blasse kleine Mädchen auf meinem Arm sah, in ein blutverschmiertes Tuch gewickelt, weinte er. Der Anblick physischer Leiden bewegte ihn zutiefst.

*

Jean war inzwischen elf Jahre alt und besuchte eine höhere Jungenschule, weil es in Vence kein anderes Gymnasium gab. Ihr machte es offenbar nichts aus, das einzige Mädchen an der Schule zu sein. Marc freute sich über ihre guten Zensuren und fing an, ihre Zukunft als Hüterin und Verwalterin seiner Arbeit zu planen. Bald sah er in ihr noch eine weitere

Mutterfigur, die sich eventuell hingebungsvoll um ihn kümmern könnte. Inzwischen sollte sie aber gehorsam und kalkulierbar bleiben, was sie auch tat.

Im März 1951 fuhren wir mit Ida nach Bern, wo Franz Meyer, der Direktor der dortigen Kunsthalle, 135 der Werke, die ein Jahr zuvor in Zürich gezeigt worden waren, ausstellen wollte. Auf der Ausstellung in Zürich hatte sich Ida mit Franz Meyer und seinem Freund und Kollegen Arnold Rudlinger, der das Vorwort zu dem Katalog schrieb, angefreundet. Meyer wurde später zum Direktor der Kunsthalle in Basel ernannt (was er bis heute ist), und Rudlinger wurde sein Nachfolger in Bern. Ida und Géa hatten sich getrennt, und wir vermuteten, daß etwas Neues in der Luft lag.

Zum ersten Mal sah ich wichtige Frühwerke aus Deutschland und der Schweiz, und es war eine Freude, bei Marc zu sein, als er seine geliebten Kinder nach so vielen Jahren begrüßte. Liebevoll streichelte er jedes Bild und befühlte die Struktur, ob die Farbe noch hielt, dann unterzog er sie mit seitlich geneigtem Kopf einer Kritik. Abschließend sagte er leise (so daß nur ich es hören konnte): »Ça, c'est un bon tableau, un tableau magnifique!« – Das ist ein gutes Bild, ein hervorragendes Bild! – und lachte zufrieden.

Die *Hommage à Apollinaire* befand sich dort, eines seiner größten metaphorischen Bilder. Mitten in einer Scheibe oder einem Zifferblatt erscheint das Doppelbild von Adam und Eva – zwei Körper, die sich aus einem Beinpaar entwickeln. Es hat den Zauber von Robert Delaunays Farbrädern mit rätselhaften, metaphysischen Verästelungen.

Als Marc zum ersten Mal nach Paris kam, beeindruckten ihn die Frische und Aufrichtigkeit von

Delaunay, der sein enger Freund wurde (der einzige Maler außer André Lhote, mit dem ihn eine engere Freundschaft verband). Aber der Orphismus Delaunays war nichts für ihn, ebensowenig wie jeder andere »-ismus«. Er mied sie alle – Expressionismus, Kubismus, Futurismus, Surrealismus –, aber für einige ihrer Eigenschaften war er empfänglich, vor allem für die des Kubismus.

Ein anderes großartiges Gemälde war das *Selbstporträt mit sieben Fingern* (wieder die magische Zahl), ein phantastisches, ausdrucksstarkes Bild, farbenprächtig und mit einer soliden Konstruktion aus fünf Elementen: der Maler, seine Palette, Paris, Witebsk und – auf der Staffelei – das Bild *An Rußland, die Esel und die Anderen,* das sich heute im Musée national d'Art moderne in Paris befindet. *Golgatha* hing auch dort, eine Kreuzigung in leuchtenden Farben, die Christus als Baby mit seinen Eltern unter dem Kreuz zeigt. Es ist von überwältigender Intensität und Vitalität und hat die Fülle einer Ikone oder einer Glasmalerei. Marc schreibt in »Ma Vie«: »Aber vielleicht ist meine Kunst [...] völlig verrückt, wie funkelndes Quecksilber.« Interessant ist ein Vergleich dieser »verrückten« Malerei mit *Die weiße Kreuzigung,* die er 1939 malte. Hier beschränkte er sich auf bloßes Erzählen, um seine Botschaft zu vermitteln, während *Golgatha* die visionäre Eigenschaft einer Legende hat.

Marc fuhr wieder nach Paris, wo seine lithographische Arbeit mit Mourlot in vollem Gange war. Ida war glücklich, ihren Vater ganz für sich zu haben. Sie wurden damals einander immer ähnlicher. Sie organisierte gern Mittag- oder Abendessen mit der Elite der Künstlerkreise von Paris, und Papotschka fügte sich.

Marc schrieb mir:

> Idotschka wird demnächst für die Eröffnung meiner Ausstellung nach Israel fahren. Alle Welt kreist um sie wie Planeten um die Sonne. 179 Werke werden in Tel Aviv gezeigt, in Jerusalem, Haifa und Ain Harod – ein großes Ereignis! Mich hat man für einen einmonatigen Aufenthalt im Juni eingeladen – mein erster offizieller Besuch im Staat Israel!

Für ihn war es selbstverständlich, daß ich ihn begleitete. Mich schreckte der Gedanke an einen offiziellen Besuch. Ich mag keine Zeremonien und ich fürchtete, daß ich in den Augen der Israelis eine unangemessene Begleiterin für ihren großen jüdischen Maler wäre. Aber Marc bestand darauf. Vielleicht schien ich von meinen Freunden in Roquefort-les-Pins zu sehr angetan, so daß er es vorzog, mich nicht zurückzulassen. Aber er wollte mich auch bei sich haben, um an seinem außergewöhnlichen Erlebnis teilzuhaben. Mich rührte sein unumschränkter Wunsch, mich, seine nichtjüdische Begleiterin, in offiziellen Kreisen in Israel einzuführen.

Für den Monat unserer Abwesenheit ließ ich die Kinder in Roquefort. Von Marseille aus nahmen wir ein israelisches Schiff, das nur einige wenige Passagiere mitnahm. Man gab uns eine Luxussuite, und wir aßen am Tisch des Kapitäns. Nach sechs Tagen erreichten wir Tel Aviv. Kultusminister Mokady (an dessen Vornamen ich mich nicht mehr erinnere), mit dem wir gleich einen guten Kontakt hatten, begrüßte uns dort. Er sprach fließend Französisch und war, da er selbst auch malte, für die Dauer des Aufenthaltes ein perfekter Begleiter für Marc.

Ich glaube, ich fühlte mich ziemlich ohne Bezug, denn die ganze Reise schien mir unwirklich – faszinierend aber fremdartig, als ob es eine andere war, die sie erlebte. Meine Gedanken weilten woanders. Dennoch war die Freundlichkeit, mit der man uns begegnete, herzlich und echt, und überall, wo wir uns aufhielten, empfing uns eine gelockerte Atmosphäre. Juden sind mit einer spontanen Herzlichkeit gesegnet, die die sonst üblichen Kommunikationsschwierigkeiten vergessen läßt. Alle sprachen englisch mit mir, so daß eine Unterhaltung leicht und direkt war. Die Israelis sind eifrig darum bemüht, sich alter Konventionen zu entledigen. Sie begrüßten mich als eine der ihren, sie schenkten mir eine Bibel für David in Hebräisch, ein Fotoalbum für Jean mit einem Bild von der Klagemauer und einige andere Geschenke. Und doch konnte ich mich des Gefühls nicht erwehren, unter falschen Vorzeichen dort zu sein. Was hätte ich ihnen als Gegenleistung bieten können? Marc verhielt sich zurückhaltend zwischen all diesen überschäumenden Menschen, die ihn nicht nur mit enthusiastischer Bewunderung begrüßten, sondern mit grenzenloser Zuneigung. Die Israelis versuchten, diesen illustren Sohn des jüdischen Volkes zu locken; er war ihr Aushängeschild, und sie brauchten seine Unterstützung und seinen Ruf. Moshe Sharret, der Außenminister, bot ihm ein prächtiges Haus in Haifa und die Erstattung der Lebenshaltungskosten an, wenn er für ein oder zwei Monate im Jahr nach Israel kommen würde. Marc erwiderte nichts, nickte aber freundlich und ließ mit seinem wundervollen Lächeln alle Herzen dahinschmelzen. Kein Wunder also, wenn sie sich betrogen fühlten, als er sie etwa ein Jahr später enttäuschen mußte.

Marc wußte, daß seine Treue zu Israel nicht an Bedingungen geknüpft werden durfte. Sie waren ein Volk des Alles oder Nichts; sie hatten um ihr Leben gekämpft und überlebt. Aber Marc war vorsichtig, er wollte es mit niemandem verderben, und

Frankreich stand an erster Stelle – hier wurde seine Kunst als universell betrachtet. Er wollte nicht als jüdischer Künstler gebrandmarkt werden, was für die Israelis einem Verrat gleichkam.

Wir sahen uns das berühmte Stück »Der Dybbuk« an, das von den Schauspielern des russischen Habimah-Theaters, die sich in Israel niedergelassen hatten, in Hebräisch aufgeführt wurde. Golda Meir saß neben Marc, mit dem sie sich in Jiddisch unterhielt. Die Schönheit dieses Stückes beeindruckte mich zutiefst, obwohl ich nur so wenig verstand; vielleicht trug gerade das zu seinen Rätseln bei und regte meine Phantasie an. Ich sah es aber auch mit Marcs Augen – es war eines seiner stärksten Theatererlebnisse, und er sang oft Stellen aus den unvergeßlichen Melodien. Nach einem guten Abendessen mit den Opatoschus und dem Genuß von Wein tanzte er einmal in High Falls den Brauttanz aus der Hochzeitsszene des Dybbuk, wobei er sich ein Tischtuch um den Kopf schlang.

Wie sich herausstellte, waren die Schauspieler Freunde von Marc. Er war gerührt, sie hier wiederzusehen. Sein alter Freund Michoels, der jahrelang die Hauptrollen im Habimah-Theater in Moskau gespielt hatte, war jedoch nicht mehr bei ihnen; er war wahrscheinlich 1947 in Minsk vom KGB ermordet worden. Marc hatte ihn zuletzt einige Monate vor seinem Tod zusammen mit einem anderen engen Freund aus den Moskauer Tagen, dem Dichter Itzik Feffer, 1946 in New York getroffen. Marc hatte ihnen zwei Bilder mitgegeben, die sie der Tretjakow-Galerie anbieten sollten. Es waren zwei Gouachen mit den Titeln *Das brennende Dorf* und *Mutter und Kind,* die er beide 1943 gemalt hatte. Tretjakow lehnte sie ab. Nach dem Tode Michoels verkaufte seine Witwe sie an den großen griechisch-russischen Kunstsammler George Kostakis, der sie mit nach Athen nahm. Kostakis wurde unter der Bedingung, die Hälfte seiner Sammlung in Rußland zu lassen, die Ausreiseerlaubnis erteilt. Ein Jahr nach dem Tode Michoels wurde Feffer zusammen mit einer Gruppe jüdischer Intellektueller einer Verschwörung gegen den Sowjetstaat angeklagt und hingerichtet.

In »Ma Vie« schreibt Marc über Michoels:

> Mehr als einmal kam er zu mir, Stirn und Augen vorgewölbt, mit flatterndem Haar. Kurze Nase, dicke Lippen. Aufmerksam folgt er meinem Gedanken, eilt ihm voraus und trifft, Arme und Beine spitz angewinkelt, das Wesentliche. Unvergeßlich! Er betrachtete meine Bilder und bat mich, ihm meine Skizzen auszuleihen. Er wollte ihnen näherkommen, sich an sie gewöhnen und versuchen, sie zu verstehen. [Nach ein oder zwei Monaten verkündet er mir ganz freudig;] »[...] Das hat meine Persönlichkeit vollkommen verändert«, sagt er. »Von jetzt an weiß ich meinen Körper ganz anders zu gebrauchen, meine Bewegungen und meine Ausdrucksweise. Alle sehen mich an und verstehen nicht, was geschehen ist.«

Traurig gedachten Marc und seine Freunde des Todes von Michoels, Feffer und anderen, auch des Todes von Bella. Unzählige Tode, denn kein einziger Israeli ist in jenen tragischen Kriegsjahren vom Tod eines geliebten Menschen verschont geblieben.

Marc traf viele alte Freunde wieder, die ihn und Bella 1931 während ihrer ersten Reise nach Palästina begrüßt hatten, als er an den Bibelstichen für Vollard arbeitete. Abraham Sutzkever, der jüdische Dichter, Herausgeber der vierteljährlich erscheinenden Literaturzeitschrift »Die goldene Keyt« (Die goldene Kette), zu der Marc oft in all den Jahren Gedichte und Zeichnungen beigesteuert hatte, war einer seiner alten Freunde. Sie hatten sich in Wilna kennengelernt, als Marc und Bella 1935 dorthin zogen, bevor Sutzkever nach Israel auswanderte. Er war einer der wenigen, mit denen Marc völlig übereinstimmte. Er war entschieden jünger als Marc, bewunderte ihn und hielt durch dick und dünn zu ihm. Für Marc war Sutzkever das Bindeglied zu seiner jüdischen Vergangenheit. Sie schrieben einander unzählige Briefe. Marcs Briefe zitiert Sidney Alexander in seinem ausführlichen und meisterhaften Buch über Chagall*:

> Mehr als einmal dachte ich bei mir: wenn ich doch nur weglaufen und mich zu meinem kleinen, heißgeliebten Land aufmachen könnte, um meinen Lebensabend in Deiner Nähe zu verbringen und die Luft wahrer Menschen zu atmen... Je älter man wird, desto mehr fühlt man sich zu seinen Ursprüngen hingezogen. Ich beneide Dich – Du bist in dem Land.

Natürlich verspürte Marc überhaupt kein Bedürfnis, in Israel zu leben.

Sutzkever kam 1950 zu Besuch nach Vence, und sie gingen stundenlang miteinander fort. Ich hatte fast keinen Kontakt zu Sutzkever – vielleicht betrachtete er mich als Eindringling, denn zweifellos vermißte er Bella. Schließlich war ich eine Nichtjüdin, ich sprach nicht Jiddisch und wußte nichts aus erster Hand über die Vergangenheit, die er mit Marc erlebt hatte. Er schaffte für Marcs Gewissen hinsichtlich Bella einen Ausgleich, indem er mir gegenüber etwas zurückhaltend war.

Er bestätigte Marc in seiner Arbeit für die Kirche; alle Unternehmungen Marcs fanden seine Zustimmung. Er wußte und begriff wenig von Malerei, aber das machte nichts, denn er verstand Marcs poetische Gedanken.

---

* Sidney Alexander, »Marc Chagall«, Putnam's, New York 1978 und Cassell, London 1978

Sutzkever trat für die Erhaltung des Jiddischen in einem Land ein, in dem es dazu verdammt war, zu verschwinden, und hatte dabei gegen eine starke Opposition anzukämpfen. Bedingungslos unterstützte er Marc während seiner Streitigkeiten mit den Israelis in den folgenden Jahren. Zunächst ging es um die wichtige Arbeit, die er für die Kirche verrichtete, und später um seine Verärgerung über die unmögliche Art, in der seine überragenden Glasfenster in dem freudlosen, scheußlichen Gebäude des Hadassah-Krankenhauses in Jerusalem angebracht worden waren. Sutzkevers Freundschaft war eine Oase für Marc, und auf dieser Reise war er ganz besonders froh, ihn wiederzusehen.

Mokady und seine Frau zeigten uns das Land von einem Ende bis zum anderen. Wir besichtigten verschiedene Kibbuzim, Nazareth (wo Marc die dürftigen Straßen skizzierte, die nur mit Arabern bevölkert waren), das unvergleichliche Galiläa (schön, aber bedrückend und grausam), St. Jean d'Acre, die Kreuzfahrerstadt, und die eindrucksvollen Ausgrabungen in Cäsarea. Die Hitze war überwältigend, und man empfahl uns, gesalzenen Hering, Oliven und salzigen Käse zum Frühstück zu essen, damit wir viel trinken konnten, um die Feuchtigkeit, die wir durch Schwitzen verloren, wieder zu ersetzen. Marc befand sich in Hochform und bewältigte die Hitze und die nachfolgende Müdigkeit mühelos. In Jerusalem stiegen wir auf den Davidsturm – der einzige Punkt, von dem aus das Gewirr der Altstadt zu überschauen ist –; Marc warf schnell ein paar Skizzen hin, die mit Gefühl überladen waren. Damals kontrollierten jordanische Araber die eine Hälfte von Jerusalem, und hinter dem grünen Streifen Niemandsland sahen wir die gigantischen Wälle, hinter denen die Araber in äußerster Alarmbereitschaft standen, um sofort schießen zu können.

Wir nahmen an der Beisetzung eines israelischen Schriftstellers teil, einer einfachen und bewegenden Versammlung ohne jegliches Ritual. Mich beeindruckte die Tatsache, daß wahre Gefühle anstelle der üblichen leeren Floskeln kirchlicher Begräbnisse getreten waren.

Wir besichtigten das Hauptquartier Moshe Dayans und speisten mit Golda Meir, Moshe Sharret und David Ben-Gurion, der geradlinig und heiter war. Er erzählte Marc, daß er noch nicht in seiner Ausstellung im Museum von Jerusalem gewesen sei, die Präsident Weizmann eröffnet habe. Er verstehe überhaupt nichts von der Malerei, sagte er, und Marc müsse dies entschuldigen. Er hatte seine Jugendzeit damit verbracht, Steine für den Bau israelischer Straßen zu behauen; er war ein echter Sabre. In Literatur war er nicht so unbedarft. Sein Lieblingsautor war Plato.

Der letzte Besuch der Reise galt Chaim Weizmann, dem glänzenden Jünger von Herzl, der die berühmte Balfour-Deklaration als Gegenleistung für die Dienste erhalten hatte, die er während des Ersten Weltkriegs Großbritannien als Wissenschaftler erwiesen hatte. Er sprach französisch und erinnerte sich an den Brief, den Marc ihm ein Jahr zuvor geschrieben hatte, in dem er ihn um Rat gefragt hatte, ob er Kunstwerke für Kirchen erstellen sollte. Weizmann wiederholte seine Antwort: er persönlich habe überhaupt keine Einwände, dies sei eine Sache, die Marc mit seinem Gewissen ausmachen müsse. Aber Marc bohrte weiter: »Mein Gewissen hat auch keine Einwände, aber ich will von den Juden nicht mißverstanden werden. Am liebsten würde ich Wandmalereien für Israel machen.« Weizmann nickte zustimmend, aber auch auf diesen Hinweis erfolgte keine Reaktion, obwohl Marc ihn über Jahre hinweg wiederholte.

Marc hatte der Knesset das große Bild *Jude mit träumender Kuh* gestiftet, das auch dort hing, als wir sie besichtigten, aber er erhielt nie eine offizielle Anerkennung des Geschenks. Einige Jahre später, 1961, fertigte er die Glasmalerei für die Fenster der Synagoge des Hadassah-Krankenhauses in Jerusalem an. Die Gobelins und Mosaiken stiftete er der Knesset. Die Hadassah-Fenster sind die einzige Arbeit, die Chagall jemals für ein jüdisches Gotteshaus hergestellt hat. Das Gesetz, das die Darstellung des Menschen verbietet, verpflichtete ihn, symbolische und abstrakte Formen zu wählen, die den Fenstern große Ausdruckskraft und Schönheit verleihen, obwohl das Gebäude ihrer leider unwürdig ist. Aber viele seiner Werke sind Erinnerungen an eine Welt, die die Sabres vergessen wollen – das Ghettoleben in der russischen Diaspora, das für Marc voll einprägsamer Erinnerungen war, und vielleicht erklärt dies teilweise, warum die Israelis nicht übermäßig bestrebt waren, ihm Aufträge zu erteilen. Was auch immer der Grund war, sie hatten keine Berechtigung, ihn wegen der Verzierung von Kirchen zu kritisieren, wie es einige von ihnen gemacht haben.

Die Eröffnung der Ausstellung von Marc im Museum von Tel Aviv war für die Israelis ein großes Ereignis. Das Museum besaß bereits einige Werke von Chagall, und er versprach dem Verwalter, etwas für den »Chagall«-Raum zu stiften. Von allen Seiten streckten sich ihm Hände zum Gruß entgegen, die Menschen lächelten und er antwortete überschäumend. Sein Gesicht hatte die bronzene Färbung eines Sabre, und sein Halbmond-Lächeln wirkte um so verwirrender. Eröffnungen gehörten zu den schönsten Augenblicken in seinem Leben; anders als bei einigen Künstlern, die erleichtert aufatmen, wenn der Festakt vorüber ist. Marc glaubte wirklich an die Komplimente. Er kannte den Wert seiner Arbeit, und je mehr die Menschen ihre Bewunderung ausdrückten, desto glücklicher wurde er. Seine legendären Zweifel bewegten sich mehr auf einer metaphysischen Ebene.

In Jerusalem wohnten wir im King David Hotel. Während des Krieges war es das Zentrum für alliierte Offiziere und Kriegsberichterstatter. Mein Bruder Stephen hatte dort gewohnt, nachdem er im Auftrag des Department of Political Warfare in Kairo dorthin geschickt worden war. Vom King David Hotel aus startete er 1943 im Alter von 32 Jahren zu seiner letzten Reise.

In dem Zug, der ihn nach Kairo bringen sollte, fand man ihn – erschossen. Sein Tod ist ein Rätsel geblieben. Unter seinen persönlichen Dingen fand sich ein halbfertiges Gedicht, das er verfaßte, als er im Sterben lag. Seine Gedichte, ein Roman, ein Theaterstück und einige Essays sind veröffentlicht worden.

Stephens Leben verlief sprunghaft. Er wurde am ersten Frühlingstag geboren und besaß denselben Drang und Überschwang. Er machte seine Erfahrungen nie passiv; er war wie ein Schiff, das dem Sturm ohne Segel begegnet. Er studierte in München und nahm dort an Aufführungen von Amateurtheatern teil. Max Reinhardt entdeckte ihn und bot ihm sofort einen Vertrag über drei Jahre an. Da Stephen jedoch noch keine einundzwanzig war, hätten meine Eltern ihr schriftliches Einverständnis geben müssen. Sie lehnten es jedoch ab, was meinen Bruder allerdings nicht weiter störte. Noch vor seinem 21. Geburtstag übernahm er zusammen mit

Judith Anderson eine Hauptrolle am Broadway. Das Stück »Come of Age« von Clemence Dane handelte von dem Dichter Thomas Chatterton, der an seinem 21. Geburtstag Selbstmord beging. Seitdem hatte Stephen wiederholt die Rolle des eifrigen, talentierten, sensiblen jungen Mannes gespielt, der er selbst war, in dem ein selbstzerstörerisches Feuer brannte oder der unter Seelenqualen litt; oder die Rolle des Künstlers, der dazu verdammt war, sein Leben in kürzerer Zeit als andere Menschen zu leben. Er spielte den Gaudier, einen Bildhauer, und Mozart, die beide in jungen Jahren starben; ebenso den Konstantin Treplev, den Selbstmord begehenden Dichter in Tschechows Stück »Die Möwe« sowie den Raskolnikoff in »Schuld und Sühne«. Seine letzte Rolle war die des Königs Lear, dessen letzte Worte »...und ich werde am Mittag zu Bett gehen...« er als Titel für sein Buch wählte, das er vor seiner Reise in den Nahen Osten für seine Söhne schrieb – als ob er geahnt hätte, daß er nie wieder zurückkehren würde.

Wegen meiner Heirat mit John – den er haßte – hatten Stephen und ich uns entfremdet, aber er hatte mir kurz vor seinem Tod einen langen, liebevollen Versöhnungsbrief geschrieben. Gedanken an Stephen drückten auf meine Stimmung und machten mich während unserer Rundfahrten noch abwesender.

Auf unserem Rückweg von Israel machten wir zunächst Station in Italien, um Pompeji zu besichtigen. Aufgeregt und voller Staunen machte Marc schnell ein paar Skizzen von den Wandgemälden und steckte sie in die Tasche. Er mußte tiefe Eindrücke immer sofort zu Papier bringen. Während der ganzen Reise hatten Marc und ich wenig engen Kontakt. Er schien auf Distanz zu gehen, und ich wußte nicht, ob es unbewußt oder beabsichtigt war. Vielleicht fühlte er, daß ich mich loslöste, seitdem ich eigene Freunde wählte, aber er sagte nichts.

Wieder in Vence, schrieb ich an meine Eltern:

> Wir sind von Herzen froh, nach drei aufeinanderfolgenden Stürmen wieder zurück zu sein. Die Krönung des Ganzen war noch ein heftiger Mistral, der uns beim Einlaufen in Marseille begrüßte – und das nach der schrecklichen Hitze und den endlosen, ermüdenden Empfängen. Vence ist gemütlich, welche Süße in der Luft! Die braunen Hügel von Jerusalem sind majestätisch, karg und furchtgebietend; sie haben tiefe Eindrücke hinterlassen, für die ich eine Zeit brauchen werde, um sie zu verarbeiten.

Voller Ungeduld wollte Marc wieder an seine Arbeit, aber eine Aufgabe wartete auf ihn, nach der ihn absolut nicht verlangte. Er mußte mit der mühsamen Arbeit beginnen, 9000 Drucke der La-Fontaine-Radierungen zu signieren und 4000 davon per Hand zu kolorieren. Ida baute in dem riesigen Atelier in Gordes lange Tische auf, und Marc setzte sich mutig an die Arbeit, bis sein Handgelenk schmerzte und sein Kopf schwer wurde. Ida, Jean und ich nahmen die Radierungen beiseite, wenn sie getrocknet waren, und legten neue aus. Das eintönige Handkolorieren Hunderter verschiedener Sujets war besonders mühsam, und ich konnte mich des Gefühls nicht erwehren, daß das Ganze ein Fehler war. Es war Tériades Idee gewesen, nicht die von Vollard. Die luxuriösen Radierungen benötigten sicher keine Farbe mehr. (»Rehaussé« ist der Ausdruck dafür; wie aber kann Perfektion gesteigert werden?)

Ich fuhr mit den fertigen Paketen nach Vence und holte neue ab. Es tat gut, diese langen Fahrten in der blendenden Sonne, mit einem leichten Sommerkleid und wehenden Haaren, allein zu unternehmen. Ich nutzte jede Gelegenheit, allein fortzukommen. Mein Vater hatte bemerkt, daß ich als Kind gern allein spielte, und betrachtete es als ein Zeichen von Egoismus und fehlender Bereitschaft zur Kooperation. Daß ich Gruppenspiele ablehnte, kam ihm unnatürlich vor. Erst viel später begann er mich zu verstehen. Als kleines Kind bin ich meinem Kindermädchen oft entwischt und allein umhergezogen. Ich erinnere mich an die Zeit, als wir in Havanna lebten, daß ich die benachbarten Straßen erforschte und Häuser betrat, in denen große Familien laut und fröhlich in einem Raum zusammenlebten. Als junges Mädchen fuhr ich oft mit meinem Fahrrad fort auf der Suche nach anderen Welten, in denen ich frei von Kritik und Konventionen, von Eifersucht und Besitzanspruch sein würde. Es waren keine einsamen, aber anonyme Orte, in denen die Kontakte freier waren: Dörfer, Marktplätze, Cafés. Als meine geselligere Schwester sich ein modernes Mädchenpensionat in Paris aussuchte, bat ich darum, in ein Pensionat auf dem Lande geschickt zu werden, in dem ich die einzige Schülerin war. Die Bewohner dieses zerfallenden Schlosses waren wie Menschen aus einem Balzac-Roman, und es war eine äußerst lehrreiche Zeit für mich. In meinem kleinen Zimmer schrieb ich meine Eindrücke nieder.

Auf meinen Fahrten nach Vence dachte ich über all dies nach und hielt in Roquefort an, um meine Freunde zu besuchen.

Marc begann, meine Unzulänglichkeiten zu bemängeln. Das wunderbare Gefühl, vertrauensvoll geliebt und geachtet zu werden, das unsere ersten Jahre so glücklich gemacht hatte, war verschwunden. Es war unvermeidlich, daß ich mir eher Menschen suchen mußte, die mich so nahmen, wie ich war. Der Wunsch, sich zu bessern, ist stärker, wenn die eigenen Unvollkommenheiten toleriert werden.

Ida übernahm immer mehr Aufgaben. Sie war schlauer, erfahrener und intelligenter als ich; es war normal, daß dies so war. Seitdem sie aufgehört hatte zu malen und kein Bedürfnis nach schöpferischem Ausdruck verspürte, konzentrierte sich ihr Leben auf das des Vaters. Marcs Zuneigung zu mir stellte offensichtlich eine Bedrohung für sie dar, die von ihm Besitz ergreifen wollte. Sie begann, unser Verhältnis während des nächsten Jahres unbewußt zu untergraben. Sie machte sich so unentbehrlich wie möglich, indem sie über seine Arbeit und sein Gewissen herrschte. Da sie ihre Gespräche mit ihm ausschließlich in Russisch führte, war ich ausgeschlossen. Ihre Kritik an seinen Gemälden nahm zu; er wurde immer abhängiger von ihr.

Nachdem wir Gordes verlassen hatten, fuhren Marc und ich mit den Kindern an einen ruhigen Ort am Meer, nach Le Dramont. Während die Kinder auf Muschelsuche gingen und stundenlang im Wasser spielten, machte Marc am Strand Skizzen oder arbeitete in dem kleinen Haus. Einmal habe ich dort nackt für ihn Modell gestanden. Es war überraschenderweise das erste Mal, daß er mich darum bat, und es hat Spaß gemacht. Das Ergebnis ist *Akt in Dramont,* das er erst 1954 beendete, nachdem ich gegangen war. Er schenkte das Bild seiner Frau Vava.

Le Dramond war ein Wendepunkt in unserem Zusammenleben, die letzte wirklich friedliche Zeit, die wir hatten. Über drei der Gouachen, die er dort anfertigte – *Die blaue Barke, Die Sonne in Le Dramont* und *Akt in Dramont* –, scheint der Schatten kommender Ereignisse zu liegen. Auf dem Bild *Akt in Dramont* umfangen Kopf und Arm des Liebhabers die schlafende Frau bei Sonnenuntergang, und in *Die Sonne in Le Dramont* geht eine riesige, vielfarbige Sonne ebenfalls unter, während ein gemarterter Christus schwach und mitleiderregend im Vordergrund liegt, bewacht von einer Mutter mit Kind. *Die blaue Barke* zeigt den Liebhaber und seine verschleierte Braut, die bei untergehendem Sonnen-Mond in einem Boot vom Strand abstoßen, während eine junge Frau zurückbleibt. Über diesen Bildern liegt etwas unerklärlich Melancholisches.

Als wir eines Tages durch die Hügel über dem Dorf streiften, sah Marc einen jungen Mann vor uns. »Ich bin gespannt, wie unser David in dem Alter sein wird. Ich habe Angst, daran zu denken.«

»Wovor hast du Angst?«

»Großwerden ist so schwierig. Was wird er mit seinem Leben anfangen? Was ist, wenn er versagt? Ein ›peintre raté‹ – ein gescheiterter Maler – zum Beispiel, wie der Sohn Picassos? Er sollte lieber Jurist oder Architekt werden.«

Ich antwortete: »Natürlich ist der größte Nachteil für Paul der, daß er den Namen Picasso trägt. David wird mehr Chancen haben, da er McNeil heißt.«

Ich hatte nicht unhöflich sein wollen, aber Marc war zutiefst getroffen. Verständlicherweise war er unglücklich darüber, daß sein Sohn immer noch nach seinem rechtmäßigen Vater McNeil hieß.

Nur meine Scheidung konnte Marc ein wenig trösten, und zum Glück wurde sie einen Monat später endlich möglich. John schrieb mir, seine Mutter sei gestorben und damit habe sich seine Lebenshaltung völlig verändert; er lehnte unsere Scheidung nicht länger ab.

Ich fuhr nach England, um die Dinge ins Rollen zu bringen, und Marc schrieb mir:

> Es ist eine unerfreuliche russische Kascha, die aber ausgelöffelt werden muß. Mach Dir keine Sorgen, es wird bald vorbei sein. Das Haus ist freudlos, wenn Du fort bist. Komm bald zurück! Wir werden alle zu einem Picknick an den Strand gehen.

KAPITEL VII

# DÉNOUEMENT

Im Sommer schrieb uns Charles Leirens, der belgische Fotograf, der uns in High Falls besucht hatte, aus Amerika und bat Marc, ob er im Herbst in Les Collines einen 16-mm-Farbfilm drehen könne. Marc war einverstanden. Charles dachte an eine kleine Phantasie »à la Chagall«, in der das Haus, der Garten, die Tiere und die Kinder eine Rolle spielen sollten.

Nach unserem letzten Zusammentreffen in High Falls wäre Charles beinahe einem Herzinfarkt erlegen, hatte sich aber sehr gut erholt. Er stellte Überlegungen an, für immer nach Europa zu kommen, weil ihn die amerikanische Politik so sehr abstieß.

Wenn mein anstrengendes Leben mir Zeit ließ, fuhr ich zu meinen Freunden in Roquefort, manchmal kamen sie auch nach Les Collines. Marc hatte begonnen, meine Freundschaft zu diesen Menschen zu kritisieren. Er akzeptierte es nicht, daß ich außer ihm und seinem Werk noch eigene Interessen verfolgte. »Ich glaube, du hast dich in den jungen Dichter verliebt«, bemerkte er hänselnd.

»Vielleicht«, gab ich in gleicher Weise zurück. Marc zog seine Augenbrauen hoch und fragte sich, ob ich es wohl ernst meinte. Dann gab er mir scherzhaft einen Kuß.

Als ich einmal mit den Kindern nach Roquefort fahren wollte und zum Atelier hinaufrief, um mich zu verabschieden, lehnte sich Marc über das Geländer und herrschte mich an: »Ich verbiete dir zu fahren!«

»Ich fahre aber trotzdem«, antwortete ich leichthin. Er sah mich mit einem ernsten Lächeln an – halb vorwurfsvoll, halb bewundernd.

Ich fühlte mich zwar zu dem jungen Dichter hingezogen, behielt diese romantische Träumerei aber für mich; der Dichter ahnte es vielleicht, kam mir aber nicht entgegen. Er achtete Marc und fühlte sich ihm freundschaftlich verbunden. Ich liebte freie, abenteuerliche Beziehungen, in denen es unerwartete Vibrationen gab, teils aus Liebelei, teils aus Kameradschaft. Platonische Beziehungen bedürfen keiner Lösung; ihr besonderer Zauber liegt in ihrem Schwebezustand. Ich versicherte Marc, daß es nichts Ernsthaftes sei.

Trotzdem sehnte ich mich nach der Leidenschaft, die Marc in seine Bilder legte. Es war etwas, das ich ihm nicht erklären konnte. Von Natur aus war Marc in der Liebe zurückhaltender und unaufdringlich, seine Zärtlichkeit drückte er eher in seinen Werken aus. Er sprach über die Liebe im allgemeinen viel, aber er praktizierte sie nicht.

Während meiner Abwesenheit vermißte er mich und machte sich Sorgen. War ich dann aber bei ihm, fand er es selbstverständlich. Sein nettes Lächeln und seine warmherzige, gewinnende Art schenkte er nur den Besuchern. Mein Geliebter aus High Falls hatte die Spielregeln vergessen; er kannte nur Arbeit, Arbeit, Arbeit. Noch jung und unreif, suchte ich Erfahrungen, Kontakte zu vielen Menschen; ich wollte nicht nur für Marc dasein. Ich fuhr Leute herum, die kein Auto besaßen, teilte unser Gemüse mit den Nachbarn und besuchte kranke und einsame Freunde. Er nannte mich scherzhaft »die gute Fee« und gab zu bedenken, daß ich dafür keine Zeit verschwenden sollte.

Immer länger saß ich in meinem kleinen Raum neben Marcs Atelier und schrieb. Wenn ich dann ins Bett kam, schlief Marc oft schon. Er beklagte sich darüber, daß ich so lange aufblieb, aber ich brauchte diese ruhigen, einsamen Stunden, wenn alle anderen schliefen. Der ganze Tag war angefüllt mit Pflichten. Marc beteuerte, er sei damit einverstanden, wenn ich schreibe; tatsächlich lehnte er es jedoch ab, daß ich mir dafür meine eigene Zeit nahm.

Marc spürte, daß ich mich zurückzog, machte aber nicht einmal den Versuch, mich zu verstehen, sondern beschwerte sich bei Ida. Sie wurde immer mehr zu einer Vertrauten und Mutterfigur. Da ich neuerdings meine eigenen Wege ging, versuchte sie ihn stärker an sich zu binden. Nichts liebte Marc so sehr wie die Tatsache, daß sie sich nur mit Dingen beschäftigte, die ihn betrafen. Ich hatte gehofft, daß er nach unserem Umzug nach Vence ein wenig selbständiger geworden wäre, aber bald war er unfähig, die kleinste Entscheidung ohne ihr Zutun zu fällen, was sich offensichtlich auch auf das Zusammenleben mit mir übertrug.

Immer häufiger und ausgiebiger telefonierten sie miteinander – natürlich in Russisch. Idas Besuche in Vence nahmen zu.

Marc und ich hatten immer eine fröhliche Beziehung zueinander, fast wie Geschwister. Wir hatten uns immer alles spontan erzählt und stritten uns buchstäblich nie. Oft ließ Marc seine schlechte Laune an mir aus, da ich die geeignetste Anlaufstelle war. Manchmal tat es weh, aber ich hatte mich daran gewöhnt und war nicht beleidigt. Jetzt wurde er immer verschlossener; er handelte mir gegenüber nicht mehr impulsiv, spontan oder fröhlich. Obwohl er spürte, daß er mich nicht halten konnte, unternahm er nichts, mich zurückzugewinnen. Sein Fatalismus hatte wieder Besitz von ihm ergriffen, wie dies schon in Sag Harbor der Fall gewesen war. Auch ich kapselte mich ab. Ich sprach nicht mehr über meine Freunde in Roquefort, vor allem seit er mit ihnen nicht mehr einverstanden war. Es kam mir nie in den Sinn, er könnte mich der Untreue verdächtigen. Zurückblickend frage ich mich heute, ob er mir vielleicht mißtraute, aber gesagt hat er nichts.

Ida besuchte uns für ein paar Wochen. Wie gewöhnlich kam sie vollbeladen mit Geschenken – schmackhaften Lebensmitteln, einer Hermès-Tasche für mich, einer antiken Spieluhr für die Kinder, die sie auf dem Marché aux Puces in Paris erstanden hatte. Wie immer war sie auch charmant, lebhaft, gut angezogen und hübsch.

Ida hatte sich immer schon gewünscht, daß Marc ein Porträt von ihr malen sollte. Jetzt bot sich die Gelegenheit direkt an. Sie saß ihm einige Tage lang Modell, aber das Porträt blieb unvollendet. Marc war nicht damit zufrieden. Vielleicht störte ihn ihre starke Persönlichkeit, vielleicht wollte er ihr aber auch unbedingt eine Freude machen und konnte sich daher keine Freiheiten erlauben. Nie wieder waren seine Porträts so stark wie die frühen Werke – die prächtigen Rabbiner, seine Eltern und Bella. Eines der letzten Bilder, das er 1934 von Bella malte, *Bella in Grün,* offenbart seinen unbewußten, übermäßigen Wunsch, dem Modell eine Freude zu machen. Vielleicht überwiegt in der letzten Periode seines Lebens dieser »Wunsch zu gefallen«, womit zu erklären wäre, daß seine Überzeugungskraft nachließ, was außer bei den kunstvolleren Arbeiten, wie den Bildern zur Bibel und den Glasmalereien zum Beispiel, durchaus festzustellen ist.

Ida kündigte den Besuch von Franz Meyer an, der seit der großen Ausstellung in Zürich 1950 ihr enger Freund geworden war. Wir hatten ihn seit der Ausstellung in Bern im März nicht mehr gesehen.

Marc war völlig überrascht und begeistert, als sie darüber hinaus noch mitteilten, daß sie heiraten wollten. Marc mochte Franz; er war genau der Mann, den er sich für Ida wünschte. Er hatte nur die lautersten Absichten, er war solide und zuverlässig, sein Vater war ein reicher Kunstsammler, und nicht zuletzt hatte er bereits einen ausgezeichneten Ruf als Sachverständiger für moderne Kunst und als energischer Direktor der Berner Kunsthalle. Franz mit seinem bereitwilligen Lächeln und seiner ruhigen, vertrauensvollen Art war eine Mischung aus absoluter Aufrichtigkeit und scheuer Zurückhaltung. Ich mochte ihn auch; seine Schüchternheit gefiel mir. Er war hundertprozentig ehrlich und unfähig zu Schmeichelei oder Falschheit.

Ich freute mich über diese Ehe, dachte ich doch, Ida würde sich mehr ins Privatleben zurückziehen. Ich hoffte, sie würde sich weniger um Marc kümmern, aber offensichtlich hatte sie genau den Mann gewählt, der ihrem Vater niemals Konkurrenz machen würde. Wie sich herausstellte, trug ihre Heirat nicht dazu bei, ihre Aktivitäten zugunsten ihres Vaters zu vermindern. Im Gegenteil, Franz half ihr noch bei der Arbeit. Jahrelang war er Chagall treu ergeben und schrieb zwei bedeutende Bücher*, die beide ins Englische übertragen wurden: 1957 »Grafische Arbeiten« und 1963 in Zusammenarbeit mit

* beide von Harry N. Abrams, New York, herausgegeben

Ida einen vollständigen Katalog seiner wichtigsten Arbeiten, »Marc Chagall – Leben und Werk«, ein dicker Band, der eine Biographie und eine Bibliographie enthält, eine künstlerische Beurteilung jedes wichtigen Werkes und Hunderte von Reproduktionen.

*

Meine drei Freunde verließen Roquefort, nachdem der Besitzer des Hauses mit einer Gruppe fanatischer Frauen, die ihn anbeteten, begonnen hatte, sich mit Okkultismus zu befassen. Danach sah ich sie nur noch selten. Ihre Gesellschaft fehlte mir, so daß ich froh war, als Charles Leirens im Spätherbst ankam, um seinen Film zu drehen.

Er war etwa so alt wie Marc, steckte voller Neugier und äußerte unverblümt seine Meinung. Wenn es um Musik ging, wurde er leidenschaftlich. Er hatte einen Sinn für Qualität und war intolerant gegenüber Mittelmäßigkeit. Seine Leica trug er immer bei sich. Auf der Straße prüfte er Gesichter, Häuser und Schaufenster, ständig auf der Suche nach einem guten Motiv. Er hörte bei Unterhaltungen zu, sah sich um und studierte die Menschen ohne die geringste Befangenheit. Er nahm die Leute gern auf den Arm, er hatte ein »pince sans rire«, das heißt, er teilte Seitenhiebe aus, ohne das Gesicht zu verziehen, und verstand sich gut mit unserem Freund, dem Dichter Jacques Prévert, der auch zu Sarkasmus neigte. Zu den Kindern hatte er eine unkomplizierte, spielerische Beziehung, an der sie ihre Freude hatten.

Marc mochte ihn auch, und wir führten viele amüsante Gespräche. Marc erzählte ihm von seiner unglücklichen Lehre bei einem Fotografen in

Witebsk und seinem hoffnungslosen Versagen bei Retuschen.

»Der Fotograf war dick und wohlhabend und lebte in einem scheußlichen Haus. Er sagte, daß ich auch reich würde, wenn ich ein Jahr lang ohne Lohn arbeiten würde. Ich dachte mir, fett zu sein und ein häßliches Haus zu haben ist das letzte, was ich mir wünsche, und so ging ich. Aber meine erste Begegnung mit der Fotografie hatte ich, als meine Mutter sich bei einem vornehmen Fotografen ablichten lassen wollte; sein Firmenschild trug auf beiden Seiten Goldmedaillen, was sie sehr beeindruckte. Um die Gelegenheit zu nutzen und Geld zu sparen, beschloß die Familie, sich auf einer kleinen Karte zusammen mit allen Onkeln und Tanten fotografieren zu lassen. Meine Mutter war in dunkelroten Samt mit goldenen Knöpfen gekleidet, meine Schwester und ich, fünf und sechs Jahre alt, standen an beiden Seiten mit offenen Mündern, um besser atmen zu können. Als wir das Foto abholen wollten, handelten meine Eltern wie gewöhnlich ein wenig um den Preis. Der Fotograf wurde wütend und zerriß den einzigen Abzug. Hinter seinem Rükken hob ich die Stücke aber auf und fügte sie zu Hause wieder zusammen.«

Charles war gern mit Marc zusammen, und die Filmarbeit kam voran. Marc ließ seinem beachtlichen schauspielerischen Talent freien Lauf. Es entstanden Szenen, in denen er Skizzen über unsere Zwerghuhnfamilie, die Ziegen und Hühner auf dem Nachbarhof und die alten Olivenbäume mit ihren zersplitterten Stämmen anfertigte. Die Szenen, die in der Madoura-Töpferei aufgenommen wurden, zeigen ihn, wie er munter eine Vase auf der Töpferscheibe dreht, während er die Glasur mit einem Pinsel aufspritzt. Die hervorragenden Keramikplatten, die er damals herstellte, sind auch im Film festgehalten. Sie entstanden aus Fliesen, von denen zwölf oder sechzehn zu gleicher Zeit ausgelegt und in einem kühnen, fließenden Stil wie eine Gouache bemalt wurden. Niemand hatte bisher einen Film über Marc gedreht, was erstaunlich ist, wenn man bedenkt, was für ein ausgezeichneter und fotogener Schauspieler er war.

Henri Langlois, Direktor der französischen Kinemathek, hatte im Frühjahr 1951 einen Film über die Kunst von Chagall begonnen, und Frédéric Rossif, der französische Dokumentarfilmer, war bei uns gewesen, um die Gemälde im Sonnenlicht zu filmen. Nach diesem ersten Besuch hatten Langlois und Rossif Meinungsverschiedenheiten, und wir hörten nichts mehr von dem Projekt. Der Film wurde nie fertiggedreht, obwohl der inzwischen verstorbene Langlois verschiedene Leute um Hilfe gebeten hatte, so zum Beispiel den berühmten Dokumentarfilmer Joris Ivens. Langlois war auch schon in Moskau gewesen, wo die Witwe des großen Regisseurs Dowschenko ihn an die Orte führte, die einmal die typische Chagall-Szenerie darstellten. Als er jedoch einen alten Pferdewagen entdeckte, der denen auf den Bildern Chagalls genau glich, erteilte sie ihm Filmverbot, da diese Wagen im modernen Rußland nicht mehr existieren dürfen.

Die Filmarbeit von Charles Leirens belustigte Marc. Einige Filmstreifen konnten wir uns schon ansehen, und Marc war von dem Ergebnis beeindruckt, obwohl er sich darüber beklagte, die Filmerei halte ihn von der Arbeit ab. In technischer Hinsicht war der Film alles andere als perfekt, da Charles als Filmemacher noch debütierte.

Es ist der einzige noch existierende Film über Marc bis zu dieser Periode seines Lebens. Und doch hatte Marc schon einmal in einem Film mitgewirkt. In »Ma Vie« schreibt er, daß er die Rolle eines Künstlers in einem Film gespielt hat, der in seinen ersten Jahren in Paris gedreht worden war. Er sollte eine junge Frau in einem Boot rudern, konnte aber nicht rudern und schämte sich. Die bei weitem beste Szene des Films war die, in der sich alle Damen mit ihren Herren an einen großen Tisch setzen sollten, um ein gutes, reichhaltiges Mahl einzunehmen. Marc hatte lange nicht mehr so gut gegessen, da er in diesen ersten Pariser Jahren in sehr bescheidenen Verhältnissen lebte. »Ich halbierte einen Hering«, schreibt er, »aß an einem Tag den Kopf und am nächsten den Schwanz.«

*

Charles war verblüfft, als er erfuhr, daß Paul Valéry in unserem Haus viele glückliche Stunden mit Catherine Pozzi, der Dame seines Herzens, verbracht hatte. Claude Bourdet hatte die zarten Aquarellporträts seiner Mutter, die Valéry gemalt hatte und die bei unserer ersten Ankunft das Wohnzimmer geschmückt hatten, mitgenommen. Charles' Freundschaft mit Valéry begann, als der Dichter zu Lesungen ins Maison d'Art in Brüssel kam und Charles ihn gebeten hatte, eine Porträtaufnahme von ihm machen zu dürfen. Valéry war von dem Ergebnis so begeistert, daß er in einen seiner Gedichtbände folgende Widmung an Charles schrieb:

*Si je me trouvais placé devant cette effigie,*
*Inconnu de moi-même, ignorant de mes traits,*
*A tant de plis affreux d'angoisse et d'agonie*
*Je lirais mes tourments et me reconnaîtrais.*

*Wenn ich dieses Bildnis sähe,*
*ohne mich und mein Gesicht zu kennen,*
*würde ich bei so viel Angst und Todeskampf*
*meine Qual und somit mich benennen.*

Je mehr ich mich Charles zuwandte, desto reservierter verhielt sich Marc ihm gegenüber. Da Charles sein Herz schonen mußte, trug ich die Kamera für ihn und wurde seine »Assistentin«. Marc war nicht gerade begeistert, als er sah, daß Charles mir die Grundbegriffe des Filmens und der Fotografie beibrachte.

Über Weihnachten kehrte Charles nach Belgien zurück, und ich schrieb ihm:

> Es tut mir wirklich leid, daß Du abgereist bist. Ich möchte versuchen, in Worte zu kleiden, was Deine Freundschaft für mich bedeutet. Du hast mit Deinem Humor und Deiner Lebensfreude Farbe nach Les Collines gebracht. Sie besiegten sogar Marcs gelegentliche schlechte Laune. Du mußt Dir keine Gedanken darüber machen, so viel von seiner Zeit in Anspruch genommen zu haben; er findet das Resultat hervorragend und der Mühe wert.

Gegen Ende des Jahres 1951 kamen meine Eltern rechtzeitig zu Weihnachten zu uns, und Marc und Godfrey lernten sich endlich kennen. Da meine Scheidung nun in greifbare Nähe gerückt war, hielt es Godfrey für angemessen, sich mit Marc zusammenzusetzen und über unsere Zukunft zu sprechen. Er erwartete offensichtlich, daß über eine Heirat geredet werden würde, doch Marc wich dem Thema aus. Godfrey war bereits siebenundsechzig, drei Jahre älter als Marc. Ida kam auch auf ein paar Tage vorbei. Meine Eltern fanden sie charmant.

Godfrey war von Anfang an – wie schon Georgina vor ihm – von Marc eingenommen, und es war für uns alle eine glückliche Zeit. Ich ging auf ausgiebigen Spaziergängen mit ihnen querfeldein, wie wir das in der Vergangenheit so oft gemacht hatten, da mein Vater es immer entschieden abgelehnt hatte, ein eigenes Auto zu besitzen. Andere schöne Erinnerungen kehrten wieder: Wanderferien in Wales, Garnelenfang in Brittany. Wie selbstverständlich waren mir diese Dinge gewesen! Als wir vom steilen »Baou« herunterstiegen (einem der ehrwürdigen Felsen hinter unserem Haus), begann Godfrey wie ein sorgloser junger Mann zu rennen und verstauchte dabei sein Fußgelenk. Während er mit bandagiertem Fuß dasaß, konnte er den nicht abreißenden Besucherstrom beobachten: Tériade mit einem neuen Plan für »Verve«..., Maeght mit Vorschlägen für Marcs nächste Ausstellung im März und seiner Sonderausgabe des »Derrière le Miroir« über Chagall..., der Direktor der Galerie des Ponchettes in Nizza, der eine große Retrospektive für Februar organisierte und für das Plakat die wunderbare blaue Gouache mit dem Titel *St. Jean* gewählt hatte, die ich gerade von Marc bekommen hatte..., und Henri Langlois, der seinen Film über Chagall besprechen wollte.

Marc war natürlich nicht in der Lage, hinter die Fassade, hinter die höflichen Manieren und das vorsichtige Französisch meines Vaters zu sehen. Für ihn waren Engländer überhaupt nicht faßbar; er machte nicht einmal den Versuch, herauszufinden, was im Kopf meines Vaters vor sich ging. Es schien ihm die Sache nicht wert zu sein. Später sagte er mir: »Dein Vater ist eine hübsche Buchbindearbeit, aber ich weiß nicht, ob es sich lohnt, das Buch zu lesen.«

Godfrey seinerseits war von Marc sehr angetan und wunderte sich immer wieder über ihn. Er beneidete ihn um seine außergewöhnliche Spontaneität, sogar um seine Launen – wenn er schlecht gelaunt war, dann zeigte er es auch; wenn er müde war, machte er daraus keinen Hehl. Natürlich war mein Vater keine wichtige Persönlichkeit in Kunstkreisen, und Marc hatte es nicht nötig, verführerisch zu schauspielern. Wenn er jedoch gut gelaunt war, besaß er einen hinreißenden Charme, und wenn die wichtigen Leute vorbeidefilierten, kehrte er den liebenswürdigen Gastgeber heraus.

Sie sprachen nicht viel miteinander – Marc war mit seiner Arbeit beschäftigt oder in Gedanken versunken, und Godfrey war es nicht möglich, das Thema unserer zukünftigen »gesetzlichen Regelung« anzuschneiden, an die Marc und ich offenbar überhaupt nicht dachten. Mein Vater fuhr enttäuscht wieder nach Hause und fragte sich, ob Marc und ich wirklich füreinander geschaffen seien.

Ein Jahr nachdem ich Marc verlassen hatte, sah Godfrey ihn im Café Les Deux Magots auf dem Boulevard St. Germain. Sie saßen beide vor einem Café au lait und lasen Zeitung. Godfrey ging freundlich auf Marc zu und wollte ihm die Hand reichen, aber Marc wandte sich augenblicklich ab und würdigte ihn keines Blickes. Godfrey war verletzt und verwirrt, mich aber wunderte Marcs Reaktion nicht: in seinem Groll hatte er die gesamte Familie in ein Boot gesteckt.

*

Charles kam nach Vence zurück, um Idas Hochzeit im Januar zu filmen. Nach und nach trafen die Gäste ein: Vater und Schwester von Franz, Arnold Rudlinger, sein Trauzeuge, die Bourdets, Jacques Lassaigne, Charles Estienne und Bush Meyer Gräfe, die Witwe des Bauhaus-Architekten Meyer. Die Maeghts und ihre beiden Söhne Adrien und Bernard schlossen sich ihnen an, sowie Tériade, Jacques und Pierre Prévert, die Dichter André Verdet, Ribemont Dessaignes und andere. Wir hatten Marcs großes Atelier ausgeräumt und lange Tische in Hufeisenform aufgestellt. Jean verzierte die Speisekarten und Ziazi Darquet steckte die Blumen.

Die Hochzeit fand im Rathaus von Vence statt, und Marc zeigte während der Zeremonie einen Ausdruck großer Feierlichkeit. Das Hochzeitsfrühstück jedoch, das in Marcs Atelier unter dem Bild *Der blaue Zirkus* eingenommen wurde, war ein ausgelassenes Ereignis. Jacques Prévert war in Hochform; er und Marc versuchten, Ida mit der Nase in ein Glas Champagner zu tunken. Jacques tanzte einen verrückten Tanz mit Idas unweiblicher Haushälterin, die den Weg von Paris hierher in einem Tweedanzug und derben Schuhen zurückgelegt hatte. Ida krönte Franz mit der letzten Schicht ihres Hochzeitskuchens, und der Spaß wurde im Salon unter den Bildern *Der Viehhändler* und *Liebespaar mit Eiffelturm* mit noch mehr Gästen und noch mehr Champagner fortgesetzt. Charles sprang ein und aus, um zu fotografieren, und die Kinder rannten herum wie aufgescheuchte Hühner.

Am nächsten Tag reisten Franz und Ida nach Korsika ab. Estienne holte seine Tarot-Karten hervor. Marc war wieder an seine Arbeit gegangen, und ohne sein Wissen wurden die Karten für ihn gelegt. Wir waren alle bestürzt von den dunklen Prophezeiungen, die sie enthielten. Marc, so hieß es da, habe eine äußerst schmerzvolle Zeit vor sich. Charles wurde ein völliger Umbruch vorausgesagt, dem das Glück folgen werde. Für mich wurden keine Karten gelegt.

Am nächsten Morgen verließ Charles uns, um eine Rundfahrt durch Italien zu unternehmen. Aus Florenz schrieb er mir:

> Die Stunden in Vence waren voller Entdeckungen für mich. Ihr alle seid ein Teil meines Lebens geworden. Ich bin so froh, daß ich eines Morgens in New York nach einer schlaflosen Nacht beschloß, Dir zu schreiben. Vence war wie eine Oase für mich, in der ich endlich einmal nach all dem Streß richtig aufatmen konnte. Ich fühle mich jetzt ein wenig verloren, und das ist Eure Schuld. Ihr habt mich so gut behandelt, auf so selbstverständliche Art und Weise für meine Zerstreuung gesorgt, daß es unangebracht wäre, Euch dafür zu danken.

An dem Tag, an dem Marcs Vernissage in der Galerie des Ponchettes stattfand, mußte ich nach London abreisen, da mein Scheidungsprozeß für den nächsten Tag angesetzt war. Richard Ainley, mein treuer Freund, war mein Zeuge, und ich erhielt ein vorläufiges Scheidungsurteil und das alleinige Sorgerecht für Jean.

Marc schrieb mir: »Kein Zweifel, ich liebe Dich noch mehr!«

Glücklicherweise war die Beziehung zwischen John McNeil und seiner Tochter durch die Scheidung überhaupt nicht betroffen. Heute noch hat Jean ein herzliches Verhältnis zu ihrem Vater. John hielt an seinem Plan fest, wieder mit der Malerei anzufangen; seine Werke haben eine fremdartige, bezaubernde Wirkung.

Marc und Ida erwarteten mich auf der Türschwelle, als ich zurückkehrte. Ida schenkte mir zur Feier des Tages einen hübschen Lederkoffer und fragte uns geradeheraus, wann wir denn nun heiraten wollten. Ich zweifelte nicht daran, daß sie Marcs Absichten in dieser Frage zumindest genausogut wie ich kannte, weil er ihr alles erzählte. Marc hatte das Thema mir gegenüber schon lange nicht mehr erwähnt. Unbekümmert antwortete er: »Wir haben es nicht eilig. Was ist denn schon eine Heirat? Nichts weiter als ein Stück Papier!« Ich stimmte dem zu, doch paßte dieser Ausspruch ganz und gar nicht zu dem Marc, der die Ehe immer glorifiziert, ja beinahe geheiligt hatte.

Marc und ich hatten häufig darüber gesprochen, daß Heirat die einzige Möglichkeit sei, David den Namen seines Vaters zu geben, aber jetzt, da der »falsche« Vater aus dem Weg war, schien Marc erst einmal zufrieden. Auch erinnerte er sich an unsere Unterhaltung in Le Dramond über die Nachteile, die ein berühmter Name mit sich bringt. Es war, als ob er den rechten Augenblick abwarten wollte, an dem ich mich als würdig erweisen würde. Er beobachtete die Veränderungen in unserem Zusammenleben. Ich spürte absolut nichts davon, daß er mich »noch mehr liebte«, und dies leise Gefühl einer Distanz blieb zwischen uns bestehen. Ich war nicht sicher, ob ich überhaupt noch heiraten wollte.

*

Eines Tages bat mich Marc, aus meinem Zimmer auszuziehen, da er ganz allein arbeiten wollte. Dies überraschte mich, da er das Alleinsein haßte. Ich war verärgert, weil dies der einzige Platz gewesen war, der nur mir gehörte. Ich hatte einige kleine Bilder, die Marc mir geschenkt hatte, sowie meine Fotosammlung an die Wände gehängt. Als wir in Les Collines einzogen, hatte ich eine Wendeltreppe als separaten Eingang für dieses Zimmer einbauen lassen, damit ich Marc nicht jedesmal stören mußte, wenn ich ein- und ausging.

Aber er verlangte von mir, daß ich in unserem Schlafzimmer schreiben sollte. Vielleicht wollte er unbewußt meine Arbeit auf die Domäne der Frau verbannen, in der persönliche Arbeit für gewöhnlich als annehmbarer Zeitvertreib angesehen wird und nicht als eine Notwendigkeit. Außerdem würde das bedeuten, daß ich nachts, wenn er schon zu Bett gegangen war, nicht mehr würde schreiben können.

Dann bat er mich, nach jemandem für die Erledigung der Sekretariatsarbeiten Ausschau zu halten. Diese Arbeit nahm einen großen Teil meiner Zeit in Anspruch und war nicht sonderlich befriedigend. Aber das war nicht der Grund für seine Bitte. Ich wußte nur zu gut, daß meine laienhaften Versuche nicht viel wert waren, aber auch das war nicht der Grund. Zweifellos wollte er mich damit strafen, daß er mich vom Atelier fernhielt.

Des weiteren beklagte er sich darüber, daß ich den Kindern zu viel Zeit widmete. Er bat mich, sie das Abendessen getrennt von uns einnehmen zu lassen, weil sie ihn störten. Ziemlich unfreundlich nahm ich Rache und brachte ihm statt dessen das Essen auf einem Tablett ins Atelier. Er sagte nichts, beschwerte sich aber bei Ida, die zwei Tage danach zu uns kam. Sie war nun fast ständig anwesend, machte ihre Beobachtungen und mischte sich ab und zu auch ein. Sie schimpfte mit mir und bat um eine Erklärung. Ich antwortete, das Abendessen sei eine der wenigen Gelegenheiten, an denen wir mit den Kindern zusammensein könnten; trotzdem versprach ich, sie getrennt von uns essen zu lassen. Marc sah damals sehr wenig von den Kindern, und ihr Freudengeheul aus dem Garten machte ihn verrückt. Ich ließ sie auf der anderen Seite des Hauses spielen, möglichst weit weg vom Atelier.

Marc kritisierte, daß ich mich nur für die – wie er

sie nannte – »nebensächlichen« Dinge in seinem Leben interessierte. Sein öffentliches Leben war für ihn wichtiger als sein Privatleben, und über das erste herrschte Ida gern und mit großem Erfolg. Sie kümmerte sich um die geschäftlichen Dinge, organisierte Ausstellungen und verhandelte mit Verlegern, Journalisten und Kunstkritikern. Ich war für all diese Dinge nicht geeignet, so daß ich mich darauf konzentrierte, einen nicht enden wollenden Besucherstrom zu unterhalten, der das Haus stürmte, Marc umherzufahren, die neuen Bilder zu fotografieren, sie von Alexandre rahmen oder von unseren jungen Freunden aufstapeln zu lassen, Telefonate entgegenzunehmen, die Korrespondenz zu tippen. Manchmal brauchte Marc im Atelier Hilfe, eine Leinwand aufzuteilen, Bilder umzustellen; das machte ich am liebsten. Im Atelier herrschte eine herrliche Unordnung, aber ich räumte nie die unzähligen Kleinigkeiten auf, die auf den Tischen herumlagen. Ich liebkoste sie höchstens mit einem Staubwedel. Marc liebte dieses Durcheinander. Für ihn war es eine geordnete Welt, die aus Relikten, wie Familienfotos und Fundsachen, »trouvailles«, so Steine vom Strand, Federn, Farbproben und so weiter bestand.

Marc arbeitete sehr viel, um die neuen Bilder für die nächste Maeght-Ausstellung zu beenden. Auch eine Reihe Keramiken mußte fertiggestellt werden, so daß ich ihn mehrmals in einer Woche zur Madoura-Töpferei in Vallauris fuhr. Aber statt bei ihm zu bleiben und ihn bei seiner Arbeit zu beobachten, wie ich dies sonst immer getan hatte, nutzte ich nun die freie Zeit und setzte mich in ein Café, um zu schreiben. Ganz allmählich entfernten wir uns immer mehr voneinander.

*

Charles Leirens kam aus Italien zurück, um die Bilder in der Galerie des Ponchettes zu filmen. Alexandre fuhr uns beide mehrere Male nach Nizza, damit er uns mit den Bildern zur Hand gehen konnte. Diese Fahrten brachten Charles und mich sehr eng zusammen. Da wir auf dem Rücksitz saßen, bemerkte Alexandre nicht, wie wir uns an den Händen hielten. Wir verliebten uns.

Charles war von natürlicher Eleganz. Er liebte gute, originelle Kleidung und hatte einen auserlesenen Geschmack – er bevorzugte braunes Wildleder, Cord und groben Tweed. Er hatte ein grünes und ein braunes Auge; Grün und Braun waren auch seine Lieblingsfarben. Er mochte kein Blau – die Lieblingsfarbe von Marc, die zu seinen Augen paßte. Marc trug oft eine hellblaue Jacke, und ich hatte ein Kleid in derselben Farbe, das ich immer seltener anzog.

Charles hatte seine Arbeit inzwischen beendet und wollte die Ergebnisse der Filme und Fotos in Paris bis zum Beginn der Ausstellung von Marc abwarten. Am Abend vor seiner Abreise ging ich in sein Zimmer, um ihm beim Packen zu helfen. Über seinen Koffer hinweg küßten wir uns und blickten uns verwirrt an. Der Entschluß, uns nicht wieder zu treffen, war genauso unmöglich wie die Vorstellung eines Wiedersehens. Ich sagte Charles, daß ich Marc niemals verlassen würde, da ich ihn noch liebte; außerdem war da noch David.

An diesem Morgen fuhr Charles mit dem Auto fort. Ich brachte Marc nach Nizza, so daß er mit dem Zug nach Paris fahren konnte. Ich sollte später nachkommen und die Skulpturen und neuen Keramiken, die noch gebrannt werden mußten, im Auto mitbringen.

Nach einigen Tagen erhielt ich von Marc aus Paris einen Brief, in dem er schrieb:

> Eine Ewigkeit scheint vergangen zu sein! Die Zeit verfliegt, und ich will so viel arbeiten, muß aber hierbleiben. Denkst Du an mich? Ruf mich doch bitte ab und zu an, ich möchte mit Dir reden.

Dieser Brief klingt wehmütig; Marc beendet ihn mit den Worten, daß ich nur erraten könne, wie sehr er mich liebe, da er seine Liebe nur in einem Bild oder einem russischen Gedicht ausdrücken könne.

Ich fragte mich, ob er wirklich *mich* liebte oder die Person, die ich einmal werden sollte, die gebildete, elegante Frau, die einem Vergleich mit Bella standhalten würde, die Hüterin seines Besitzes und ein Ebenbild Idas. Mein wilder Charakterzug kam wieder zum Vorschein, und ich begann mich aufzulehnen. Das Wort »Haggard« ist – neben seinem gebräuchlicheren Sinn – definiert als »wild oder eigensinnig, ungezähmt; wird für einen Falken gebraucht, sobald er ausgewachsen ist«.

Es gibt unter der glatten Oberfläche einiger meiner Familienmitglieder etwas Ungezähmtes. Dies trifft auf Rider, meinen Großonkel zu, der aus dem öffentlichen Dienst ausschied, um seltsame, rätselhafte Geschichten zu schreiben, und auf seinen Bruder, meinen exzentrischen Großvater, der auf eine vielversprechende Karriere im öffentlichen Dienst in Indien verzichtete, weil er mit der Politik Großbritanniens nicht einverstanden war. Und es trifft auch auf meinen Bruder zu, der ohne Zögern eine erfolgreiche Rolle ablehnte, wenn sie nicht mit seinen Vorstellungen übereinstimmte.

Trotz der guten Erziehung und dem scheinbaren Festhalten an Traditionen taucht dieser wilde Zug plötzlich auf. Ein unwiderstehlicher Drang zum

Ungehorsam entsteht. Er brannte oft in meinem Herzen.

Für mich stand fest, daß ich nicht immer mit jemand anderem verglichen werden wollte. Man sollte mich so akzeptieren, wie ich war.

Sobald er in Paris angekommen war, rief Charles mich an: »Ich weiß, daß nicht die geringste Hoffnung besteht, aber ich *muß* dich wiedersehen – allein. Sag ehrlich, ist das Wahnsinn?«

Natürlich war es Wahnsinn, aber ich ließ ihn kommen. Er nahm ein Flugzeug nach Nizza, und ich fuhr ihn in einen kleinen Ort in den Bergen, nach La Turbie, wo wir einen Tag und eine Nacht miteinander verbrachten, und der Wahnsinn hielt an.

Dann riß er sich los, um einer schmerzlichen Verabredung in Paris nachzukommen – er mußte Marc und Ida wie versprochen die Hochzeitsbilder zeigen. Er wagte es nicht, ihnen abzusagen, da er Verdächtigungen befürchtete.

Ich schrieb ihm:

> Du hast etwas in mir freigesetzt, das mit Nuten und Bolzen eingesperrt war und verzweifelt herauskommen wollte. Ich glaube, all dies könnte uns alle besser machen statt unehrlich und grausam. Ich möchte glauben, daß es so etwas wie ein mysteriöses Gleichgewicht im Leben der Menschen gibt, das sich selbst ins Lot bringt, wenn es ihm möglich ist. Vielleicht sollten wir uns die Frage stellen: wie können wir alle ehrlicher zu uns selbst sein? Ich war mir gegenüber sicherlich nicht ehrlich, was dazu führte, daß ich Marc nicht wirklich glücklich machen konnte. Ich glaube, ich kann ihn nur glücklich machen, so wie er es versteht, wenn ich die Person bin, die er in mir sehen will, aber das kann ich jetzt nicht sein. Ziazi hat heute morgen geweint. Sie hat es vorausgesehen, und sie hat Angst um uns alle.

Charles antwortete: »Die tragischen Dinge im Leben sind nicht die Sorgen, sondern die halb wahrgenommenen, verbotenen Paradiese.«

Die Darquets hielten mich aufrecht, indem sie Platten spielten, die Charles empfohlen hatte – Monteverdi, De Lassus und Josquin des Près; außerdem sahen wir uns eines seiner Lieblingsstücke an, »Pelleas und Melisande«, das zufällig gerade in Nizza gespielt wurde.

Nachdem die Keramiken und Skulpturen sorgfältig verpackt waren, wurde es Zeit für mich, nach Paris zu fahren. Ziazi begleitete mich. Wir trafen Charles in Auxerre, und Ziazi verließ uns dort, damit wir eine letzte Nacht miteinander verbringen konnten. Dann machte ich mich auf den Weg zu Ida.

Marc und Ida waren spürbar zurückhaltend, aber Marc packte eifrig die neuen Keramiken aus, prüfte jedes Stück liebevoll und kritisch und brachte es in Sicherheit. Am Abend gingen wir ins Hotel Voltaire am Quai Voltaire. Marc verhielt sich sehr reserviert.

Charles hatte mir einen Brief geschrieben, den er mir bei unserer Abreise übergab. Ungeduldig wartete ich darauf, ihn lesen zu können, und schloß mich im Bad ein. Aber Marc hatte bereits Verdacht geschöpft und lauerte darauf, mir meine Untreue beweisen zu können. Meine Abwesenheit in Vence während unserer Nacht in La Turbie hatte ich damit erklärt, daß ich bei meinen Freundinnen Elizabeth Sprigge und Velona Harris in Mentone übernachtet hätte. Denen hatte ich dummerweise nichts davon erzählt, weil ich nicht damit rechnete, daß Marc sie zur Überprüfung anrufen könnte.

Er hatte es aber getan. Er riß mir die Zeitschrift aus der Hand, in der ich Charles' Brief versteckt hatte, und fand ihn.

Das Peitschen seiner gewaltigen Wut hatte ich oft gehört, aber diesmal ließ er es zum ersten Mal auf mich niedersausen. Mit eisernen Fäusten schlug er mich zu Boden und hämmerte mir fortwährend auf dem Rücken herum. Als ich mich wieder erholte, begann er von neuem und schrie: »Wie konntest du mir das antun? Es ist der schmutzigste Verrat. Dieser Mann ist ein Ungeheuer! Er wagte es, zu Ida zu kommen, als sei nichts geschehen. Er ist ein Lügner und Scheinheiliger! Und du bist genauso.« Wieder schlug er mich, aber ich hielt meine Schreie zurück. Ich befürchtete, die Leitung des Hotels würde mir zu Hilfe eilen. Wahrscheinlich hockten sie und die Gäste der benachbarten Zimmer an der Tür. Marcs Stimme klang wie Donnergrollen. Er hörte auf, mich zu schlagen; die Erleichterung hatte ihm gutgetan. Nun wollte er die Wahrheit hören. Er preßte sie aus mir heraus, Tropfen für Tropfen, und ließ mich wie ein gemangeltes Wäschestück zurück, schlug die Tür hinter sich zu und ging zu Ida, um ihr zu berichten.

Diesen plötzlichen und gewaltigen Auftritt hatte ich nicht erwartet. Ich hatte Marc die Neuigkeiten beibringen wollen, wenn ich meine fünf Sinne wieder beisammen gehabt hätte; ich war immer noch wie betäubt von meinem überwältigenden Erlebnis mit Charles. Ich brauchte Zeit zum Nachdenken, Zeit, einen Weg zu finden, wie ich es ihm beibringen könnte. Aber man hatte mich wie einen Dieb erwischt.

Vor Erregung fast erstickt, rief ich Charles an. Er hatte spontan dieselbe Reaktion wie Pelleas, als Golaids Männer die Palasttore schlossen: »Tout est perdu! Tout est gagné!« – Alles ist verloren, alles gewonnen.

Er kam schnell zu mir, und wir gingen am Ufer

der Seine entlang zum Champs de Mars. Schnee lag auf den Wegen, und Feuer brannte in unseren Herzen.

Marc kam gegen Abend zurück und machte mir wieder heftige Szenen, wobei er vor Kummer und Wut in Tränen ausbrach. »Wie kannst du so grausam zu mir sein, wenn ich dir so treu bin und dir vertraue? Hast du vergessen, daß ich dich gerettet, dir so viel gegeben, deine Tochter erzogen habe? Hast du all das vergessen?«

»Nein, das habe ich nicht. Ich bin sehr dankbar dafür.«

»Dankbar! Das nennst du dankbar? Du bringst mich um!«

Er lief wütend im Zimmer auf und ab, rang die Hände, weinte, schrie – stundenlang.

Am folgenden Tag forderte er mich auf, mit ihm zu Ida zu gehen, weil sie mich sprechen wollte. Ich folgte ihm. Ida blickte mich ernst an. Sie sagte, daß Charles nach unserer Eskapade sie noch besucht habe, sei schockierend und ein Beweis für Charles' Doppelzüngigkeit.

Marc behauptete, Charles habe seinen Coup von Anfang an geplant und sich den Weg ins Herz der Familie erschmeichelt. Es war zwecklos, zu leugnen und darauf zu bestehen, daß alles innerhalb von ein paar Tagen geschehen war.

Ida hatte bereits alle Freunde Marcs informiert, und die Neuigkeit verbreitete sich in Künstlerkreisen wie ein Lauffeuer.

Am nächsten Tag fand die Vernissage in der Galerie Maeght statt. Ich sagte Marc und Ida, ich könne unmöglich dort erscheinen. Ich würde einen Narren aus mir machen, da doch jetzt alle wußten, was geschehen war. Verärgert bestanden sie darauf, daß ich hingehen müsse. Aber am nächsten Tag im

Hotel weigerte ich mich erneut. Marc kochte vor Wut und sagte, wenn ich nicht ginge, bliebe er auch da. Er warf sich mit seinem vollen Gewicht gegen mich, so daß ich zu Boden schlug. Also ging ich zu der Vernissage – es war grausam. Freunde begrüßten mich, als sei nichts geschehen. Ich wußte nicht, worüber ich mit ihnen reden sollte.

Die neuen Arbeiten riefen viel Bewunderung hervor. Es war das erste Mal, daß Marc Keramiken und Skulpturen ausstellte. Tériade hatte endlich – nach 20 Jahren – die Radierungen für »Die Fabeln« von La Fontaine herausgegeben, mit zwei neuen Radierungen für den Titel.

Marc war wieder der alte: nett und charmant. Auch Ida sprühte vor Lebenslust.

Den folgenden Tag verbrachte Marc mit Ida. Charles war nach Brüssel abgereist, und ich blieb mir selbst überlassen. Ich schrieb an Charles:

> Immer wieder muß ich mir sagen, daß Du mich liebst, daß Du mich nicht als Ungeheuer betrachtest. Du behauptest dasselbe von Dir; wir folgten doch einfach nur dem Weg, der gerade vor uns lag. Wir *mußten* uns einfach verlieben. Gibt es so etwas wie Gerechtigkeit, und wenn, wäre es recht gewesen, diese Erfahrung auszuschlagen?

Aber es schien völlig unverzeihlich, mein Zusammenleben mit Marc zu beenden – das Leben, das mir so viel Glück beschert und mich tatsächlich gerettet hatte, als ich so tief in meinen Kummer verstrickt war, daß ich es selbst nicht merkte. Marc hatte recht: ich war undankbar. Hatte ich mich in den sieben Jahren so verändert oder er? Oder hatten wir uns beide in verschiedene Richtungen entwickelt – er in einen gewichtigen Mann, der sich seines Ruhmes und seiner schnell anwachsenden Reichtümer bewußt war, und ich zurück in eine freiere Person, die dem unreifen zwanzigjährigen Mädchen glich, das sich auflehnte, weil es sein Leben ändern wollte?

Ich versuchte, mir mit möglichst großer Objektivität die Person vorzustellen, die Marc und Ida von mir erwarteten, und sah deutlich, daß ich es nicht war. Seit ich mich in Charles verliebt hatte, war ich mir dessen bewußter denn je.

Die größte Gnade für einen Künstler ist die Freiheit. Ich habe versucht, sie Marc zu geben; mir schien es aber manchmal so, als wolle er gefesselt sein und mich mit anketten. Wenn Ida nicht gewesen wäre, hätte er jemand anderen gefunden, der ihn beherrschte. Natürlich lehnte er sich gelegentlich auf – denn er war voller Widersprüche –, aber er fügte sich ihrem Willen immer mehr. Charles schrieb:

> Die ganze Nacht stellte ich mir immer wieder nur das Schlimmste vor und sagte mir wie besessen immer wieder, daß wir diejenigen sind, die Leid und Opfer auf sich nehmen müssen, weil wir das Glück bereits in Händen hatten – wir durften einen Blick ins Paradies werfen. Heute morgen erfüllt mich der Gedanke an uns drei mit Kummer.

Die beiden folgenden Nächte waren eine Qual. Wie konnte ich Marc so leiden lassen? Sein Kummer erweckte mein tiefstes Mitgefühl, weil er stärker war als seine Verbitterung. Als er David erwähnte, brach ich zusammen.

»Ich liebe David. Ohne ihn kann ich nicht leben«, sagte er unter Tränen.

»Ich weiß. Du wirst *nie* ohne David leben. Du wirst ihn so oft sehen wie ich.«

»Das ist nicht dasselbe!« Marc lief vor Ärger rot an. »Es ist nicht dasselbe ohne dich. Wenn er mit einem anderen Mann zusammenlebt, will ich ihn nicht mehr sehen.«

Marc drohte in Fatalismus zu verfallen und sich aus Rache selbst zu bestrafen.

Einige Tage lang marterte ich mein Hirn und mein Gewissen. Legte ich mir eine Verteidigung zurecht und paßte sie meinem Gewissen an?

Ich wollte diese Liebe mehr als alles. Eine Umkehr lief meiner Natur zuwider. Ich war es nicht gewohnt, eine Sache ungeschehen zu machen, und ich bereute keine Erfahrung, so schmerzlich sie auch gewesen war. Mein immer wiederkehrendes Bedürfnis, von vorn anzufangen, rührte von einem tiefen Gefühl der Unzulänglichkeit. Ich lebte in Erwartung einer besseren Zukunft, in der ich mir endlich selbst genügen würde. Aber jedesmal ließ ich andere leiden. Vielleicht würde ich aufhören, andere zu verletzen, wenn ich endlich lernte, mich selbst zu akzeptieren... Bis dahin mußte ich mich darauf verlassen, von anderen akzeptiert zu werden. Jetzt war es Charles, der mir Vertrauen in mich selbst schenkte. Wenn er mit einem solchen Antrieb in mein Leben trat, so konnte dies nur geschehen, weil etwas Lebendiges fehlte – die Anerkennung nämlich, die ich so dringend brauchte.

»Aber du liebst mich nicht«, protestierte ich Marc gegenüber. »Du sagst, du liebst mich, aber ich spüre es nicht. Wenn ich fortgehe, vermißt du mich, aber wenn ich bei dir bin, kritisierst du mich die ganze Zeit. Ich bin nicht das geworden, was du von mir erwartet hast, und du bist enttäuscht. Du bist mit meinen Freunden nicht einverstanden. Ida ist mit mir auch nicht einverstanden. Du führst dein Leben mehr und mehr an ihrer Seite.«

»Ida kümmert sich um alles«, sagte er. »Ohne sie wäre ich verloren. Das mußt du verstehen. Aber du hast auch andere Interessen!« Ja, das konnte ich nicht leugnen.

Eines Tages sagte er plötzlich: »Du magst die Juden nicht!« Ich blickte ihn erstaunt an. »Das ist nicht wahr!«

Zum ersten Mal fiel mir auf, daß meine engsten Freunde seit der Abreise der Leokums Nichtjuden waren. Mir war dies nicht bewußt geworden, aber Marc fand es bezeichnend. Charles war auch Nichtjude, was die Situation verschärfte, sosehr ich diese Anschuldigung auch zurückwies. Marc lebte in einer jüdischen Welt zusammen mit Freunden wie Abraham Sutzkever und in einer russischen mit Ida und ihren Freunden; zu beiden hatte ich keinen Zugang. Er drang nicht in meine englische Welt ein, weil er sich nicht dafür interessierte. Die jüdische Welt war mir aber durch mehr als eine Sprachbarriere verschlossen, und er behütete sie eifersüchtig.

Oppen schrieb mir, daß er mit Adele nach Paris kommen würde. Er hatte zwei goldene Ringe aus Israel mitgebracht, einen für David und einen für seinen eigenen Enkel. »Als ich gerade mit den Ringen spielte, erhielt ich Marcs sehr, sehr traurigen Brief. Virginia, was ist geschehen? Hast Du Deine alten Freunde Oppen und Adele vergessen? Du weißt, daß wir Dich lieben.«

Unser Treffen war anstrengend. Adele war kühl, skeptisch, verwundet, als hätte ich ihre Freundschaft zurückgewiesen, aber Oppen selbst war so lieb wie immer. Als wir uns trennten, gab er mir traurig einen Kuß.

Ich wußte, daß ich nur unterwürfig und reuevoll zu Marc zurückkehren konnte. Und selbst wenn ich es täte, glaubte ich nicht, daß Marc mir jemals völlig verzeihen würde; er hatte unumstößliche Grundsätze über Treue, und seine Vorurteile waren nicht auszuräumen. Ich würde mit Mißfallen betrachtet werden, und Ida würde eine noch stärkere Rolle spielen. Ich schrieb Charles, daß wohl nichts mehr uns trennen könnte.

Marc schwieg. Wenn wir an den Abenden allein im Hotelzimmer waren, herrschte eine gespannte Atmosphäre zwischen uns. Ich war hin- und hergerissen zwischen der Furcht, ihm falsche Hoffnungen zu machen, und der Zurückhaltung andererseits, ihm diese letzte Hoffnung zu zerstören, die er aufrechterhielt, um sich nicht in das Unvermeidliche fügen zu müssen. Manchmal zog er mich an sich und küßte mich, aber ich fühlte nichts. Ich war wie ein Eisblock. Ich war nicht mehr dieselbe Frau. Es war zu spät. Wie hart war ich, wie kalt und unerbittlich!

Es gab keine Ebene mehr, auf der wir uns noch hätten treffen können, trotz meiner großen Zuneigung zu ihm. Marc zufolge waren Charles und ich des Verrats schuldig, und ich hätte ihn nicht wiedersehen dürfen. Das traf bei mir auf taube Ohren; ich zog mich zurück, bis nichts mehr zu sagen war.

Ida spürte anscheinend, daß die Dinge sich zuspitzten, und sie bat mich, mit ihr in einem kleinen Restaurant an der Place Dauphine zu Mittag zu essen. Ich war ängstlich und gespannt, aber wir hatten ein kühles, sachliches Gespräch. Sie fragte mich, ob meine Liebesaffäre mit Charles vorübergehend sei. Ich verneinte. Dann stellte sie die Frage, die eher wie die Feststellung einer Tatsache klang, ob ich beabsichtige, ihren Vater zu verlassen, woraufhin ich zugab, keine andere Möglichkeit zu sehen. Nachdem diese Fragen erledigt waren, fuhr sie in geschäftsmäßigem Ton fort, die verschiedenen Schritte aufzuzeigen, die unternommen werden mußten, um ihrem Vater so wenig Schmerz wie möglich zuzufügen. Sie beabsichtigte, eine Freundin zu bitten, ob sie nicht ein paar Monate unmittelbar nach meinem Weggang mit Marc zusammenleben wolle. Es war eine junge Frau, so alt wie Ida und ich, deutsch-jüdischen Ursprungs, mit einem kultivierten Hintergrund – eben jene, die vor sieben Jahren, bevor ich auftauchte, Marcs Einladung abgelehnt hatte, als platonische Gefährtin mit ihm in New York zusammenzuleben.

Ida hatte mit Marc noch nicht über diesen Plan gesprochen. Während wir im Restaurant saßen, rief die Freundin aus Südfrankreich an, wie verabredet, und sagte, daß sie es sich überlegen wolle. Mit dieser Freundin, das wußte Ida, würde sie die Sache voll unter Kontrolle haben. Sie sagte, sie wolle von dem Geld aus dem Verkauf der Villa in Passy, in der die Chagalls vor dem Krieg gewohnt hatten, für Marc eine Wohnung in Paris kaufen. Sie nahm an, daß Marc, wenn Charles und ich nach Paris ziehen würden (wie wir es beabsichtigten), David oft würde sehen können. Mich erleichterte dies sehr. Sie hatte alles geplant, war sehr gelassen, wie eine Mutter, die froh ist, ihren Sohn wiederzuhaben.

Nach diesem Mittagessen kehrte Charles nach Paris zurück, und wir beschlossen, uns sofort eine Wohnung zu suchen. Alles ging blitzschnell. Die einzige Wohnung, die in »Le Monde« zum Kauf angeboten war (Mietwohnungen gab es in Paris einfach nicht), gefiel uns auf den ersten Blick. Charles hatte gerade genug Ersparnisse, um die erste Rate zahlen zu können. Natürlich wußten Marc und Ida davon nichts. Wir wollten heiraten, weil wir dachten, daß es für die Kinder und letztendlich auch für Marc besser war.

Ich fuhr zu meiner Schwester Joan, die in Viroflay wohnte. Sie war warmherzig und mitfühlend. Ich fragte sie, ob sie meinen Schritt mißbillige, woraufhin sie verneinte; aber sicher hielt sie mich für ein wenig verrückt. Bei der Erinnerung an unsere jugendlichen Eskapaden in Paris hatten wir viel Freude.

Als nächstes nahm ich mir die heikle Aufgabe vor, meine Eltern von den Vorfällen zu unterrichten. Godfrey antwortete mit einem großzügigen Brief, in dem er mir versicherte:

> Komm so schnell wie möglich mit den Kindern zu uns und bleibe, so lange Du willst. Wir schätzen uns glücklich, Dir einen ruhigen Hafen in diesen stürmischen Zeiten bieten zu können. Wir möchten Dir mitteilen, daß wir den Schritt verstehen, den Du unternimmst, und daß wir ihn gutheißen. Wir hoffen nur, daß Du Dich nicht übereilt in eheliche Ketten legst, sondern eher an Deiner neu erlangten Freiheit festhältst. Deine Schwäne von heute können leicht Deine Gänse von morgen sein. Wenn man alles bedenkt, scheint eine Heirat überflüssig, und wir wollen das Ganze nicht noch einmal durchmachen.

Charles und ich lachten, und ich war froh, als ich bemerkte, daß ich inzwischen Godfreys Reaktionen mit Humor nehmen konnte. Er war stets außerordentlich freundlich und verständnisvoll.

Die Dinge zwischen Marc und mir begannen sich zu beschleunigen. Es mußte gehandelt werden. Ida war der Auffassung, daß es besser sei, die Trennung so schnell wie möglich zu vollziehen. Zuerst mußte ich jedoch nach Vence zurück, um die Kinder zu holen. Marc beschloß, mit mir zu fahren.

Unsere lange Fahrt nach Vence verlief angespannt. Die Kluft zwischen uns tat sich immer weiter auf. Er kritzelte Notizen und versank in Gedanken und Visionen. Tieftraurig erinnerte ich mich der entzückenden Reisen, die wir miteinander unternommen hatten.

Ursprünglich hatte ich für ein paar Monate zu meinen Eltern fahren wollen, um den Kindern die Umstellung zu erleichtern und damit Marc die erste Zeit der Trennung weniger grausam und endgültig empfand. Marc dachte, daß ich in England Zeit genug haben würde, über alles nachzudenken, und so meine Leidenschaft für Charles überwinden könnte. Er versprach, vor den Kindern keine Szene zu machen; wir wollten ihnen einfach mitteilen, daß wir ein paar Monate bei den Großeltern verbringen würden.

Marc hatte mir verboten, mit Charles zu korrespondieren, also holte ich seine Briefe fast jeden Tag beim Postamt ab. Marc flehte mich an, doch eine oder zwei Wochen länger in Vence zu bleiben. Er müsse sich an den Gedanken meines Fortgangs erst gewöhnen, sagte er, und einige unserer Freunde wollten mich noch einmal sprechen. Vor allem aber dachte er wohl, daß ich Charles, wenn ich einmal in Vence bei den Kindern und unter verhältnismäßig normalen Umständen lebte, vergessen würde, zumindest konnte ich ihn nicht sehen.

Marcs Freunde bekundeten ihm ihr Mitgefühl, was ihn ein wenig tröstete; er fand beinahe Gefallen an seinem Kummer. Offensichtlich richtete er sich bereits in seinem Martyrium ein, nach dem ihn manchmal unbewußt verlangt hatte. Ganz bestimmt hatte Marc einen »gôut du malheur«, eine Neigung zum Unglück – vielleicht verunsicherte ihn das Glück.

*

Während jener zwei Wochen, die eine Ewigkeit dauerten, versuchte Marc mir klarzumachen, daß Charles zu alt für mich sei (er war ein Jahr älter als

Marc); daß Charles sich in einem angegriffenen gesundheitlichen Zustand befinde und kein Recht habe, eine junge Frau zu bitten, mit ihm zu leben; und, um allem die Krone aufzusetzen, daß er als Fotograf alles andere als reich sei. Keine Argumente hätten mich weniger beeindrucken können. Ich fühlte mich zu älteren Männern hingezogen, auch zu Menschen, die einsam, ungeliebt oder verletzbar waren, vielleicht weil sie dazu beitrugen, daß ich meine Gefühle der Unzulänglichkeit vergaß. Auf John traf dies alles zu, und auch Marc war zunächst einsam gewesen, als ich zu ihm kam. Vielleicht suchte ich auch immer noch unbewußt nach einem väterlichen Liebhaber, und Marc war mehr wie ein Bruder zu mir gewesen.

Der Punkt, den ich am meisten fürchtete, war die schmerzliche Trennung zwischen Marc und David. Ich versicherte Marc immer wieder, daß ich alles tun würde, was in meiner Macht stand, ihre Beziehung aufrechtzuerhalten, aber das beruhigte ihn nicht. Oft drohte er damit, David nie wiedersehen zu wollen; das sei immer noch leichter zu ertragen als zu wissen, daß der eigene Sohn von jemand anderem aufgezogen wird. Ich fürchtete, er könnte zu so etwas fähig sein, da ich seine fatalistische Reaktion auf jede Form von Unglück kannte.

Ich wußte, daß Charles in dieser Hinsicht unbedingt und gewissenhaft Davids Liebe zu seinem Vater hegen würde, aber es hatte keinen Sinn, Marc davon überzeugen zu wollen. Natürlich fürchtete ich auch die Auswirkungen, die diese unglückliche Trennung auf David haben würde. Er war so alt wie Jean, fünfeinhalb, als sie das Leid der Trennung von ihrem Vater erfuhr. Für Jean würde es eine weitere Entwurzelung geben. Zum Glück verhielt sich Marc gegenüber David sachlich – er war freundlich, mit einer Spur Ernsthaftigkeit, als ob er bereits versuchte, die neue Distanz zwischen ihnen hinzunehmen.

Marc hatte nichts mehr gegen ein gemeinsames Abendessen mit den Kindern einzuwenden, aber er schwieg die meiste Zeit. Obwohl Marc selbst in einigen Dingen kindisch war, lag ihm die kindliche Welt irgendwie fern, und seine Unterhaltungen mit Kindern waren begrenzt. Meistens war er tief in Gedanken versunken, wie er es schon seit Monaten praktizierte, seitdem ich ein freieres Leben führte. Er vergrub sich immer mehr in seine Arbeit. Sie wurde seine einzige Beschäftigung, seine Besessenheit, sein Leben.

Tériade, der wieder in St. Jean weilte, bat mich, vorbeizukommen. Wir führten ein langes Gespräch. Er sagte mir, daß ich dem Künstler Marc gegenüber eine heilige Pflicht habe und nichts auf der Welt sei wichtiger. Ich entgegnete ihm, ich sei vielleicht für den Job nicht geschaffen und man würde sicher jemanden finden, der besser geeignet sei. Ich versuchte ihm klarzumachen, daß ich dem Künstler keinen Schaden zufügte, wenn auch der Mann leiden mußte. Meiner Ansicht nach trage Marc in sich eine enorme Kraft und sei in seinem Bollwerk der Schöpfung sicher. Er war gesund, besaß Ruhm und Reichtum – Charles nicht, er war ein verletzbarer Mann. Marc fand auch Unterstützung bei seinen vielen treuen und ihn bewundernden Freunden, die ihm gemeinsam mit Ida fortwährend ihre Aufmerksamkeit schenkten. Ich glaube, Tériade schätzte mich irgendwie, aber im Prinzip stimmten wir nicht überein, so daß das Gespräch in einer Sackgasse endete.

Lydia Delektorskaja, die Sekretärin und Gefährtin von Matisse, rief mich an und richtete mir aus, daß Matisse mich sehen wolle und daß er, wenn es ihm möglich gewesen wäre, selbst nach Vence gekommen wäre. Wenn sie über ihn sprach und wenn sie ihn anredete, benutzte sie nur die Höflichkeitsform »Monsieur Matisse«. Sie hatte Matisse Modell gestanden, und ihr schönes ovales Gesicht war Anregung genug für einige gute Gemälde und Zeichnungen.

Der Gedanke an ein solches Treffen beunruhigte mich. Für Matisse und Lydia hegte ich ehrfürchtige Bewunderung, aber ich wußte, daß sie mir sagen würden, ich müsse für die Arbeit eines großen Künstlers ein Opfer bringen. Lydia war ein lebendes Beispiel für ein solches Opfer, aber sie hatte in ihrer aufreibenden Rolle Erfüllung gefunden. Ich schrieb Matisse, daß ich mich unfähig fühlte, ihm die Tiefe meiner Gefühle für Charles zu erklären. Ich versicherte ihm, daß ich meine Entscheidung in völliger Klarheit und nach reiflichem Überlegen getroffen und den Eindruck habe, nichts Ehrenrühriges zu tun, obwohl ich wisse, wie sehr ich Marc verletze. Ich hoffe, er könne verstehen, wie schwierig es sei, seine eigenen Motive zu verteidigen, wenn es so viele Dinge gebe, die man nicht erklären könne. Ich dankte ihm für seine große Güte und versicherte sie beide meiner tief empfundenen Freundschaft.

Sie antworteten beide nicht auf diesen Brief, doch nach meiner Abreise schrieb Ziazi mir, daß Lydia (die eine ihrer besten Freundinnen war) mich völlig verstehen würde und daß sie dies sowohl Marc als auch den beiden Idas – Ida Bourdet und Ida Chagall – deutlich gemacht habe. Matisse habe verstanden, warum ich ihn nicht habe treffen wollen. Das erleichterte mich, dennoch habe ich sie nie wiedergesehen.

In dieser Zeit voller Leid fand ich in den Darquets und in »La Comtesse« die meiste Unterstützung. Sie gehörten zu den wenigen Freunden, die die dramatischen Ereignisse vom Standpunkt eines jeden von uns betrachteten, und sie waren zwischen widerstreitenden Loyalitäten hin- und hergerissen. Ziazi zeigte viel Mitgefühl für Marc und versuchte ihm zu helfen, indem sie ihm in seinem Kummer eine gute Zuhörerin war.

Ich korrespondierte mit Claire Goll, der Witwe von Ivan Goll, die unsere gute Freundin war; aber sie war Marc gegenüber verbittert, was mich ärgerte. Ich fragte sie nach dem Warum für diesen Haß und sie antwortete:

> Ich hasse niemanden, ich hege für jeden Menschen brüderliche Gefühle, vor allem für einen Künstler, den ich bewundere. Aber ich suche immer noch den Chagall von vor zwanzig Jahren, den wunderbaren Freund, mit dem Ivan und ich so viele phantastische Wochen auf dem Lande und in Paris verbrachten. Was ich nicht vergessen kann, ist seine Härte gegenüber Ivan, als er im Sterben lag, weil sie über irgend etwas gestritten hatten. Aber Du mußt Kummer nicht mit Verbitterung und Verurteilung nicht mit Haß gleichsetzen.

Dennoch fand ich in ihren Memoiren »La Poursuite du Vent«, die sie einige Jahre vor ihrem Tod schrieb, beachtlich viel Verbitterung gegenüber Marc und anderen.

Marc hörte, daß er den Orden der Ehrenlegion erhalten hatte, und freute sich sehr. Kurz vor seiner Abreise nach Paris erschienen die beiden neuen Chagall-Bücher: das von Skira mit einem Text von Jacques Lassaigne und ein hübsches kleines Album, das Hazan herausgab, die Marc mir beide mit Widmung schenkte. Ruhig sprach er über die

Wohnung, die Ida in Paris kaufen würde; so habe er wie Matisse zwei Wohnsitze.

Einige Tage fuhr ich ihn zwischen Vence und St. Jean hin und her, wo ich ihn verließ, um den Tag mit Tériade zu verbringen. Tériade wollte gern von Marc zwei Wandgemälde für sein Wohnzimmer angefertigt haben (endlich ein Auftrag für Wandgemälde!). Außerdem plante er die Herausgabe eines wichtigen Albums mit Farblithographien und fragte mich, ob ich nicht eine Idee für den Titel habe. Ich erinnerte mich daran, daß wir bei unserem ersten Aufenthalt in Vence in einem großen Haus mit dem Namen »Le Studio« gewohnt hatten und daß Marc dort eine Reihe frischer, spontaner Gouachen und Lavis mit Themen aus der Natur angefertigt hatte. Ich hielt die Rückkehr zu dieser direkten Anregung für einen Themenwechsel. Tériade fand die Idee ausgezeichnet; sie wurde jedoch nie ausgeführt. Statt dessen stellte Marc eine Reihe guter Farblithographien her mit verschiedenen Themen für einige Ausgaben des »Verve« und schließlich Farblithographien von den Bibel-Illustrationen.

All diese Werke und die großen biblischen Bilder, an denen Marc bereits arbeitete, sollten seine Rettung sein. Doch zuvor würde es noch äußerst schmerzliche Augenblicke geben. Marc hatte seinen frommen, ernsten Ausdruck gegen eine stille, mitleiderregende Pose getauscht, so daß ich mir noch grausamer vorkam. Ich konnte seine Brutalität besser ertragen als diese Haltung eines geschlagenen Hundes. Ein großes Schweigen hatte sich über uns gesenkt.

*

Marc hatte angefangen, einige Zeichnungen und Aquarelle mit rührenden Widmungen in verschiedene Bücher zu malen, die er mir anbot. Ich fühlte mich ihrer nicht würdig, nahm sie aber dankbar und traurig an. Solange dies anscheinend normale Leben mit den Kindern andauerte, konnte Marc nicht glauben, daß ich meine Meinung nicht ändern würde. Er konnte sich nur schwer vorstellen, daß ich eine andere Person geworden war. Ich hatte eine neue Quelle bedingungsloser Bestätigung gefunden, die ich nicht ablehnen konnte. Hier schien nichts mehr wirklich zu sein; es war, als würde ein Film ablaufen, in dem wir die Schauspieler waren.

Ich konnte nicht mehr schlafen, die Anstrengung war zu groß. Marc gelang es, zu schlafen – solange ich bei ihm war, fühlte er sich sicher.

Ohne mein Wissen ging Marc mit einem meiner Notizbücher zu unserer Freundin, der Künstlerin Geneviève Gallibert in Vence, und bat sie um die Übersetzung bestimmter Passagen, die in Englisch geschrieben waren. Jahre später erzählte mir Geneviève, daß Marc erstaunt gewesen sei, warmherzige und liebevolle Bemerkungen über sich darin zu finden. Er hatte zu Geneviève gesagt: »Wir hätten glücklich miteinander sein können. Vielleicht habe ich nie bemerkt, wie glücklich ich war.«

*

Eines Tages erhielt Marc Besuch von einer hübschen unbekannten Frau. Sie stieg direkt die Treppe zum Atelier hinauf und klopfte an die Tür. Sie wollte ihm sagen, wie sehr sie ihn verehrte und bewunderte. Er war sehr gerührt, dankte ihr und geleitete sie nach einem kurzen Gespräch zur Tür. Er berichtete mir darüber und fügte hinzu: »Da siehst du, ich war nicht einmal in Versuchung. Ich bin dir zu treu.«

Mit grimmiger Entschlossenheit setzte Marc die Arbeit an seinen großen Bibelgemälden fort: *König David, Moses empfängt die Gesetzestafeln.* Diese Bilder besaßen eine düstere Schwere.

Dann verfiel er in den starren Fatalismus, den ich auch zuvor schon an ihm beobachtet hatte, und der ihm eine besondere Kraft verlieh. Er vergrub sich in seine Arbeit, was mich mit Bewunderung erfüllte. Nun war es für mich an der Zeit, abzureisen. Zehn Tage waren vergangen, und ich hatte das Gefühl, daß Marc sich mit dem Gedanken an eine Trennung abgefunden hatte. Ich verabschiedete mich von meinen Freunden, packte meine Siebensachen zusammen und ließ mir Plätze in einem Zug nach Paris reservieren, wo Charles auf uns warten würde.

Einige Tage vor meiner Abreise kehrten die Maeghts in ihr Haus in St. Paul zurück, und Marc hielt sich die meiste Zeit bei ihnen auf. Sie waren freundlich und entspannt und vermieden jede Dramatisierung. Sie glaubten offensichtlich, daß es nie zu spät sei, die Dinge wieder ins reine zu bringen und machten verschiedene Vorschläge, die Marc mir überbrachte. Einer war, daß wir sofort zusammen nach Italien reisen sollten, aber ich schüttelte dazu nur traurig den Kopf. Maeght hatte immer wieder den Wunsch geäußert, Marcs ausschließlicher Händler zu werden und Idas Teil der Geschäfte noch mit zu übernehmen, dies aber sollte nicht geschehen – zumindest *noch* nicht.

Marc konnte sich immer noch nicht vorstellen, daß ich mein Leben mit ihm völlig aufgeben würde, dieses erfüllte Leben, um das mich so viele Leute beneideten. Er dachte, daß ich nach meinem kleinen Ausrutscher reuig zu ihm zurückkehren würde.

Die Maeghts rieten zu äußerster Milde und Zurückhaltung, und Marguerite, voll aufrichtiger

Güte, machte einen letzten Versuch, mich zur Umkehr zu bewegen. Ihr Chauffeur holte Marc eine halbe Stunde vor meiner Abfahrt ab. Der Abschied war ruhig. Alles verlief zum Glück undramatisch. Marc nahm mir das Versprechen ab, mir alles noch einmal genau zu überlegen. Jean – die inzwischen zwölf Jahre alt war – erkannte, daß etwas Ernsthaftes vor sich ging, als Marc sie beiseite nahm und sie bat, den Versuch zu unternehmen, mich zur Rückkehr zu bewegen. Ruhig küßte Marc die Kinder und fuhr ab. Sein stiller Mut war bewundernswert.

Ich hatte einige unserer Bücher und Kleidungsstücke zurückgelassen und nur ein paar Koffer mitgenommen, so daß der Bruch für alle weniger endgültig aussah. Jeannette brach in Tränen aus, als sie und Alexandre kamen, um sich zu verabschieden. Wir stiegen ins Taxi und winkten, bis Les Collines außer Sicht war.

*

Und so ging ich aus Marcs Leben – ebenso still, wie ich sieben Jahre zuvor hineingekommen war.

Am selben Abend kamen zum Glück die beiden Idas aus Paris an und beschäftigten Marc. Tagelang rannte er von einem Freund zum anderen, um seinen Kummer auszuschütten. Schon suchte er wieder jemanden, der ihm Gesellschaft leisten könnte. Idas Freundin hatte das Angebot, mit Marc zusammenzuleben, erneut abgelehnt, und Ida wußte, daß sie bald jemanden für ihn finden mußte. Dann hatte Ida Bourdet eine glänzende Idee: sie hatte eine Freundin, ungefähr vierzig Jahre alt, Valentina Brodsky, russisch-jüdischen Ursprungs, die Tochter eines reichen Unternehmers in Kiew, der durch die Revolution ruiniert worden war. Sie war eine kultivierte, intelligente Frau, führte ein blühendes Modegeschäft in London, nahm aber sofort das Angebot Idas an, als Marcs Sekretärin nach Vence zu kommen. Nach zwei, drei Monaten war sie unentbehrlich geworden. Sie wollte aber nur dann bleiben, wenn Marc ihr versprach, sie zu heiraten. Marc äußerte einigen Freunden gegenüber, er denke nicht ans Heiraten, wolle aber, daß Vava blieb, so daß Claude Bourdet auf der Stelle das Aufgebot bestellte.

*

Für unsere Kinder war die Abreise von Vence ein Schock. David merkte erst allmählich, daß wir nicht mehr in Vence bei seinem Papa leben würden. Ich hatte gehofft, die beiden hätten zusammen dorthin zu Besuch zurückkehren können, aber Jean wurde überhaupt nicht eingeladen und David mußte noch zwei weitere Jahre warten. David fühlte sich bei Jean und mir sicher, auch mit Charles und meinen Eltern, aber er muß innerlich doch gelitten haben. Er war ein mutiger kleiner Junge, immer fröhlich und ohne Klagen, und ich hatte den Eindruck, daß er mit allem gut fertig würde.

Ich wollte Jean erst nach unserer Abfahrt die Wahrheit sagen, so daß die Trennung weniger dramatisch verlaufen würde. Sie nahm die Neuigkeit ruhig auf, aber in den letzten Jahren präsentierte sie mir folgende Rechnung:

> War ich traurig darüber, Vence zu verlassen? Ich glaube, ich verschloß allen Kummer in mir. Man hatte mich vor der Abreise nicht informiert, so daß ich keine Gelegenheit hatte, mich von dem Ort oder von den Menschen dort zu verabschieden. Der Gedanke einer endgültigen Abreise ist etwas, das du in dem Alter noch nicht begreifen kannst. Meine Gefühle waren wie abge-

storben; ich brachte nur für Dich und David Gefühle auf. Andere Menschen kamen und gingen wie auf einer Drehbühne.

Ich glaube, irgendwie war ich Deine dunkle Seite, die Seite, die Du in diesem Abenteuer zu verdrängen suchtest, Deine eigene Schwäche, Deine Abhängigkeit, Dein Wunsch nach Anerkennung. Du warst immer stark und obenauf und sorgtest Dich um andere Menschen.

Die Bilder, die Marc mir gegeben hatte (insgesamt 17), ließ ich zurück – ich nahm nur die Bücher mit, die er mit einer Widmung versehen hatte, sowie vier kleine Zeichnungen, ebenfalls mit Widmung. Ich stapelte die Bilder in meinem kleinen Raum auf und bat Marc, meinen Namen auf die Rückseite eines jeden Bildes zu schreiben, damit er nicht behaupten konnte, ich habe dieses Geschenk abgelehnt, ihm aber somit die Möglichkeit blieb, seine Entscheidung später noch rückgängig zu machen, wenn er wollte. Ich liebte diese Bilder sehr, habe es aber nie bereut, sie zurückgelassen zu haben. Nie hatte ich das Gefühl, sie wirklich zu besitzen – ich besaß sie mit Marc *zusammen*. Kurz nach meiner Abfahrt ließ er die Bilder fotografieren und ein rechtsgültiges Papier aufsetzen, in dem er sie David an seinem 21. Geburtstag überschrieb. Ich war durch diese Geste zutiefst gerührt, sagte aber David nichts davon, da ich befürchtete, es könne den normalen Lauf seines Lebens stören. Auch war ich überhaupt nicht sicher, ob Marc an seinem ursprünglichen Plan festhalten würde, und damit sollte ich leider recht behalten.

*

Im Juli 1952, vier Monate nach meinem Weggang, fand im Landhaus der Bourdets in Rambouillet die

Hochzeit von Marc und Vava statt. Claude hielt eine scherzhafte Rede, in der er auf die Wirksamkeit der »Agentur Ida-Ida« hinwies. Sie hatten alles in die Wege geleitet, bis hin zum Heiratsvertrag. Aber sechs Jahre später, wie Crespelle in seinem Buch über Chagall schreibt, ließen sich Marc und Vava wieder scheiden, da zwischen Ida und ihrer Stiefmutter ein Konflikt entstanden war. Sie heirateten dann sofort wieder mit einem Vertrag, der für Vava günstiger ausfiel.

Eine der ersten Maßnahmen, die Vava ergriff, war, alle geschäftlichen Angelegenheiten Marcs auf Maeght zu übertragen. Idas Höhepunkt war überschritten; sie wurde langsam aber sicher aus dem Weg geschoben. Ich fragte mich, ob sie mich nicht doch ein wenig vermißte!

Als ich Vence verließ, hatte Ida in einem Theater in Paris Picasso getroffen und ihm über die Ereignisse berichtet. Picasso hielt es für einen gelungenen Scherz, und Ida warnte ihn: Lach nicht, es könnte dir ebenso ergehen. Einige Monate später verließ ihn Françoise Gilot.

Zum Glück nutzte Ida ihre neugefundene Freiheit, sich um ihre drei Kinder zu kümmern, und befriedigte somit einen mütterlichen Instinkt, mit dem sie seit dem Tode von Bella ihren Vater überschüttet hatte, dieses schwierige und anspruchsvolle »Kind«. Sie hatte mit Franz einen goldblonden Jungen, Piet, mit blauen Augen, und braunhaarige Zwillingsmädchen, Bella und Meret. Die Familie lebte lange Jahre in Basel, bis Ida und Franz sich schließlich scheiden ließen.

Bis dahin pendelte Ida zwischen ihren Kindern in Basel, ihrem Haus am Quai d'Horloge, einem anderen Haus, das sie in der Nähe von Toulon gekauft hatte, und dem alten Haus in Gordes, das

Marc ihr überlassen hatte, hin und her. Ida liebte das Vagabundieren genausosehr wie ihr Vater. Sie hatte Marc eine wunderschöne Wohnung am Quai d'Anjou gekauft, von der man die Seine an der Ile St. Louis überblicken konnte, fünf Brücken unterhalb des Quai d'Horloge, wo Ida selbst wohnte.

Vava war gleich zu Beginn die perfekte Hüterin von Marc, sie schützte und verwaltete seine Besitztümer, organisierte mit klarem Blick und viel Phantasie sein Leben, und Marc genoß es. In dieser Hinsicht kam sie Ida gleich, und Marc war zufrieden und getröstet, daß alles in Ordnung war. Meine Spuren wurden schnell verwischt. Eine Wunde gab es noch, die nie heilen würde – Marcs Sehnsucht nach seinem Sohn; sie konnte nicht verheilen, weil er entschlossen war, sich selbst (und natürlich auch David) zu strafen, indem er zwei Jahre lang jeden Kontakt mit ihm ablehnte.

*

David war jetzt acht Jahre alt. Er schrieb seinem Vater regelmäßig und schickte ihm Bilder, erhielt aber keine Antwort. Eines Tages versuchte Ida Bourdet, Marcs fatalistische Haltung zu ändern. Sie sprach seine Gefühle an und siegte, so daß endlich eine liebevolle Verbindung wieder aufgenommen wurde. Danach erlaubte Marc ihm, regelmäßig in den Ferien nach Vence zu kommen. Marc und Vava behandelten ihn sehr nett, und sie waren glücklich miteinander. Vava, die ähnlich gelagert ist, mochte Davids Sinn für Humor, der sich bereits damals zeigte, und David kann sich an fröhliche Zeiten erinnern. Ida und Franz besuchte er auch regelmäßig. Sie nahmen ihn mit in die Berge zum Wintersport und brachten ihm viel Zuneigung entgegen.

David erinnert sich an idyllische Spaziergänge mit seinem Vater am Strand, auf denen Marc ihm Bilder auf große flache Steine malte. Beladen mit all diesen Kostbarkeiten, kamen sie dann zum Haus zurück. Er erinnert sich an ein Café in Paris, in das sein Vater ihn mitnahm, an ein kleines Bistro auf der Ile St. Louis, in dem lauter Häusermaler saßen. Marc sagte zu ihnen: »Wir sind alle Maler«, und zeigte ihnen seine farbverschmierten Hände. »Auch wenn ich kratze, geht die Farbe nicht mehr ab, sie reicht bis auf die Knochen.« In einem anderen Café, dem »Beaujolais«, auf dem linken Ufer, kannten die Kellner Marc sehr gut und hoben oft die Papiertischtücher auf, die Marc bemalt hatte. Sie lächelten, wenn er sich hinsetzte und zu malen anfing. Als jedoch David sich ihm anschloß und Papas Bilder durcheinanderbrachte, durchbohrten sie ihn mit ihren Blicken. Als David seine Noten aus der Schule mitbrachte: »Sehr gut« für Zeichnen und Musik, »Befriedigend« für Latein und Geschichte, »Mangelhaft« für Mathe, war Papa erstaunt. »Magst du Mathematik nicht? Es ist die reinste Dichtung.« Er erzählte David, daß er Einstein zweimal begegnet sei und mit ihm über Mathematik gesprochen habe. David imponierte das natürlich sehr.

David erinnert sich: »Ich begleitete ihn auch, als er zum ersten Mal in das Atelier von Charles Marq in Reims ging, um an Glasmalereien für die Kathedrale zu arbeiten. Der hervorragende Spezialist schaute etwas verwirrt, als Papa anfing zu arbeiten. In fünfzehn Jahren hatte er alles über Glasmalerei gelernt. Das große Atelier lag im Dunkeln, nur das riesige Fenster wurde erhellt. Die unregelmäßigen Glasstücke darin wurden durch provisorische Bleistege festgehalten. Jedes Stück wurde nacheinander heruntergeholt, damit Papa mit einem Pinsel Grisaille auftragen konnte. Dann wurden sie alle gebrannt und mit endgültigen Bleistegen zusammengefügt. Ich war auch bei ihm, als er das Wandgemälde *Commedia dell'arte* malte. Er stand dabei auf einem Gerüst und benutzte riesige Pinsel. An einem großen blauen Fleck habe ich auch geholfen.«

Für David war es selbstverständlich, daß alles, was sein Vater malte, perfekt war; es war für ihn so natürlich, daß er nie daran dachte, ihm seine Bewunderung zu zeigen. Aber Marc hätte es sicher gutgetan, ein Lob aus Davids Mund zu hören. Er brauchte ständig Anerkennung – und sei es von einem Kind.

*

David hat seinen Vater nie kritisiert. Er hielt immer an seiner bedingungslosen Liebe fest. Wenn es irgendwelchen Ärger gab, so war es eine Folge von Mißverständnissen mit Vava, sagte er.

Als David die Grundschule beendete, wünschte sich Marc, er solle ein Internat in der Nähe von Versailles besuchen, die Ecole du Montcel.

Charles und ich lebten damals in Brüssel, und ich war mit dem Vorschlag einverstanden, damit David seinen Vater häufiger sehen konnte. Eine der liebsten Erinnerungen, die David an diese Zeit hat, ist die, als Aimé und Marguerite (»Guiguitte«) Maeght ihn zusammen mit Vava und Marc besuchten und ihn zu einem üppigen Mahl in Versailles mitnahmen. Wild gestikulierend zitierte Aimé Gedichte von Verlaine, während er die prachtvollen Straßen entlangging. Die Maeghts waren ausnehmend großzügig und nett zu David. Als er in den

Ferien in Vence war, nahmen sie ihn zum Angeln mit nach Cannes.

Davids bester Schulfreund war Gérard Liebskind. Er nahm David an Wochenenden mit nach Hause. Seine Eltern freundeten sich mit Marc an, den es freute, daß David einen jüdischen Freund hatte. Als Gérard seine Bar-Mizwa feierte, wollte David auch eine haben (Gérard hatte zu dieser Gelegenheit eine Armbanduhr und ein Motorrad bekommen), aber Vava war damit nicht einverstanden. Wenn er an einem Wochenende nicht zu den Liebskinds kommen konnte, ging er zur Kirche – mal zum katholischen, mal zum evangelischen Gottesdienst, nur um aus der Schule herauszukommen. Eines Tages rief der Direktor ihn zu sich und sagte ihm, es sei an der Zeit, daß er sich für einen Glauben entscheide. David mußte zugeben, daß er keinen Glauben annehmen wollte.

Um diese Zeit waren Marc und Vava von Les Collines nach St. Paul umgezogen. Ich fragte David, was er von dem Ruf seines Vaters halte, gewinnsüchtig zu sein. Sofort verteidigte er ihn.

»Er wird von der Vorstellung eines Exodus verfolgt – wer weiß, es könnte wieder einen Hitler geben! Der Wohlstand könnte einmal ein Ende nehmen. Er sagte: ›Mein Sohn muß Geld verdienen‹ – aber er ist wirklich großzügig. Er hat mir und Vava immer etwas gekauft. In Vence hat er den benachbarten Bauernhof gekauft, den zwei alte Menschen bewohnten, die den Rest ihres Lebens dort bleiben konnten.«

»Er wollte sicherstellen, daß niemand neben ihm bauen konnte«, entgegnete ich. »Wie man es später tat, weiter oben auf dem Hügel.«

»Na schön, aber er hätte sie hinauswerfen und das Gelände für etwas anderes verwenden können.

Er ging dort gern spazieren. Er liebte die Ziegen und die Hühner und die knorrigen alten Olivenbäume. Aber dann wurde weiter oben ein scheußliches Gebäude errichtet, von dem die Leute mit ihren Ferngläsern genau in seinen Garten sehen konnten. Die Behörden in Vence haben auf seine Privatsphäre keine Rücksicht genommen; sie hätten dies verhindern können. Also verschwand er. Es war schade, das Haus war so schön!«

David erklärte, daß die Stufen zu seinem Atelier auch zuviel für Marc geworden waren. Das Haus in St. Paul war sehr modern und praktisch, umgeben von Wald, in dem man seine Ruhe hatte. Die Maeghts wohnten nebenan, um nach ihm zu sehen. Er konnte zu der Stiftung gehen, wann immer er wollte, und sein großes Mosaik *The Lovers* betrachten, das er Aimé und Guiguitte geschenkt hatte, oder ins Dorf, um die Boule-Spieler unter den Platanen zu beobachten, oder im Colombe d'Or etwas trinken.

David erzählte mir von Marcs ausdrücklichem Befehl: »Du kannst tun, was du willst, aber es muß das Beste sein.« Oft führte er Picassos Sohn als warnendes Beispiel an: »Paul ist ein ›peintre raté‹.«

Ich erinnerte mich an die Geschichte, die Marc mir einmal als Beweis für Picassos Härte erzählt hatte: Picasso verleugnete seinen Sohn, als dieser einmal betrunken von zwei Polizisten nach Hause gebracht wurde. »Sie können mit ihm machen, was Sie wollen; ich kann ihn nicht gebrauchen«, sagte Picasso. Sie ließen ihn auf der Türschwelle liegen.

Als David erwachsen wurde, zeigten Marc und Vava ihm gegenüber mehr Strenge; wenn er die Ferien in Vence verbrachte, gab es manchmal Reibereien. Einige seiner Freunde waren nicht erwünscht, er mußte abends früh nach Hause kommen und so weiter.

Mit fünfzehn fragte David Marc und Vava, ob er nicht ständig bei ihnen leben und in Nizza zur Schule gehen könne. Sie sagten jedoch, das Haus biete nicht genügend Platz. Mit sechzehn fing er an, zu rauchen und spät nach Hause zu kommen; sie waren empört. Mit siebzehn kam er auf dem Rückweg aus Griechenland in St. Paul vorbei, um Marc und Vava zu besuchen. Sie waren nicht zu Hause, aber sein Freund, der Gärtner, war da und ließ ihn natürlich ein. Als Marc und Vava zurückkehrten, wurden sie ärgerlich und schimpften mit dem Gärtner, weil er ihn eingelassen hatte. David war verständlicherweise verletzt.

Ich erinnerte mich an meine Unterhaltung mit Marc in Le Dramont – Marcs Furcht vor Davids Heranwachsen und seiner Reife. Projizierte er seine eigene kindliche Furcht vor dem Erwachsenwerden, seinen Wunsch, ein unschuldiges Kind zu bleiben, wie er es in »Ma Vie« beschreibt, auf David? David war alles andere als furchtsam. Der Boden brannte ihm unter den Füßen, und er setzte sich ungeduldig an die Spitze. Er hatte sicherlich eine wilde Seite – den alten Zug der Haggards und auch der Chagalls, der in den Bildern seines Vaters zum Ausdruck kommt.

Marc bekämpfte diesen Zug in seinem Sohn, so wie er dagegen ankämpfte, daß David ein Künstler werden sollte. Marc wollte, daß er ein zuverlässiges, solides Individuum würde, an das er sich – der Künstler – anlehnen konnte, wie er sich an seine übrige Umgebung anlehnte.

Frühzeitig hatte Charles Davids musikalisches Talent entdeckt, und er wollte ihn gern unterrichten. Aber David war kein eifriger Schüler, er war damit zufrieden, alles, was er wissen wollte, im Vorbeigehen aufzunehmen. Er lernte Saxophon, Gitarre und Trompete – letztere schenkte ihm Aimé Maeght in einem mit rotem Samt ausgeschlagenen Kasten. Dann begann er zu singen und Lieder zu komponieren; er nahm einige Schallplatten auf – zunächst für Saravah, eine aufstrebende französische Firma, dann für R.C.A.

*

1967 heiratete David Leslie Ben Said, ein hübsches, schwarzhaariges Mädchen, das einen belgischen Vater und eine jüdisch-marokkanische Mutter hatte. Sie bekamen einen Sohn, den sie Dylan nannten, und ließen sich in Paris nieder.

David und seine Familie besuchten seinen Vater regelmäßig. Einmal nahm Marc Dylan bei der Hand und führte ihn durch sein Atelier – ein Privileg, das er selten einem Besucher einräumte; aber David wurde nicht eingeladen und war verletzt. Die Besuche verliefen in angespannter Atmosphäre, und man ließ ihn nie mit seinem Vater allein. Andererseits blieb die Beziehung zu Ida so fröhlich und voller Zuneigung wie zuvor, und er besuchte sie auch mit Leslie und Dylan.

Eines Tages brachte der Dichter André Verdet Bill Wyman von den Rolling Stones mit nach St. Paul, der Marc kennenlernen wollte. Er berichtete mir, daß Marc voll Stolz gesagt habe: »Mein Sohn ist auch Sänger.« Freilich hatte Marc noch nie ein Lied von David gehört – nicht einmal das Lied, das er für seinen Vater geschrieben und »Zauberer« betitelt hatte. Er hat nie darum gebeten, sich die Lieder anhören zu wollen, und David hat ihm nie angeboten, für ihn zu singen, weil er wußte, daß Marc diese Art von Musik nicht mochte.

Mit der Zeit wurde es für David immer schwieriger, an Marc heranzukommen. Briefe blieben ohne Antwort, Verabredungen waren praktisch unmöglich. Jedesmal, wenn David anrief, um ein Treffen auszumachen, wurde er mit einer lahmen Ausrede abgespeist. Jahrelang sah er seinen Vater nicht, aber er gab die Hoffnung nicht auf. Als Dylan sechzehn Jahre alt war, rief er einmal an und fragte, ob er seinen Großvater sehen könne, doch seine Anfrage wurde abgelehnt.

Marc liebte zwar seinen Sohn sehr. Er war ein stolzer und sentimentaler Vater. Als aber David seine eigene Persönlichkeit entwickelte, wurde er zu einem störenden Element in Marcs wohlorganisiertem Leben. Marcs Ruhe rangierte an erster Stelle, und Vava war seine Beschützerin. Er versteckte sich hinter ihrem Rücken und überließ ihr die unangenehmen, unliebsamen Entscheidungen.

Andere Mitglieder der Familie und einige treue Freunde wurden ebenso auf Abstand gehalten, unter dem Vorwand, daß ihm jede nur denkbare Störung zu ersparen sei. Er hätte diesen »Schutz« ablehnen können, wenn er wirklich die Liebe der Menschen geschätzt hätte, aber vielleicht hätte er ein wenig von seinem eigenen wertvollen Frieden opfern müssen. Er suchte Schutz vor dem Leben – tiefgehende und spontane Gefühle blieben dabei auf der Strecke.

Marc war kein Schwächling, wie einige behaupten würden, vielmehr war seine Stärke ins Gegenteil verkehrt, durch sein Schutzbedürfnis war er verletzbar geworden... Haben deshalb die meisten Bilder aus den letzten Jahren ihre prophetische, visionäre Qualität verloren? Vielleicht war sein übermäßiges Verlangen nach Schutz nicht gut für seine Kunst.

Die monumentalen Arbeiten jedoch, die er in Zusammenarbeit mit meisterhaften Kunsthandwerkern ausführte – die Mosaiken und die Glasmalereien –, lockten ihn aus der Reserve. Da war er wieder der kämpfende Künstler, der mit allen Arten technischer und menschlicher Probleme konfrontiert war. Die phantastische Decke der Pariser Oper ist ein Beispiel für die enormen Schwierigkeiten, die er meisterte; sie war seine »Sixtinische Kapelle«. Seine Glasmalereien haben kräftige, neue Dimensionen – eine zeitlose Qualität. Seine »Message Biblique« hat die Bindekraft eines edlen Ideals – die Zusammenführung aller aufrichtig Suchenden nach einer tieferen Wahrheit, die über Glauben und Gewohnheiten hinausgeht.

Ein großer Künstler ist eines der kompliziertesten Individuen überhaupt. Er verfügt über die breite Skala menschlicher Fähigkeiten, von den schlechtesten hin zu den besten. So wie sein Werk Konturen annimmt und zu etwas völlig Neuem wird, setzt der empfindsame Mensch, der er ist – das unkalkulierbare, verletzbare Individuum –, sein Tasten nach gewöhnlichem menschlichem Glück fort. Erlangt er Ruhm und Reichtum, sind seine Probleme unvermeidlich größer, und seine Familie muß sie mittragen.

*

Nach dem Tode meiner Eltern hat Jean nur widerwillig ihr schönes Aquarell verkauft, das Marc ihr zu ihrem zehnten Geburtstag geschenkt hatte. 25 Jahre hatte es in ihrem Haus gehangen. Jean hatte endlich die Laufbahn als Malerin begonnen, und sie war

Marc sehr dankbar, daß er nichtsahnend so wesentlich zu ihrer Entwicklung beigetragen hatte.

In Paris hatte sie ihr Abitur gemacht und an der School of Economics in London Sozialwissenschaften studiert. Jahrelang verdiente sie ihren Lebensunterhalt in London und wagte nicht, dem nachzugehen, was sie eigentlich wollte: malen. Schließlich erhielt sie das Stipendium für eine Kunstschule, und heute gibt sie sich nur noch dieser Leidenschaft hin.

Ich fragte sie, ob ihr wechselhaftes Leben mit Marc die Grundlage für ihre Malerei geschaffen habe. Denn sie hatte ihn oft bei der Arbeit beobachtet und auf diese Weise vielleicht einige Kenntnisse erlangen können.

Sie sagte: »Mit einem so berühmten Maler zusammenzuleben, war eher ein Hindernis. Ich war der Meinung, daß es sich ohne großes Talent nicht lohnt, mit dem Malen anzufangen. Das war die Botschaft, die auch du vermittelt hast: Wenn jemand nicht genug Talent besitzt, muß er jemandem mit mehr Talent dienen. Aber es hat in mir natürlich das Interesse an der Malerei geweckt, weil ich von Kunst umgeben war. Sie bewegte mich, ich fühlte mich auch irgendwie in ihren Entstehungsprozeß mit einbezogen, wie ein Arbeiter in der Chagall-Fabrik. Die Einstellung in Gesprächen über Kunst schien sehr kritisch. Maler wurden streng beurteilt. Ein schlechtes Bild zu malen, war eine Sünde.«

Es ist bemerkenswert, daß Jean zu ihrer ersten Neigung zurückgekehrt ist, nachdem sie unter dem Einfluß einer solch unnachsichtigen Haltung aufgewachsen war.

*

1972, als David sechsundzwanzig war, erhielt er statt seines versprochenen Erbes eine Sammlung von acht kleinen Gouachen und Gemälden. Die Mappe, die ihm von Marcs Anwalt überreicht wurde, enthielt auch etwas für mich – ein Aquarell von mir, das er in Vence gemalt hatte, wie ich unter einem großen Blumenstrauß sitze. Ich war gerührt von diesem offensichtlichen Zeichen seiner Vergebung und schrieb ihm einen Dankesbrief.

Charles Leirens war 1963 nach jahrelangem Leiden gestorben. Das Leben an der Seite dieses feinen, mutigen Mannes war trotz mancher Probleme lohnend gewesen. Es sah so aus, als sei Marcs Erbitterung nach Charles' Tod verschwunden.

*

1977 wurde Sidney Alexander, ein hervorragender amerikanischer Kunsthistoriker und Romancier, der Bücher über die Renaissance und eine wichtige Trilogie über Michelangelo geschrieben hat, von »G. P. Putnam's Sons« damit beauftragt, eine umfassende Biographie über Chagall zu schreiben. Der Zugang zu seinem illustren Sujet wurde ihm verwehrt, obwohl er wiederholt versuchte, Vava zu überreden, ihm ein Gespräch zu ermöglichen. Der Grund für diese Ablehnung wurde nie genannt.

Trotzdem zeichnete Alexander ein lebhaftes Porträt Chagalls, verbunden mit einer ausführlichen und genauen Aufstellung von Chagalls Lebensdaten und einer bemerkenswert kritischen Analyse aller Kunstrichtungen dieser Periode.

Kein Biograph hatte meine Existenz bisher erwähnt, da die Chagalls keine Informationen über mich herausgaben. Nach all den Biographien – außer dieser – hat Marc in den sieben Jahren angeblich völlig allein gelebt. Für jeden, der Marc näher kennt, ist dies unvorstellbar.

Durch Sidney Alexander ermutigt, habe ich mich bemüht, noch mehr Erinnerungen an die Vergangenheit zutage zu fördern. Es hat sieben Jahre gedauert, bis ich meine »Sieben Jahre der Fülle« komplett aufgearbeitet hatte.

Obwohl ich nicht im geringsten bedauert habe, was geschehen ist, verfolgten mich noch jahrelang tiefe Gewissensbisse. Immer wieder träumte ich, daß Marc eine nicht verheilende Wunde hatte. Ich schrieb ihm mehrere Male. Das erste Mal, um ihm zu seiner Hochzeit zu gratulieren. Ich wollte ihm zu verstehen geben, daß meine Erinnerung an ihn voll Freude und liebevoller Dankbarkeit sei, und bat um Vergebung. Es überraschte mich nicht, daß er nie antwortete, aber Vava schrieb mir einen netten Brief, in dem sie mir für die guten Wünsche dankte. Als David zehn Jahre alt war, trafen wir Marc einmal zufällig auf einer Ausstellung bei Maeght. Er küßte David und gab mir die Hand – es war das letzte Mal, daß ich ihn sah. Jahrelang schickte er zu Weihnachten Geschenke und Briefe an die Kinder. Jean besuchte Marc einmal im Krankenhaus, nachdem er sich einer Blinddarmoperation unterzogen hatte. Danach wurde er unzugänglich.

Heute habe ich keine Gewissensbisse mehr. Ich habe erkannt, daß Marcs Leben genauso verlaufen ist, wie er es wollte. Er bekam alle Ehrungen, die er erhoffen konnte, und viele andere, von denen er nicht zu träumen gewagt hatte. Er überlebte die meisten der berühmtesten Künstler seiner Generation und erreichte das hohe Alter von 97 Jahren, ohne jemals seinen Pinsel beiseite gelegt zu haben. Er hat ein beträchtliches Vermögen angesammelt. Er hatte eine hingebungsvolle Frau, Kinder, Enkel und unzählige Bewunderer; er ist auf der ganzen Welt bekannt. Er vollendete sein Hauptwerk, die »Message Biblique«, und seine Seele ruht in Frieden.

Als ich zum ersten Mal wieder nach Vence kam, um meine alten Freunde zu besuchen, fühlte ich mich fast wie ein Eindringling. Aber nun habe ich mit den ehrwürdigen Sphinxen über dem Ort, dem Baou Blanc und dem Baou Noir, und den zerfurchten Gesichtern, die ich so gut kenne, meinen Frieden geschlossen. Die Dinge haben sich verändert, haben aber immer noch eine Aura, eine unmerkliche Ausstrahlung ihres früheren Wesens.

Jahrelang hoffte ich, wenn ich nach Vence kam, Marc noch einmal zu treffen. Ich versuchte, seinem morgendlichen Spazierweg zu folgen, aber es gelang mir nicht, ihn zu sehen.

Les Collines zerfiel, nachdem Marc und Vava nach St. Paul de Vence gezogen waren. Traurig gehe ich die gewundene überwucherte Auffahrt hoch und werfe einen Blick auf die zerfallenen Gebäude, und ein Gefühl der Trostlosigkeit ergreift mich, wenn ich zu Marcs großem Atelierfenster hinaufschaue.

Dann plötzlich freue ich mich, wenn ich an all die wunderschönen Kreationen denke, die aus diesem Fenster emporgestiegen sind – und aus den Fenstern in Witebsk und Paris und High Falls. Ich denke an sie, wie sie, endlos schön und überall Freude hintragend, durch die Zeiten schweben.

# EPILOG

Eines Morgens hörte ich um acht Uhr in den Radionachrichten: »Der große Maler Marc Chagall starb gestern abend, am 28. März 1985, in seinem Haus in St. Paul de Vence im Alter von 97 Jahren.« Ich klingelte David aus dem Schlaf; er war verwirrt und erschrocken. Er hatte in der Nacht zuvor besonders intensiv an seinen Vater gedacht und ihm ein Bild gemalt – eine lange Treppe, die in den Himmel führt. Er war bis vier Uhr früh wach geblieben – aus irgendeinem Grund hatte er nicht ins Bett gehen können.

»Chagall« heißt auf russisch »schreiten, ausschreiten«. Marc ist durch sein langes Leben geschritten und war immer noch auf den Beinen, als leise der Tod kam und ihn hinwegtrug. Noch drei Tage zuvor hatte man ihn an Zeichnungen und Aquarellen arbeiten sehen.

97 Jahre alt! Bis zuletzt blieb er seiner magischen Zahl treu! Seine »Message Biblique« wurde an seinem Geburtstag, dem 7. Juli 1973, eröffnet. 1977 kam er mit einer Ausstellung von 62 neueren Gemälden in den Louvre, eine Ehre, die vor ihm nur Braque und Picasso zuteil wurde. Am 7. Juli 1984, seinem 97. Geburtstag, eröffneten Adrien Maeght

und Jean Louis Prat, die Direktoren der Stiftung seit dem Tode Aimé Maeghts, eine große retrospektive Ausstellung über sein Werk.

Jede Apotheose schien endgültig, aber Marc versetzte immer wieder in Erstaunen – wie ein Feuerwerk, das ständig neue, sensationelle Sterne produziert.

Das Begräbnis fand auf dem Friedhof von St. Paul statt, wo Gruppen von Zypressen sich an die alten Wände schmiegen und die Gräber in den Fels gewachsen sind. Der Ort ist wie ein Schiff, das auf der Spitze eines Hügels gestrandet ist; der Friedhof ist sein Bug. Die Prozession wand sich an den niedrigen Wällen entlang. Auf den Felsen, überall, lagen Berge von Blumen.

David und Leslie hielten sich diskret im Hintergrund, aber als Idas Kinder sie sahen, umarmten sie einander bewegt.

Die Zeremonie war einfach und anrührend. Jack Lang, Frankreichs Kultusminister, hielt eine kurze Rede. Marc hatte den Wunsch nach der schlichtesten Form eines Begräbnisses geäußert, ohne religiöse Riten. Als jedoch der Sarg in die Erde gesenkt wurde, trat ein unbekannter junger Mann vor und stimmte das Kaddisch an, das jüdische Gebet für die Toten.

*Brüssel, 1985*

# MARC CHAGALL: BIOGRAPHISCHE DATEN

*1887*
Marc Chagall wird am 7. Juli zu Witebsk in Weißrußland geboren. Sein Vater arbeitete als Handlungsgehilfe. Seine feinfühlige und empfindsame, aber ungebildete Mutter vermittelt ihm das Bewußtsein der geheimnisvollen Kräfte der Welt. Marc hat mehrere Schwestern und einen Bruder, der jung stirbt. Er beginnt bei Pen, einer Lokalgröße, zu arbeiten.

*1907*
Chagall geht nach St. Petersburg und tritt in die kaiserliche Kunstakademie ein.

*1908*
In der Schule, die Bakst soeben eröffnet hat, sieht er zum ersten Male eine moderne Kunst, die sich ihm »wie ein Fenster auf Paris« öffnet. Ein Mitglied der Duma, Vinaver, der ihm trotz des amtlichen Verbotes die Übersiedlung nach St. Petersburg ermöglicht hatte, schlägt ihm vor, nach Rom oder Paris zu gehen und sichert ihm eine Monatsrente zu.

*1910–1913*
Chagall beschließt, nach Paris zu gehen, wo er ein

Atelier bezieht. Er lernt Blaise Cendrars kennen, der sein bester Freund wird, ferner Canudo, der die Zeitschrift »Montjoie« veröffentlicht, Max Jacob und Guillaume Apollinaire sowie die Maler La Fresnaye, Delaunay und Modigliani.

Ab 1911 stellt er jährlich bei den Unabhängigen und einmal im Herbstsalon aus, wo er später zurückgewiesen wird.

*1914*
Ein erster Pariser Käufer, Charles Malpel, bietet Chagall einen Kontrakt an. Apollinaire stellt ihn Herwarth Walden vor, der in den Lokalen der Zeitschrift »Der Sturm« in Berlin die erste eigene Ausstellung seiner Werke veranstaltet.

Chagall reist über Berlin nach Rußland, um seine Verlobte Bella wiederzusehen. Im Augenblick seiner Ankunft bricht der Krieg aus. Leider sollte er, mit wenigen Ausnahmen, weder die in Paris zurückgelassenen, noch die in Berlin ausgestellten Bilder wiederfinden. Für den Tarnungsdienst eingezogen, bleibt er in St. Petersburg.

*1915*
Er heiratet Bella.

*1917*
Ausbruch der russischen Revolution. Durch Lunatscharski, den er seit 1912 als Exilierten in Paris kannte, wird er zum Kommissar der bildenden Künste für das Gouvernement Witebsk ernannt. Das neue Regime begünstigt die fortschrittlichsten Formen der modernen Kunst. Die von Chagall gegründete Schule ist für alle Richtungen offen; als Professoren lädt er Lissitzky, Pougny und Malevitsch ein. Durch einen Konflikt

mit dem letzteren, der eine exklusivere Auffassung hat, tritt Chagall zurück.

*1919*
Chagall begegnet in Moskau Efross und Granowski, die bei ihm Wandmalereien, Dekorationen und Kostüme für das Neue Jüdische Staatstheater bestellen. Die ersten Dekorationen Chagalls zu einem Stück von Schalom Alechem stürzen die herkömmliche Auffassung des naturalistischen Theaters um.

*1922*
Chagall beschließt, nach Frankreich zurückzukehren. Er reist über Berlin, wo er vergeblich versucht, seine Bilder wiederzufinden. Cassirer schlägt ihm vor, seine Autobiographie »Mein Leben« zu illustrieren, die er in Rußland zu schreiben begonnen hatte.

*1923*
Chagall richtet sich wieder in Paris ein. Vollard bestellt bei ihm die Illustrationen zu den »Toten Seelen« von Gogol.

*1924*
Chagall besucht die Ile de Bréhat in der Bretagne und entdeckt die französische Landschaft. Im Laufe der folgenden Jahre hält er sich lange in der Auvergne, in Savoyen, im Baskenlande, in der Nähe von Toulon und in Peira-Cava auf.

*1927*
Chagall illustriert für Vollard die »Fabeln« von La Fontaine. Er befreundet sich mit Jacques Maritain, Jean Paulhan und Jules Supervielle.

*1931*
Durch Dizengoff, den Bürgermeister von Tel Aviv, zur Gründungsfeier des dortigen Museums eingeladen, reist Chagall nach Palästina, Syrien und Ägypten und entdeckt die Atmosphäre und die Landschaft der Bibel, die er für Vollard zu illustrieren annimmt. Er veröffentlicht seine Autobiographie »Mein Leben« (Editions Stock, Paris).

*1933*
Gesamtausstellung in der Kunsthalle zu Basel. Er reist in Italien, Spanien, England und Holland.

*1935*
Chagall reist nach Wilna, dadurch nahe von Witebsk.

*1936–1938*
Tief betroffen von der Entwicklung der totalitären Staaten, den Verfolgungen und einer sich über die ganze Welt ausbreitenden Kriegsstimmung, betont Chagall in seinen Bildern die dramatischen, sozialen und religiösen Elemente.

*1939*
Chagall erhält den Carnegie-Preis.

*1940*
Er zieht sich in das Tal der Loire und später nach Gordes in Südfrankreich zurück.

*1941*
Vom Museum of Modern Art in New York eingeladen, beschließt er, sich am 23. Juni nach Amerika einzuschiffen. Einige Wochen später wird Witebsk besetzt und zerstört.

*1942*
Im Laufe einer Reise in Mexiko entwirft Chagall die Dekorationen und Kostüme zum Ballett »Aleko« von Tschaikowsky mit der Choreographie von Massine und beteiligt sich an der Redaktion des Textbuches.

*1944*
Tod von Bella am 2. September.

*1945*
Dekorationen und Kostüme für den »Feuervogel« von Igor Strawinsky mit neuer Choreographie von Balanchine.

*1946*
Gesamtausstellungen im Museum of Modern Art in New York und im Art Institute von Chicago.

*1947*
Chagall kehrt nach Paris zurück. Gesamtausstellung im Musée d'Art moderne, die in der Folge im Städtischen Museum zu Amsterdam und in der Tate Gallery in London gezeigt wird.

*1948*
Er richtet sich in Orgeval bei Saint-Germain-en-Laye ein.

Er erhält den internationalen Graphikpreis der 24. Biennale in Venedig.

*1949*
Er wohnt in Saint-Jean-Cap-Ferrat.

*1950*
Chagall läßt sich in Vence nieder und beschäftigt

sich mit Keramik. Gesamtausstellung im Kunsthaus in Zürich, die später in der Kunsthalle zu Bern gezeigt wird.

*1951*
Ausstellung in Israel, wohin Chagall zum zweiten Male reist.

*1952*
Er heiratet Valentina Brodsky. Reise nach Griechenland.

*1953*
Gesamtausstellung in Turin im Palazzo Madama.

*1954*
Zweite Reise nach Griechenland.

*1955*
Ausstellung in der Kestner-Gesellschaft in Hannover.

*1956*
Ausstellungen in den Kunsthallen von Basel und Bern und im Stadtmuseum von Amsterdam. Reise nach Florenz mit Vava.

*1957*
Reise nach Israel. Veröffentlichung der »Bibel«. Ausstellung des graphischen Werks in der Bibliothèque Nationale in Paris und im Kunstmuseum Basel. Fenster für die Kirche von Assy. Ausstellung Maeght, Biennale von São Paulo.

*1958*
Dekorationen und Kostüme zu »Daphnis und

Chloé« in der Pariser Oper. Vorträge in Chikago und Brüssel.

*1959*
Doktor honoris causa der Universität von Glasgow. Ausstellung im Haus der Kunst in München.

*1960*
Fenster für die Kathedrale von Metz. Doktor honoris causa der Universität von Brandeis.

*1961*
Fenster für Jerusalem (Ausstellung im Musée des Arts Decoratifs in Paris).

*1962/63*
Ausstellung Galerie Maeght (Ausstellung »Chagall et la Bible« im Museum von Genf).

*1963/64*
Glasfenster für die Kathedrale von Metz (Wandelgang).

*1964*
Ausstellung Monotypien 1961–1963 in der Galerie Gérald Kramer in Genf. Ausstellung Maeght, »Dessins et lavis«. Einweihung der neuen Decke der Pariser Oper.

*1966*
Wandgemälde für die Metropolitan Opera, New York.

*1972*
Glasfenster für die Kathedrale von Reims.

*1969–1973*
Mosaiken, Wandteppiche, Gemälde für die Schenkung »Message Biblique« in Nizza, Eröffnung am 7. Juli 1973.

*1973*
Erste Reise nach Rußland nach 51 Jahren.

*1974*
Einweihung der Fenster in Reims.

*1976/77*
Reisen nach Florenz mit Vava. Chagall schenkt den Uffizien ein Selbstporträt aus dem Jahr 1945.

*1977*
7. Juli: Chagall wird 90 Jahre und erfährt Ehrungen aus aller Welt.
17. Oktober: Eröffnung einer Chagall-Ausstellung im Pariser Louvre durch Valéry Giscard d'Estaing.

*1984*
7. Juli: Ausstellung der Stiftung Maeght.

*1985*
28. März: Chagall stirbt in Vence.

# BILDVERZEICHNIS

Nocturne – Notturno, 1947

Around her – Um sie herum (ausgeschnitten aus »Die Harlekine« von 1933) New York, Museum of Modern Art

The Marriage Procession – Le mariage russe – Die Hochzeit, 1909

The Studio – L' atélier – Das Atelier, 1910

The Cattle Dealer – Le marchand de bestiaux – Der Viehhändler, Gouache 1912 (Kunstmuseum, Basel)

Burning Candles – Les lumières du mariage – Lichter der Hochzeit (2. Teil von »Die Harlekine«)

The Flying Sleigh – L'attelage volant – Der fliegende Schlitten, 1945

The Birthday – L'anniversaire – Der Geburtstag, 1915 (Solomon Guggenheim Museum, New York)

Soul of the Town – L'âme de la ville – Die Seele der Stadt, 1945 (Musée Nationale d'Art moderne, Paris)

The Holy Carter – Le saint voiturier – Der heilige Droschkenkutscher, 1911/12 (privat)

To Russia, Asses and Others – A la Russie, aux ânes et aux autres – Rußland, den Eseln und den anderen, 1911/12 (Paris, Musée National d'Art Moderne)

A Russian Village from the Moon – Le village russe de la lune – Vom Monde, 1911

Half Past Three – Le poète – Der Dichter, 1911/12 (Philadelphia, Museum of Modern Art)

The Brides Chair – La chaise de la mariée – Der Sessel der Braut (Der Stuhl der Hochzeiterin), 1934

Bellas Autobiographie Bd. I: Burning Lights – Brennende Lichter
Bd. II: Die erste Bagegenisch – Erste Begegnung

The Black Glove – Le gant noir – Der schwarze Handschuh, 1948 (Doppelporträt mit Bella)

I and the Village – Moi et le village – Ich und das Dorf, 1911/12 (New York, Museum of Modern Art)

The Pregnant Woman – La femme enceinte – Schwangerschaft, 1913 (Stedelijk Museum, Amsterdam)

The Soldier Drinks – Le soldat boît – Der Soldat trinkt, 1911/12 (New York, Solomon Guggenheim Museum)

Hommage to Apollinaire – Hommage à Apollinaire – Huldigung an Apollinaire, 1911/12 (Stedelijk van Abbemuseum, Eindhoven)

The Burning House – La maison brûle – Das Haus brennt, 1913 (Solomon Guggenheim Mus., New York)

Praying Jew – Le juif priant – Jude in Schwarz-Weiß, 1914 (Museo d'arte moderna, Venedig)

Dead Souls – Les âmes mortes – Tote Seelen

Birth – La naissance – Die Geburt, 1910/11 (Art Institute, Chicago)

Gouachen und Pastelle, 1953/54 zu Gemälden verarbeitet:
Pont Neuf
Madonna of Notre Dame
Banks of the Seine – Les rives de la Seine – Die Ufer der Seine
Quai de la Tournelle – Quai mit Blumen
The Redhead – Die schöne Rothaarige
Green Dreams
Arum Lilies
Bouquet with Flying Lovers – Bouquet aux amoureux volant (Tate Gallery, London)

Self-portrait with a Wall-clock – Autoportrait à la pendule – Selbstbildnis mit Wanduhr, 1947

Flayed Ox – Le boeuf écorché – Der gehäutete Ochse, 1947 (Paris, Privatbesitz)

Resurrection on the River – La resurrection au bord du fleuve – Die Auferstehung am Flußufer, 1947

Lovers at the Bridge – Die Liebenden mit der Brücke

Revolution – Die Revolution, 1937 (später zerschnitten)

Liberation – Die Befreiung, 1937–1952
Resistance – Der Widerstand, 1937–1948
Resurrection – Die Auferstehung
aus der »Revolution« geschnittene Teile

The Fallen Angel – La chute de l'ange – Engelssturz (Basel, Kunstmuseum)

To My Wife – A ma femme – Meiner Frau gewidmet, 1933

The Martyr – Le martyre – Der Märtyrer, 1940

The little Drawing Room – Der kleine Salon (Zeichnung)

The Dead Man – Le mort – Der Tote, 1908

The Red Horse – Le cheval rouge – Das rote Pferd, 1938–1944

The white cock – Le coque – Der Hahn, 1947

The Fiancée with a Double Face – Die Braut mit den zwei Gesichtern, 1928

Fishes at St. Jean – Fische von St. Jean, 1949

Blue landscape – Blaue Landschaft, 1949

Green landscape – Grüne Landschaft, 1949

St. Jean-Cap-Ferrat, 1949

Blue Circus – Le cirque bleu – Der blaue Zirkus, 1950

The Dance – La danse – Der Tanz, 1950

The Red Sun – Le soleil rouge – Die rote Sonne, 1949

Laughing Self-portrait – Autoportrait au sourire – Selbstportrait mit lachendem Gesicht (Zeichnung, Radierung)

Self-portrait with Grimace – Autoportrait à la grimace – Selbstportrait mit Grimasse (Zeichnung, Radierung)

Self-portrait with Seven Fingers – Autoportrait aux sept doix – Selbstportrait mit sieben Fingern (Stedelijk Museum, Amsterdam), 1912/13

Double Portrait with Wine Glass – Double portrait au verre de vin – Doppelbildnis mit Weinglas, 1917/18 (Paris, Musée National d'Art moderne)

Lovers of the Eiffel Tower – Les amoureux de la Tour Eiffel – Liebespaar mit Eiffelturm, 1928

The Vision – L'apparition – Die Erscheinung, 1917 (Staatsbesitz der UdSSR)

Abraham and the 3 Angels – Abraham et les trois anges – Abraham und die drei Engel, 1940

Moses receiving the Tablets of Law – Moise recevant les tables de la loi – Moses empfängt die Gesetzestafeln, 1951 (Privatbesitz, Genf)

King David – Le roi David – König David, 1951

La Madonne au buisson – Die Madonna mit dem Busch (Gouache)

David and Bathseba – David und Bathseba, (Vier Keramikplatten und eine Vase unter diesem Titel, 1951–1953)

Woman with a Bouquet – Frau mit Blumenstrauß, (Keramikplatte) 1951

Golgatha, 1912 (New York, Museum of Modern Art)

White Crucifixion – La Crucifixion blanche – Die weiße Kreuzigung, 1939 (Chicago, Art Institute)

Burning Village – Das brennende Dorf, 1943

Jew with a Dreaming Cow – Jude mit träumender Kuh (Geschenk für die Knesset in Jerusalem)

The Blue Boat – Die blaue Barke (Gouache)

Sun in Le Dramont – Die Sonne in Dramont (Gouache)

Nude in Le Dramont – Nue à Dramont – Akt in Dramont (Gouache)

Bella in Green – Portrait de Bella en vert – Bella in Grün, 1939 (Stedelijk Museum, Amsterdam)

# LITERATURHINWEISE

(Deutschsprachige Ausgaben der in diesem Werk genannten Buchtitel von und über Marc Chagall)

*Sidney Alexander:* Marc Chagall. Eine Biographie. München 1984.

*Marc Chagall:* Mein Leben. Stuttgart 1959.

*Claire Goll:* Ich verzeihe keinem. Eine literarische Chronique scandaleuse unserer Zeit. Bern (usw.) 1978.

*Franz Meyer:* Marc Chagall. Leben und Werk. Köln 1961.

*Lionello Venturi:* Chagall. Biographisch-kritische Studie. Genève/Paris/New York 1956. [Reihe:] Der Geschmack unserer Zeit, herausgegeben von Albert Skira.

# REGISTER


Ainley, Henry 198
Ainley, Richard 198
Aleko 47, 62
Alexander, Sidney 285 f.
Amsterdam, Stedelijk Museum 207
Anderson, Judith 227
Angelico, Fra 189
Antibes 138
Apollinaire, Guillaume 12
Apollonio, Umbro 130
Aragon, Louis 99
Ashcroft, Peggy 61
Assy 190, 193, 205
Augsbourg, Géa 127 f., 130 f., 140, 207
Ayrton, Michael 119

Bach, Johann Sebastian 186
Bacon, Francis 157
Bakst, Léon 12, 173
Balanchine, Georges 54, 61
Bartók, Bela 114, 121
Baschkirtschew, Marie 164
Ben Said, Leslie 281
Ben-Gurion, David 224
Bergamo 208
Berlin 13, 34, 44, 112
Berman, Eugene 52
Bern 216
Berson, Allia 173
Blake, William 181
Boccaccio, Giovanni 133, 137
Bonnard, Pierre 139
Bourdelle, Emile-Antoine 121
Bourdet, Claude 127, 149, 241, 272
Bourdet, Edouard 149
Bourdet, Ida 127, 149, 266, 271, 275
Braque, Georges 32, 99
Breton, André 52 f., 117
Brodsky, Valentina 271
Brown, Quest 71, 100, 108 f., 144

Calder, Alexander 29
Camus, Albert 127
Carman, Albert 78
Carpeaux, Jean-Baptiste 121
Carré, Louis 101, 126, 169
Casalis, Edmé 173
Cäsarea 223
Cassou, Jean 93, 126
Cendrars, Blaise 12, 40, 49, 113

Cézanne, Paul 94, 121, 159
Chagall, Bella 12 f., 15, 26, 32 ff., 40 ff., 44 f., 47, 49, 64, 70, 75
Chagall, David 50
Chagall, Feiga Ita 41
Chagall, Ida 12, 15, 18, 35 f., 49 f., 54, 56 f., 61 ff., 72, 75 ff., 80 f.
Chagall, Vava 130, 169 f., 174, 230, 272, 274 f., 277 f., 280, 285 f.
Chagall, Zachar 41
Chatterton, Thomas 227
Chicago Art Institute 91 f.
Cocteau, Jean 53
Colette 121
Committee for the Suppression of Anti-Semitism and the Promo 123
Craig, Edward Gordon 197
Crespelle, Jean-Paul 204

Dadaismus 53
Dane, Clemence 227
Darquet, Jean 172
Darquet, Ziazi 199, 245, 253, 266
Dayan, Moshe 224
Decamerone 133, 137
Delacroix, Eugène 182
Delaunay, Robert 216
Delektorskaja, Lydia 171, 265 f.
Derain, André 94
Derrière le Miroir 175, 183, 243
Dessaignes, Ribemont 245
Dowschenko, Alexander 43, 187
Dreyfus, Camille 80
Dufresne, Charles 23

Eisenstein, Sergej 43, 187
Eluard, Paul 99, 126, 168
Ensor, James 121
Ernst, Max 21 f., 52, 117
Estienne, Charles 126 f., 158, 208, 244
Expressionismus 217

Fälschungen 137
Feffer, Itzik 220
Feuervogel 54 ff., 61
Florenz 189, 208
Futurismus 217

Galiläa 223
Gallibert, Geneviève 269
Gauguin, Paul 94, 186
Genf 91
Giacometti, Alberto 21 f.
Gide, André 121
Gilot, Françoise 138 f., 274
Giotto 130, 189
Glasmalerei 167, 193, 206, 276, 283
Gogh, Vincent van 28, 94, 114, 159, 181 f., 186
Gogol, Nikolai 93
Goll, Claire 53, 126, 267
Goll, Ivan 53
Gordes 63, 75, 207, 228, 230
Gordey, Michel 15, 51, 56, 63 ff., 68, 75, 117, 127
Goya, Francisco de 186
Granoff, Katja 82
Gromaire, Marcel 23
Guggenheim, Peggy 131
Gutermann, Norbert 88

Habimah-Theater 220
Haggard, Georgina 129
Haggard, Godfrey 129 f., 143 ff., 174 f., 242 ff., 262
Haggard, Rider 86, 251
Haggard, Stephen 61, 226 f.
Halsman, Philippe 161
Harris, Velona 136, 253
Hayter, Bill 21, 50

High Falls 75
Hutton, Baronin von 198

Ivens, Joris 240

Jacob, Max 53
Jerusalem 206, 223, 225 f.
Jewish Writers' and Artists' Committee 123
Johnson Sweeney, James 90 f., 141
Jung, Carl Friedrich 210

Katz, Mané 53
Keramik 193, 202, 239, 249
Kisling, Moise 53
Kokoschka, Oskar 180
Kostakis, George 221
Kubismus 217

La Fontaine, Jean de 93
Lake, Carlton 158
Langlois, Henri 187, 240, 243
Lassaigne, Assia 127, 163 f., 166
Lassaigne, Jacques 126 f., 163, 182, 244, 267
Laurens, Henri 152
Lazareff, Pierre 63
Le Dramont 230, 280
Léger, Fernand 52, 117, 190 f.
Leirens, Charles 120 ff., 161, 233, 238, 240 ff., 244, 246, 250, 252 ff., 261 ff., 27
Lenin, Wladimir Iljitsch 43
Leokum, Arkady 166 f., 192
Leokum, Rose 166 f.
Lerner, Max 80, 141
Les Collines 150, 192, 194, 205, 233, 247, 278
Lhote, André 64, 99, 152, 172, 217
Lipchitz, Jacques 22, 52, 191
London, Tate Gallery 118
London, Watergate Theatre 136
Lunatscharski, Anatol 12 f., 43 f.

Maeght, Aimé 101, 126, 168, 183, 189, 243, 245, 270, 277, 279, 281, 286
Maeght, Marguerite 168, 277, 279
Maillol, Aristide 121
Malewitsch, Kasimir 13, 43
Malraux, André 121
Mantegna, Andrea 208
Marcq, Charles 110
Maritain, Jacques 53, 126
Maritain, Raissa 53, 126
Masson, André 52
Matisse, Henri 49, 94, 99, 128, 150, 153, 161, 170 ff., 180, 190, 265 f.
Matisse, Pierre 49, 52, 83, 101, 108, 120, 124, 141, 160
Matta, Roberto 52
Mauriac, François 121
McNeil, David 69, 72, 86, 95 f., 100, 102, 104, 106, 116 f., 129, 141, 145, 1
McNeil, Jean 16 ff., 25, 36, 44, 46, 56, 60, 66, 68 f., 72, 74, 89
McNeil, John 16 ff., 25, 38, 44, 51, 56 f., 60, 66 ff., 72 ff., 130, 143, 18
Meir, Golda 220, 224
Melano, Lino 110
Metz 206
Meyer Gräfe, Bush 244
Meyer, Franz 216, 237, 244 f., 274 f.
Michelangelo 208
Miró, Joan 21 f., 169

Moncion, Francisco 62
Mondrian, Piet 52
Monet, Claude 182
Monteverdi, Claudio 186
Montgomery, Elizabeth 61
Moore, Henry 180
Morandi, Giorgio 130
Mosaiken 283
Moskau 110, 125, 136, 174, 220
Mourlot, Fernand 183, 217
Mozart, Wolfgang Amadeus 60, 186, 215, 227
Mussorgski, Modest 186

Nagykarolyi, Mihàly Karolyi von 199
Nazareth 223
New York 15
New York City Ballet 54, 62
New York, Metropolitan Opera 167
New York, Museum of Modern Art 90

Opatoschu, Adele 63, 83, 118, 259
Opatoschu, Joseph 62, 68, 83, 85, 100, 259
Orphismus 217
Ozenfant, Amédé 52, 117

Padua 130, 189
Parinaud, André 159
Paris 12, 20, 40, 84, 97, 105 f., 111 ff., 120
Paris, Jeu de Paume 182
Paris, Musée d'Art Moderne 92, 118, 142, 217
Paulhan, Jean 32, 99, 126
Paz, Octavio 116
Permeke, Constant 121
Picasso, Pablo 20, 26, 28, 99, 128, 137 f., 156, 161, 170, 184, 201, 274, 2
Pompeji 227
Pozzi, Catherine 149, 173, 241
Prévert, Jacques 162, 238, 245
Prévert, Pierre 245
Pudowkin, Wsewolod 43, 187

Ramel, Serge 202 f., 205
Ramié, Georges 110, 204
Ravel, Maurice 186
Reims 206, 276
Reinhardt, Max 226
Reis, Bernard 81
Rembrandt 87, 91, 141, 182
Renoir, Auguste 59, 94, 150, 152, 182
Reverdy, Pierre 53, 126
Ribemont-Dessaignes, Georges 146
Rolling Stones 281
Roquefort-les-Pins 212, 214, 218
Rosenfeld, Bella 85
Rossif, Frédéric 240
Rouault, Georges 53, 94
Rudlinger, Arnold 216, 244

Salles, George 105
Sandberg, Willem 207
Seligman, Kurt 52
Seligmann, Kurt 117
Sert, José Luis 169
Seurat, Georges 114
Sharret, Moshe 224
Soutine, Chaim 187, 202
Spinoza, Baruch 84
Sprigge, Elizabeth 136, 253
St. Jean d'Acre 223
St. Petersburg 12, 37, 112, 173

Stein, David 137
Stern, Louis 80 f., 97
Strawinski, Igor 54
Suprematismus 43
Surrealismus 53, 217
Sutherland, Graham 180
Sutzkever, Abraham 192, 221 ff.

Tallchief, Maria 62
Tanguy, Yves 52, 117
Tel Aviv 218, 225
Terry, Ellen 197
Tériade 93, 106, 126, 133 ff., 137 ff., 162, 171, 183, 228, 243, 245, 256, 265, 268
Tintoretto 131, 208, 215
Tizian 131, 208
Toulouse-Lautrec, Henri de 159
Treplev, Konstantin 227
Tschelitschew, Pierre 52

Uccello, Paolo 208

Valéry, Paul 121, 149, 241
Vallauris 204, 249
Velázquez, Diego 215
Vence 13, 110
Venedig 130 f., 208
Venedig, Museo d'Arte Moderna 92
Venturi, Lionello 50, 126
Verdet, André 245, 281
Verona 208
Verve 183, 268
Vinaver, Maxim 12, 112
Vlaminck, Maurice de 94
Vollard, Ambroise 93 f., 101, 113, 163, 228

Wahl, Jean 124
Walden, Herwarth 112
Walkill 70, 76
Wandbilder 108, 110
Weizmann, Chaim 192, 224
Witebsk 12 f., 18, 30, 33, 39 f., 43, 107, 114, 164 f., 173, 182
Wolff, Helen 78, 121
Wolff, Kurt 78, 121 f.
Wyman, Bill 281

Zadkine, Ossip 52, 117
Zervos, Christian 108
Zürich 214